U0787186

Cultural Elements in Tourism Planning

The Perspective of the Integration of Literature and Tourism

旅游规划中的文化元素表达

文旅融合的视角

■ 杨国良 等 ◎ 编著

科学出版社

北 京

内 容 简 介

本书在文化元素基本概念、文旅融合原则与路径等理论研究基础上，重点探讨了旅游规划中的空间形态、建筑、服饰、饮食、旅游商品、旅游公共服务设施、旅游节庆活动、艺术、体育、研学和民族等方面文化的元素表达路径和方法。

本书理论与实践案例相结合，既可作为文旅策划、文旅规划、旅游景区、旅游管理、城乡规划、区域规划等部门从业人员的参考用书，也可作为高等院校旅游管理、旅游地理、城乡规划等专业师生用书。

图书在版编目（CIP）数据

旅游规划中的文化元素表达：文旅融合的视角 / 杨国良等编著. —北京：科学出版社，2020.6

ISBN 978-7-03-064716-0

Ⅰ. ①旅… Ⅱ. ①杨… Ⅲ. ①文化-应用-旅游规划-研究 Ⅳ. ①F590.1

中国版本图书馆 CIP 数据核字（2020）第 046793 号

责任编辑：杨婵娟　李嘉佳 / 责任校对：贾伟娟

责任印制：李　彤 / 封面设计：有道文化

科学出版社 出版

北京东黄城根北街 16 号

邮政编码：100717

http://www.sciencep.com

北京虎彩文化传播有限公司 印刷

科学出版社发行　各地新华书店经销

*

2020 年 6 月第 一 版　开本：720×1000　1/16

2023 年 8 月第五次印刷　印张：16 1/2　插页：2

字数：333 000

定价：98.00 元

（如有印装质量问题，我社负责调换）

前言

2018 年 12 月 10 日，文化和旅游部部长雒树刚在北京出席“2018 旅游集团发展论坛”，就新时期如何促进文化和旅游融合发展发表主题演讲。2019 年 12 月 15 日，雒树刚部长又在“2019 中国旅游集团发展论坛”上发表“科技改变旅游”的主旨讲话。他指出，文化和旅游部组建以来，明确了“宜融则融，能融尽融，以文促旅，以旅彰文”的工作思路，要围绕文化和旅游融合发展这一重要工作，以实现人民美好生活愿望为目标引导文化建设和旅游发展。文化和旅游融合已成为当前社会发展的必然趋势。

什么是文旅融合？不同学者有不同的理解。一方面，有些文化资源需要旅游化，通过旅游载体把无形的文化形象化、隐藏的文化突显化、深奥的文化通俗化、专业的文化大众化；另一方面，有些旅游项目需要附加文化价值，特别是具有地方文化特色的旅游资源的开发，需要通过文化内涵的外显表达，让旅游更有品位，让文化更加灵动。文旅融合有两个维度，一是文化旅游，是旅游中以文化体验为主的与自然相对应的一种旅游；二是旅游文化，是一种消费文化形态，属于文化范畴，消费文化有很多类型，旅游文化是众多消费文化中的一种形式。文旅融合有狭义和广义之分，狭义的文旅融合主要指旅游产品（项目）、旅游商品、旅游景观等具象产品的融合，广义的文旅融合包括文化旅游和旅游文化两个方面的融合，文化旅游层面的融合多指产品（项目）、商品、景观等狭义层面的融合，而旅游文化融合则是指体制、制度、习俗等方面的融合，范围更广、更深。广义的融合更是一种全方位的体验融合，有具象的，如创意产业园、旅游街区，也有非具象的，如影视旅游、文学旅游、音乐旅游等。

文旅融合有多种方式：一是体验型项目融合，如通过开发节庆活动、演艺活动或体验类旅游活动，让游客在旅游参与中体验文化的魅力；二是物质文化遗产的活化改造，让“死”的文化“活”起来；三是旅游商品的创意设计，通过纪念性商品展示地方的民俗文化；四是文旅产业延伸从而实现文化与旅游的交叉融合，如文化产业向旅游产业延伸所形成的影视基地、动漫乐园，都属于文化产业向旅游产业延伸所形成的文化景区。

本书主要研究文旅融合中文化元素的旅游表达，特别是物质文化元素和非物质文化元素如何在旅游规划中得以凸显。全书分十三章，包括文化元素相关概念及旅游表达、文旅融合发展的路径选择、旅游规划中空间形态的文化表达、旅游规划中建筑文化的元素表达、旅游规划中服饰文化的元素表达、旅游规划中饮食文化的元素表达、旅游规划中旅游商品的文化元素表达、旅游规划中公共服务设施的文化元素表达、旅游规划中节庆活动的文化元素表达、旅游规划中艺术文化的元素表达、旅游规划中体育文化的元素表达、旅游规划中研学文化的元素表达和旅游规划中民族文化的元素表达，其中研究生刘谦参与了第一章部分内容撰写，王领参与了第三章部分内容撰写，商诗雨、郭丽丹参与了第五章部分内容撰写，周世友参与了第六章和第七章部分内容撰写，林泽东参与了第八章少部分内容撰写，陈学华参与了第十章部分内容撰写，赵丽娜参与了第十二章部分内容撰写，第二章、第四章、第九章、第十一章、第十三章由杨国良独立完成，最后由杨国良统稿。

本书编辑过程中得到科学出版社杨红、杨婵娟、李嘉佳的大力支持，在此表示衷心感谢。

杨国良

2019 年 12 月于成都狮子山

目 录

第一章
文化元素相关概念及旅游表达

第一节　旅游文化概念

旅游文化是旅游发展过程中不断呈现出来的一种特有的文化类型，是文化动态发展的结果。旅游文化概念必须从源头加以探讨，首先，追本溯源，从文化本身入手，分析文化在社会动态发展过程中不断派生出新文化内容的原因；其次，将文化结构解剖，阐释文化的结构类型，以及结构重组或类型变迁引发新文化产生的过程；最后，探讨文化、旅游文化、文化元素三者之间的内在关系，全面理清旅游文化概念的内涵与外延。

一、文化、旅游文化、文化元素

（一）文化

文化（culture）是一个很广泛的概念，它是人类学研究的核心概念之一。关于文化的概念与定义，至今没有统一的界定，不同学科试图从自身角度和研究需要进行定义阐释，目前至少有200余种定义。一般认为文化是人类在社会历史发展过程中所创造的物质和精神财富的总和。

最早对文化进行定义的是人类学家泰勒，他在《原始文化》一书中首次科学地对“文化”下定义，将文化从广义的民族学意义上看作一个包括知识、信仰、艺术、道德、法律、习俗等的复合整体，以及作为一个社会成员的人所习得的其他一切能力和习惯（Tylor，1958）。从此，人们对文化的定义进行了广泛的探讨，1871～1951年关于文化的定义有160多种，克鲁伯等把这些文化的定义归纳为描述性定义、历史性定义、规范性定义、心理性定义和结构性定义五大类（马波，2010；谢春山，2017）。

文化属于人类学的研究范畴。周大鸣和秦红增（2009）从文化人类学的研究任务的角度，对目前文化的概念进行了综合归纳，把文化的概念分为三个层次，即物质文化（作为技术系统，是文化适应的结果）、制度文化（作为社会系统，是文化适应的机制）、心理文化（作为观念系统，是文化适应的策略）。这种归纳反映了文化在不同领域的基本属性，也体现了人们对文化需求的层次性，有针对性地对文化不同层面分别加以界定，但并没有对不同层面的文化本质和相互关系进行深入探索。

王黔首（2012）将文化分为古典文化和现代文化两类，古典文化强调教化，含有强烈的价值判断意味；现代文化则去除了价值判断，主张多元平等。龙宝新（2013）针对某些人对文化现象的片面理解，提出文化是指人的生活图景和生活图式有机结合而成的生活样式，身体是文化的载体，生活是文化的背景和舞台，行为是文化的重要表达和展现方式。多数社会人文学家从广义角度去理解文化的概念，认为文化具有文化的物质要素、文化的行为要素和文化的心理要素三个层面内容，在此基础上，马波（2010）将文化整体视为立体的系统，构建了文化的结构，即内在文化（精神文化层）和外在文化（行为文化层和物质文化层）；同时，探讨了文化三个层面之间的关系，认为精神文化是文化发展的动因，行为文化是精神文化在人们行为活动中的体现，物质文化是精神文化通过人们的实践活动在物质产品上的体现。

综上所述，我们从本书研究旅游规划中文化元素的表达角度，认为文化是指一个社会群体在其特定地域环境内长期生产生活所形成的特定生产生活方式、风土习俗、文学艺术、行为规范、思维理念等要素的总和，是一个系统性的概念，包括物质文化、行为文化和精神文化三个层面，三者相互联系，相互影响，共同构成文化有机体。在旅游规划中我们将抽取当地物质文化、行为文化和精神文化中的某些元素用旅游的方式予以凸显，如九寨沟县甲勿海景区，是勿角大熊猫自然保护区的重要组成部分，也是大九寨生态旅游区的重要组成部分，其包括英各村、甲勿海、黄土梁等区域。该区域是白马藏族聚居区，有着独特的风俗习惯和原始信仰，表现在服饰、建筑、婚姻、节庆、丧葬等许多方面。白马藏族崇尚“万物有灵”，信奉自然神，不修寺庙，不信仰藏传佛教，至今保留着远古时代的自然崇拜和图腾崇拜，世代流传着㑇舞、火圈舞、熊猫舞、神树祭拜等民俗文化。在甲勿海景区的旅游规划中，要挖掘和凸显白马藏族文化，以甲勿海和白马藏寨为物质载体，使神秘远古的白马藏族文化和秀美天成的甲勿海风光相结合，将甲勿海景区打造成一个集文化体验、湿地观光、科普教育、康体健身、养生休闲和娱乐度假为一体的原生态高原山地旅游区，塑造具有世界影响力的白马藏族文化深度体验旅游目的地形象。

（二）旅游文化

关于旅游文化的概念各位学者认识不一，目前学术界比较认同的是旅游主、客、介（媒体）三者“碰撞说”，在这种概念认识的基础上，平措卓玛和徐秀美（2012）认为“旅游文化作为一种文化现象产生于旅游这一能动行为方式，是人类围绕旅游这一活动所创造出来的所有物质财富和精神财富”。也有学者认为旅游文化是包含在旅游客体、旅游媒体和旅游审美活动中的各种物质与精神文化现象的总和，由景观文化、服务文化和审美文化 3 个层次的内容构成（彭华，1998）。马波（2010）认为，旅游文化是旅游者在旅游过程中以及旅游经营者在经营过程中所创造出来的观念形态及其外在表现的总和，是旅游客源地外来文化和旅游接待地本土文化通过旅游者相互碰撞融合形成的结果。

无论何种概念都反映了旅游文化是一切与旅游相关的事物和现象所具有的一种文化属性，是文化的一个分支。

（三）文化元素

文化元素（culture element）是文化系统构成的基本单元，是展示地域文化底蕴的物质文化和非物质文化的信息载体,也是文脉关系在现实中的具体表现形式。从文化起源的角度，文化元素是文化创造与传承的基本细胞，文化元素如同组成物质的化学元素和生物体的细胞一样，内容丰富，形式多样。现实生活中我们看到的文化元素包括聚落文化元素、建筑文化元素、语言文化元素、艺术文化元素、名人文化元素、宗教文化元素、民俗文化元素、饮食文化元素、生产文化元素等。了解这些文化元素对传统文化或文化资源的保护具有重要的意义。因此，笔者认为从文化和文化资源载体中特有的文化元素入手，是当前对文化挖掘、保护与传承的有效手段之一，这些特有的文化元素承载着各地文化形成和演变过程的时代背景、系统特征、演变过程、地理文脉、人文价值等众多信息，是文化可持续发展的价值所在，从本质上讲也是对不同文化载体所具有的文化 DNA 的提取、传承和创新。

二、文化元素的类型

文化构成决定文化元素的类型，文化元素的属性影响文化的分类与呈现。一般情况下，文化与文化元素在物理性质上具有相同的属性，此外，在文化外延到旅游载体的过程中，文化元素与旅游元素还存在内在转化的一致性。因此，从文化形态的表现形式上，按照文化内涵不断深化，外延不断扩展的趋势，文化元素可分为物质文化元素、行为文化元素、理念文化元素。

物质文化元素是能够通过人们的视觉所观察到的文化信息载体，是显性的。物质文化元素最直观的表现就是所依托的物质资源载体，包括聚落布局形态、民居建筑风貌、服饰、交通工具、生产工具、生活用具等载体及各类物质载体的颜色、风格、规模、结构、材质、装饰、花纹等视觉元素，分为单体元素和复合体元素两类。

行为文化元素是以人的活动和行为方式所表现出来的文化信息，是文化信息特征从隐性向显性转换过程中表现出的动态文化元素，具有隐性和显性的双重特征，包括日常行为元素和特定行为元素，前者主要是科技、教育、生产生活方式等日常行为特征，后者主要是特定的节日和民俗节庆活动所表现出来的行为特征。

理念文化元素是存在于人们思想观念和行为准则层面的精神文化信息符号，反映了文化本质的思想特征和文化思维的基本要素，是无形的和隐性的。精神文化元素存在于婚丧礼仪、制度、习俗、观念、信仰、文字、文化符号等非物质文化载体中。

按照历史唯物主义的思维方式，物质文化元素是基础，行为文化元素是路径，理念文化元素是导向，三大文化元素相互关联、相互依存，形成文化动态可持续发展的动力机制，共同构建了文化元素动态发展的结构模式（图 1.1）。

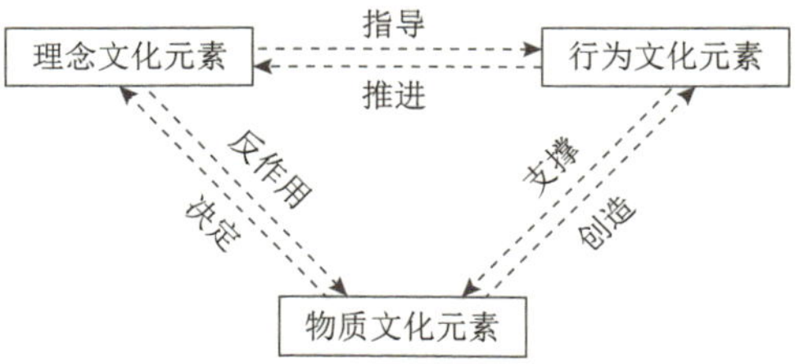

图 1.1　文化元素动态发展的结构模式

图片来源：刘谦，2013

第二节　旅游规划概述

一、旅游规划的概念

旅游与规划是两个相互独立的概念，但在概念属性上具有一致性，内涵上具有一定的关联性；当组合为“旅游规划”一个概念时呈现出与原来两个独立概念截然不同的属性 。

规划在英语中译为“planning”（规划、计划的意思），以此来看包含两个层面的含义：一是战略层面依据一定的法则、章程、标准、思维和眼光去把握与预测事物未来发展趋势，并对事物发展进行宏观统筹管控，让其按照未来既定的方向发展；二是战术层面按照具体的方式、路径和措施对事物发展在空间上进行具体布局和安排，并随时间的推移做出有具体步骤、有明确目标的实施方案。战略层面是对战术层面的宏观指导，而战术层面则是对战略层面的思想在时空范畴内具体的实施和展示。

从旅游发展的历程来看，旅游规划是伴随着旅游的产生而萌发的漫长过程，经历了自发性、无意识状态的旅游规划酝酿阶段，并在现实经济社会发展需求下，进入有意识状态的旅游规划探索阶段。墨菲（Murphy，1985）认为，旅游规划是预测与调整旅游系统内部的变化，以促进有秩序的开发，从而扩大开发过程中的经济效益、社会效益和环境效益。盖茨（Getz，1987）将旅游规划定义为在调查研究和评价的基础上寻求旅游业对人类福祉及环境质量的最优贡献的过程。我国学者吴必虎（2001）认为，旅游规划是以旅游市场开发为目标，以旅游资源调查为基础，实现旅游业的可持续发展，并提出了“1231”的旅游规划基本范式。任黎秀（2002）在《旅游规划》一书中认为，旅游规划，是一个区域地域综合体内旅游系统的发展目标和实现方式的整体部署过程。也有学者认为旅游规划的核心概念是“旅游资源的优化配置”、“对游客体验的设计”或“有效组织各种资源为旅游者创造某种特殊的体验”等。在旅游发展的不同时间段，人们对旅游规划的认识存在一定差异，但无论何种观点，立足点都是对旅游要素的科学配置，目的都是促进旅游要素的发展和综合效益最大化。实际上，旅游规划是在旅游资源调查评价的基础上，针对旅游地及其资源属性和旅游供需市场的发展规律，对旅游资源进行科学的保护和开发利用，并寻求旅游业对社会发展的经济效益、社会效益和环境效益的最优贡献的统筹部署和具体安排。因此，本书认为：旅游规划是一定期限内对地域空间上旅游发展要素即旅游系统在市场化配置过程中的一种顶层设计。

关于旅游系统，不同的学者有不同的理解。美国学者冈恩和图尔古（Gunn and Turgu，2002）认为，旅游系统是由需求板块和供给板块构成的，其中供给板块又由交通、信息促销、吸引物和服务等部分构成，这些要素之间存在强烈的相互依赖。

实际上，旅游系统包含了旅游客源市场子系统、吸引力子系统、旅游企业子系统及旅游支撑和保障子系统四大构成要素，是具有特定结构和功能的有机整体（图 1.2）。

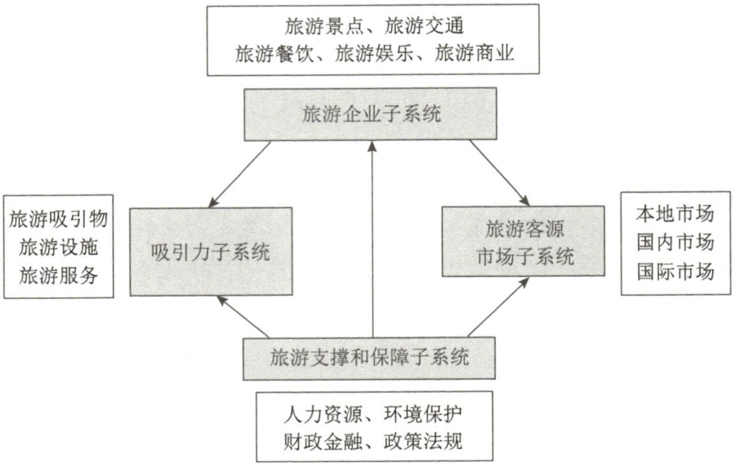

图 1.2　旅游系统构成
图片来源：刘谦，2013

二、旅游规划的发展及分类

（一）旅游规划的发展

旅游规划是指在旅游资源调查的基础上，根据旅游资源的属性、特色，结合旅游地的社会、经济和文化发展规律，针对特定的旅游市场需求，对未来旅游发展状况的一种谋划和安排，以此追求最佳的经济效益、社会效益和环境效益。

国外旅游规划的发展经历了四个阶段，包括初始阶段、过渡阶段、逐步成熟阶段和深入发展阶段。旅游规划起源于 20 世纪 30 年代中期的英国、法国和爱尔兰等国，其最初只是为一些旅游项目或设施做市场评估和场地设计，如饭店、旅馆选址等，严格意义上这些还称不上旅游规划。20 世纪 60 年代中期至 70 年代，旅游规划在欧洲、北美洲开始兴起，并扩展到亚洲和非洲。

20 世纪 70 年代后为过渡阶段。西方学者在总结实践经验的基础上，发表了大量有关旅游规划的文章和专著。其中具有代表性的有 1976 年 Gearing 等编著的《旅游开发规划》；1977 年 Laoson 等编著的《旅游与休闲开发实体手册》；1977 年 Kaiser 和 Helber 合著的《旅游规划和开发》以及 1979 年 Gunn 编著的《旅游规划》。

20 世纪 80～90 年代为逐步成熟阶段。1989 年 Pearce 编著的《旅游开发》，1991 年美国著名的旅游规划学家 Inskeep 编著的《旅游规划：一种集成的和可持续的方法》及《国家和地区旅游规划》，以及世界旅游组织（World Tourism Organization，UN WTO）编写的《可持续旅游开发：地方规划师指南》及《旅游度假区的综合模式》等著作均对旅游规划设计的内容、方法和标准程序做了基本界定，由此旅游规划的基本内容已经形成。

21 世纪之后为旅游规划的深入发展阶段。进入 2000 年后生态旅游规划思想逐渐渗透到各种旅游规划之中，生态理念逐渐成为旅游规划的主流和方向。同时，国外学术界对旅游开发所产生的各种旅游效应也十分关注，社会学、人类学、生态学等方面的成果开始应用到旅游研究和旅游规划之中。

国内旅游规划起步较晚，也大致经历了四个阶段。1978 年后开始出现旅游规划，但这一时期的旅游规划无流派、无规范、无边界，是典型的萌芽阶段。20 世纪 80～90 年代为引进学习阶段。国外的旅游规划文章和专著开始被引入国内，人们开始探索旅游景区如何开发，主题公园如何打造。20 世纪 90 年代中期至 21 世纪初，旅游规划日益成熟，以吴必虎（2001）《区域旅游规划原理》和保继刚等（2000）《旅游开发研究：原理・方法・实践》为代表的旅游规划相关论著大量出版。2008 年汶川地震之后，全国众多的规划设计单位为汶川灾后城市重建和旅游景区景点重建献智献策，这之后旅游规划的内容和范式也更加规范和科学。

（二）旅游规划的分类

参考中华人民共和国国家标准《旅游规划通则》（GB/T 18971—2003）对旅游规划的分类要求，再结合作者多年的规划实践，本书将旅游规划分为旅游发展规划和旅游区规划，其规划编制的基本内容如下。

1. 旅游发展规划

旅游发展规划按规划的范围和政府管理层次分为全国旅游业发展规划、区域旅游业发展规划和地方旅游业发展规划。地方旅游业发展规划又可分为省级旅游业发展规划、地市级旅游业发展规划和县级旅游业发展规划等。其中全国旅游业发展规划的范围为整个国家行政区，区域旅游业发展规划的范围为两个及以上省级行政区的管辖区域，地方旅游业发展规划的范围包括省级行政区、地市（自治州）级行政区和县级行政区。虽然各层级旅游业发展规划的范围不同，但大致内容都包含以下几个方面，即分析规划区范围内的旅游业发展条件及与相关规划的衔接，分析客源市场特征和预测市场需求总量，提出规划区的主题形象、发展战略、发展目标及依据，明确旅游产品开发的方向、特色和主要内容，提出旅游发展重点项目并对其空间和时序做出安排，提出供给要素规划思路，根据保护利用的关系提出合理的开发措施，并对规划实施的总体投资进行分析。

2. 旅游区规划

旅游区规划按照规划层次，可分为旅游区总体规划、旅游区控制性详细规划和旅游区修建性详细规划。

旅游区总体规划的内容包括确定规划范围和规划时间期限，以及旅游地资源调查和评价、旅游市场特点分析、旅游区性质和总体定位、旅游区功能分区与土地利用规划、旅游项目策划、旅游交通等基础设施规划、旅游服务设施规划、旅游景观系统和绿地系统规划、旅游减灾和安全系统规划、旅游区资源保护规划、旅游环境卫生系统规划、旅游开发时序与投资分析等。

旅游区控制性详细规划的主要任务是以旅游总体规划为依据，详细规定区内各类不同性质用地的界限，规定各地块的建筑高度、建筑密度、容积率、绿地率等控制指标，规定交通出入口方位、停车泊位、建筑后退红线、建筑间距等要求，提出各地块的建筑体量、尺度、色彩、风格，确定各级道路的红线位置、控制点坐标和标高。

旅游区修建性详细规划的主要任务是，在总体规划和控制性详细规划的基础上，进一步细化和深化，用以指导各项建筑和工程设施的设计和施工。其主要内容包括现状条件分析、用地布局、景观系统规划设计、道路交通系统规划设计、绿地系统规划设计、旅游服务设施及附属设施系统规划设计、工程管线系统规划设计、竖向规划设计、环境保护和环卫系统规划设计。

三、旅游规划中的文化挖掘

文化是旅游的灵魂，旅游规划的重要任务之一就是将显现的和潜在的文化展示出来，也可理解为将文化元素用旅游的方式进行表达。文化元素的旅游表达是指在旅游开发与规划的过程中，立足地脉与文脉，根据一定的主题文化理念对旅游资源的文化元素进行挖掘、整合和创新，将旅游资源具有的文化信息符号充分展示在旅游开发和旅游环境氛围营造之中的一种方式。文化元素的旅游表达侧重于文化在微观层面的展示，主要是为了在旅游开发的过程中以更为细致的方法对文化旅游资源进行保护，在微观层面确立文化元素的保护机制，塑造旅游的文化灵魂。一个地区的旅游文化和文化元素通过旅游元素表达更加具象地展现给游客，游客通过视觉、听觉、触觉、味觉、嗅觉、知觉（下意识）（以下简称人体“六觉”）对旅游元素的吃、住、行、游、购、娱等要素以心理与行为的触动方式进行交互式感知体验（图 1.3），从而获取旅游目的地的整体信息和意象空间，达到内心追求奇特、新颖、刺激和身心愉悦的旅游经历与文化体验（刘谦，2013）。例如，九寨沟甲勿海景区的核心区，从甲勿下寨至甲勿上寨，有一条长约 3km 的景观大道，为了使游客在“六觉”上能获得互动式感知，规划设计师通过对白马民间英雄史诗文化题材的挖掘，以白马英雄阿尼 · 措的神话传说为依据，结合白马藏族历史文化背景与语言汉化文字的表达，利用文化元素分类—提炼—归纳—演绎—组合—塑造的手法，规划设计了一条阿尼·措的成长之路，如图 1.4 所示，即选取了“神鹿育女”“天地迎亲”“大战魔王”“千年树雕”四个景观节点，反映阿尼·措的成长故事。

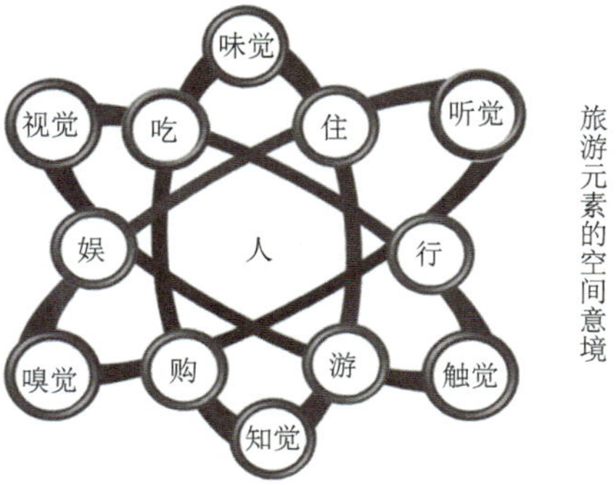

图 1.3　人体“六觉”与旅游“六要素”的交互式感知体验对应关系

图片来源：刘谦，2013

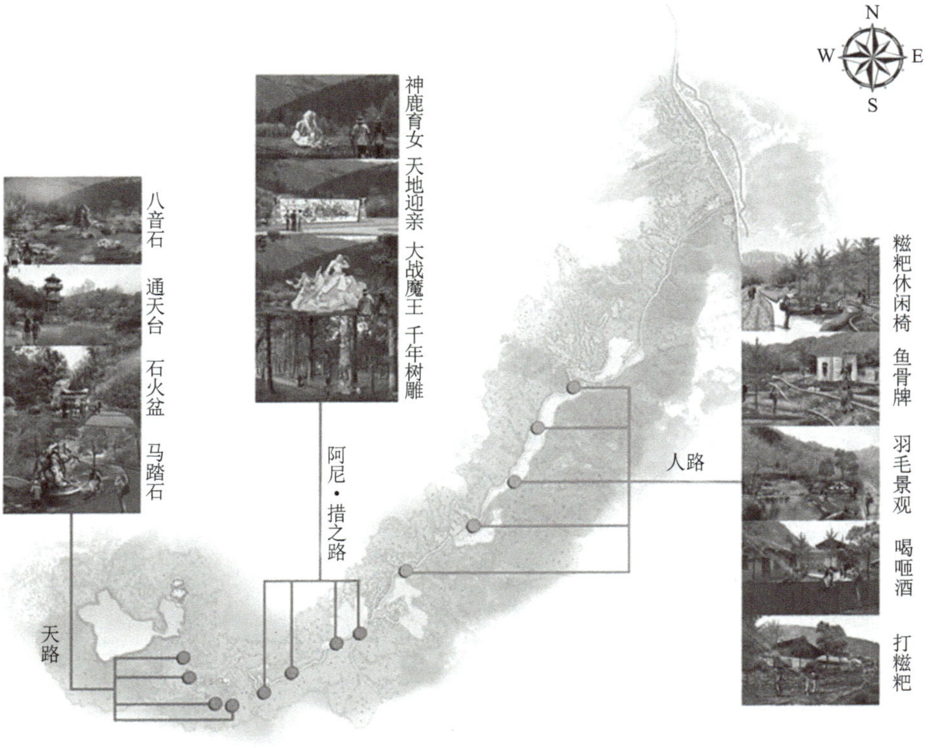

图 1.4　阿尼·措的成长之路（见彩图）

图片来源：成都新界标旅游规划设计咨询有限公司绘制

第三节 文化元素与旅游规划的关系

一、文化与旅游的关系

文化是旅游的灵魂，旅游是文化的载体。旅游因为文化而具有生命的活力，文化因为旅游而更具发展的空间，旅游产品是文化与旅游的结合体，富有文化特色的旅游产品更具魅力和吸引力。旅游产品是文化的物质载体，一些物质形态之所以称为景观，就是因为其具有文化属性，人文景观作为人类创造的产物，不仅是文化的物化表现形式，也是旅游载体的文化特质。文化与旅游最直接的结合点就是景观，景观是文化元素转化成旅游元素在旅游资源中的具体表现形式，它体现了文化元素在旅游中的文化价值属性，是旅游文化的本质反映。因此，文化是旅游持续发展的内生力量和灵魂，为旅游不断创造价值；旅游是文化传承与发展的新形式，旅游开发不断挖掘和传承地域文化元素，创造新的旅游文化，既保护了地方文化的传承与动态发展，又丰富了文化的内涵与外延。

二、文化旅游与旅游文化的关系

文化旅游是以文化主题体验活动为主的一种旅游类型，属于旅游分类的范畴，与自然旅游共同构成旅游的整体；而旅游文化是旅游中不同类型文化元素的表现形式，是旅游所具有的一种特定文化形态，反映了旅游自身所具有的内在文化属性。文化旅游作为旅游的一种类型，是文化与旅游关联的外在表现形式，文化是旅游的前导要素，旅游是文化的后续动力；旅游文化作为旅游所具有的一种文化形态，是文化与旅游关联的内在灵魂体现，文化是旅游的本质要素，旅游是文化的动力之源。旅游文化贯穿于任何一种旅游类型之中，只是文化旅游具有更加丰富多样的旅游文化元素，尤其是在旅游体验活动之中。

三、文化元素在旅游规划中的作用

在旅游规划中，“文化与旅游”是灵魂与生命躯体的关系，文化元素在旅游规划中作为旅游元素最直接的文化 DNA 创意因子转换的载体，与旅游元素相互贯通、融为一体，文化元素与旅游元素是一对综合体，在规划中规划者通过对文化元素的整合与提取，将文化元素转化成旅游元素，再通过环境载体塑造成具有地方文化特色的旅游产品。旅游产品之中包含文化元素，文化元素重新创意组合形成新的文化产品。因此，旅游规划中要深入挖掘文化元素的 DNA 创意因子，通过旅游创意设计重新对文化 DNA 进行组合与配置，形成旅游文化元素，即在旅游规划中创造新的旅游文化形态。

地方文化是特定地格中人类活动所创造的文脉关系，具有本土特色，旅游景观作为旅游开发的重要内容之一，也是旅游环境氛围营造的主体，在审美上具有文化性、艺术性、独创性等特点，具有地方文化特色的文化元素无疑是旅游创意规划的动力源。地方文化元素在旅游规划中的挖掘与表达有利于塑造具有地方特色的旅游空间形态、商业业态、景观生态、古镇文态，突显地方旅游文化特色，使旅游规划更具有独创性、可持续性，继而创造新的旅游文化。旅游规划的过程就是对文化元素中文化 DNA 创意因子的"提取—整合—重组—创新"的过程，即创造新的旅游文化形态的过程。

第四节　文化元素的旅游表达原则

在对旅游地进行规划开发过程中，必然会引起文化背景及文化自身固有的诸多关系的改变，这些关系的改变必然会造成社会的负面性或者正面性的影响。因此在文化表达研究中必须坚持文化传承和市场化开发相结合的总原则对旅游地进行规划，正确处理好保护与开发、继承与发展、文化与经济、效益与公平等诸多关系。在文化元素的旅游表达实践中，要具体把握好以下几个基本原则（胡贵华，2012）。

一、保存性原则

旅游规划中文化元素的旅游表达除本身可能产生文化扭曲外，旅游者带来的外来文化也有可能对原有文化的发展过程与原有文化的秩序产生干扰，造成旅游地原有的"生态文化"环境受到冲击与破坏，而改变原有文化发展秩序。如果不及时、正确处理，将使得旅游地的居民盲目追随外来文化，导致居民思想、行为的混乱，进而淡化旅游地原有文化的特征和改变原有文化发展的秩序；随着时间的推移不仅会造成旅游地文化的破坏，也将使旅游地生命力逐渐丧失。因此，旅游规划中文化元素的旅游表达特别强调可持续发展原则，突出对旅游地文化特征的保存，尊重历史、传承文化。一方面，在项目策划上要尽量真实全面地反映旅游地的文化特色；另一方面，要向开发商、旅游地居民宣传保护传统文化的意义，倡导“文化自觉”的精神，并积极呼吁实现法律化的保护手段。

文化的保存不仅仅只是文化形式、文化内容的保存，而且是文化背景、文化关系的保存。例如，一些与宗教祭祀和传统婚姻相关的文化现象，单从现代认识论角度来看，可能被认为是封建迷信、不道德行为，但它所体现的文化背景、文化关系蕴涵了民俗学、艺术学、人类学等方面的价值。在旅游规划中文化元素的旅游表达要倡导费孝通教授说的“各美其美，美人之美，美美与共，天下大同”的理念，充分尊重和理解每一种文化各自蕴含的价值意义。因此，文化元素的旅游表达应努力保持原有文化背景的独立性、完整性和文化关系的协调性。

二、开发性原则

通过对文化资源的旅游开发，实现原有文化与外部社会、经济、文化的融合，使文化的实践者、拥有者真正感觉到自身文化潜在的经济、社会价值，从而自觉地保存和发展文化，这才是对文化的最好保护，旅游规划学上称之为“保护性开发”。但是在坚持允许开发、鼓励开发的同时，在具体的实践中，要注意从保存性原则出发，注重开发的协调性、合理性。

（1）坚持分类开发。针对文化特征及价值的不同采用不同的开发方式，如历史文物类遗迹，要坚持“以文物的抢救保护为主，坚持修旧如旧”的原则，强调原样展示；民风民俗类遗迹，要尽可能保持原样，倡导设立原生保护区，保持相对独立的进化环境，在保护区以外可进行浓缩式的改造利用；普通民居建筑类遗迹，则可采取“结构加元素”的方法，强调文化元素的提炼使用和整体的改进。

（2）强调全面开发。通过对文化各方面的系列性和整体性的开发，凸显文化形式和文化背景的多元化，文化内容也将更加丰富完整。

（3）实施精品化开发，注重内涵质量。在旅游规划中，文化元素的提取要注重内涵和质量。坚决反对粗制滥造，反对对旅游地的整体形象造成负面影响的开发，同时还要避免对文化资源的乱开发。

三、发展性原则

社会不断进步，文化也在不断更新，没有一成不变的文化，这是历史的潮流，不可改变。文化的保存不是纯粹的文化复归和传统坚守，文化抢救、保护的目的在于更好地利用、传承和发展。但在具体文化元素的旅游表达实践中，要慎重处理好传承与创新的关系。对文化原始素材的取舍、改进，要符合文化的脉络和传承，做到把握本源，与时俱进。例如，对文化中繁复、庸俗的内容可以进行大胆删除重组；对其精华部分则要浓墨重彩，充分展示；对文化淡化、现实流失，但价值明显的内容可以通过挖掘历史，尽力恢复。与此同时，要从旅游、艺术和经济性要求出发，努力做到表达形式上适应游客审美要求，主题上符合原有文化的精神内涵，内容上满足游客服务要求。根据旅游市场环境的变化，还要注意适时改进。此外，要特别注重特色打造，从多方面吸引好的内容与形式素材，通过精细加工，创造标志性亮点，从而增加旅游者对旅游地原有文化内涵把握的深度与广度。

四、效益性原则

旅游开发的投资行为需要获得效益，效益具有多面性，既包括经济的、文化的、社会的效益，也包括短期的与长期的效益，局部的与整体的效益。从经济角度出发，要尊重市场规律，首先，努力实现投资者效益最大化，并通过购物、就业、招商引资、交通、饮食等方式带动旅游地社会、经济发展；其次，要特别注重旅游地当地居民的利益，体现效益分配的公平原则，这也有利于从长远上保证投资者的利益。从文化和社会角度出发，要努力实现社会的和谐与共同发展，实现文化的保护、继承和发展的协调统一，要坚决杜绝纯粹追求短期经济利益或投资者个体利益而造成社会矛盾和文化破坏的行为。

五、个性化原则

个性化是旅游产品的本质要求，而文化又深藏于物质载体中，因此，在旅游规划中需要对文化的个性特征予以强化或突显。

（1）强调原生性。原生文化具有永恒的魅力，特别是随着旅游的发展，游客对原生文化的追求会越来越强烈，不恰当的改造或许具有短期的经济效益，但从长远角度讲，是对资源的一种破坏。

（2）强调品牌性。品牌是个性的外在标志，个性也只有通过品牌才能为广大游客了解、响应。在旅游规划中，文化表达要从素材的内容、形式、背景中寻找个性亮点加以强化，注重宣传和品牌打造。

（3）强调多样性。文化之美在于其类型的多样性，没有多样性也就没有了个性。多样性一方面源自现存文化，另一方面也源自创新发展。当然，多样性必须要有统一，形式之美离不开文化之魂，创新变化要服从于文化传承。我们倡导围绕核心源脉的多风格、多样式、多流派文化并存，形成相互补充、相互印证、丰富多彩的体系，这要求在文化表达研究中要大力倡导“双百”方针，在实践中提倡多一点理解、通融、支持。

（4）强调互补性。文化旅游与生态、经济等主题旅游之间具有互补性，可进行互补组合，以丰富内涵，提高吸引力。在实践中每一个旅游地文化旅游项目与其他旅游项目之间的互补，能从不同侧面展示文化整体内涵特征，达到相互补充、完整表达的目的，在旅游规划中具有重要意义。

六、因地制宜原则

文化旅游表达应按照区位、时间、经济条件等的不同，选择相应的开发地点、开发规模、开发模式和促销方式。例如，深圳的中国民俗文化村和云南民族村投资额和开发时间相近，前者很快收回投资，后者回收较为困难，关键是区位条件不一样。一般来说，旅游开发地点应选择交通便利，能吸引尽可能多客流的地方，投资额应根据游客市场和企业自身实力来确定；开发模式应综合考虑相应区域内产品的竞争关系，一般能够形成互补最为理想；在产品宣传上，强调与各类互补型产品的联合营销，品牌形象要符合客源地大多数人的心理需求。

参 考 文 献

保继刚，等. 2000. 旅游开发研究：原理・方法・实践[M]. 北京：科学出版社.

胡贵华. 2012. 文化元素在旅游规划中的表达[D]. 成都：四川师范大学硕士学位论文.

刘谦. 2013. 民族地区旅游开发过程中文化元素的旅游表达研究[D]. 成都：四川师范大学硕士学位论文.

龙宝新. 2013. 文化是什么?——对当代文化概念的反思与重构[J]. 武汉科技大学学报(社会科学版), 15(4): 446-451.

马波. 2010. 现代旅游文化学[M]. 青岛：青岛出版社.

彭华. 1998. 关于旅游地文化开发的探讨[J]. 旅游学刊, (3): 43-46.

平措卓玛，徐秀美. 2012. 旅游文化与文化旅游辨析[J]. 乐山师范学院学报, 27(12): 65-67.

任黎秀. 2002. 旅游规划[M]. 北京：中国林业出版社.

王黔首. 2012. “文化”概念的古今对峙与美学的抉择：兼论文化、美学与“三俗”之关系[J]. 贵州大学学报(社会科学版), 30(3): 10-16.

吴必虎. 2001. 区域旅游规划原理[M]. 北京：中国旅游出版社.

谢春山. 2017. 旅游文化学[M]. 北京：高等教育出版社.

周大鸣，秦红增. 2009. 文化人类学概论[M]. 广州：中山大学出版社.

Murphy P. 1985. Tourism: A Community Approach[M]. New York: Methuen.

Getz D. 1987. Tourism planning and research: traditions models and futures[C]. Bunbury: Australian Travel Research Workshop.

Gunn C A, Turgut V. 2002. Tourism Planning: Basics, Concepts, Cases[M]. 4th ed. London: Routledge.

Tylor E B. 1958. Primitive Culture[M]. New York: Harper & Row.

第二章

文旅融合发展的路径选择

党的十九大明确提出中国特色社会主义建设进入新时代，其中我国社会主要矛盾已经转化为人民日益增长的美好生活需要和不平衡不充分的发展之间的矛盾。因此，大力发展文化产业和旅游产业正是解决这一矛盾的有效措施。文化产业的发展是为了满足人民对精神生活的美好追求，文化产业业态由传统文化生产向数字技术、多媒体技术为主的新业态发展，一些文化产业业态向旅游产业延伸。文化通过旅游得以保护、传承和发扬光大；旅游利用文化使其产品得以提升。因此，文化和旅游的融合成为大势所趋。推动文化产业与旅游产业的融合发展，是党中央、国务院做出的重大决策部署，是推动两个产业转型升级提质增效的重要途径，尤其在“稳增长、促改革、调结构、惠民生”的背景下，进一步推动文化产业与旅游产业深度融合具有重要的意义。

文化和旅游部部长雒树刚在 2019 年全国文化和旅游厅局长会议上就文化和旅游融合提出了六大路径，分别是“理念融合、职能融合、产业融合、市场融合、服务融合、交流融合”。本书仅从规划视角探讨文旅融合的连接点及实现路径。

第一节　文旅融合的连接点与基本原则

一、文旅融合的连接点

文化和旅游各自遵循一定的规律得以长期发展，但在各自的发展过程中出现了交叉和融合，同时也伴随着矛盾。文化和旅游既有共同特征，也有各自特点。首先，文化的内涵远大于旅游，旅游只是“诗意的栖居”，是人类长期生活中短暂栖居的一种生活状态，而文化则是人类物质和精神生活的长期积累与遗存，是远大于旅游的生活的全部。其次，文化是旅游的灵魂，旅游是文化的载体。文化利用旅游进行传播，旅游融入文化更加具有吸引力。因此，如何让两者更加契合健康地发展，需要对各自产业的内在属性进行剖析。文化和旅游在以下几个方面存在交叉。

第一，文化和旅游的属性交叉。文化兼具事业和产业属性，在实际发展中，文化的事业属性更强，产业属性偏弱。而旅游则更多地具有产业属性，即使有事业性，其特征也非常弱。

文化的两大属性将文化分为文化事业和文化产业，文化事业具有公益性特点。王能宪（2007）从我国文化事业本质属性出发，提出文化事业应该具备公共性、原创性、人民性等性质，并发挥保障公民的文化权益、保障经济社会的协调发展、保障中华文化的传承与创新重大功能；胡筝（2010）认为文化事业是人们在文化艺术、新闻出版、广播影视等领域从事的具有一定目标、规模并能产生重要社会影响的经常性活动。它不仅包括这些艺术领域的思想理论、价值准则、精神形态等主观内容，还包括这些内容的载体、传播途径和方式，以及组织实施、管理体制等客观因素。文化事业着眼于社会效益和公共效益。黄意武（2014）认为，文化事业指国家或社会资助和扶持的文化事业组织在具有一定目标、规模和系统而对社会发展有影响的文化活动中，为社会主体提供公益性文化产品和公益性文化服务。公益性文化产品和公益性文化服务具有公共物品和公共服务的属性，与市场属性和产业属性往往是不兼容的，它的本质特征就是公益性。与文化事业不同，文化产业具有经济性。它是以追求利润、产品的价值补偿和增值为目标的。这一特点，使文化产业与具有公益性特点的文化事业形成了鲜明的对比。文化产业的基本功能包括经济功能、政治功能和社会功能。经济功能是文化产业首要的功能。以文化娱乐、影视及音像制品、新闻出版、文创生产、文化旅游等为本体的文化产业，与旅游的产业属性有高度的融合性，即均以获取最大的经济效益为基本目的。旅游产业除经济功能外也具有某些社会功能，如旅游的科普性和教育性，特别是文化旅游对文化的传播性、保护性作用及自然生态旅游的环境教育性、红色旅游的革命宣教性都与文化产业的政治功能和社会功能有异曲同工的作用。例如，四川小金县，根据红军长征的故事，将两河口会议纪念地打造成红色文化旅游景区。1935 年 6 月 28 日，中央红军冲破数倍于己的敌军的围追堵截，转战八省，行程二万余里，翻越夹金大雪山，与红四方面军胜利会师小金达维，并在两河口召开了长征路上具有重大历史意义的“两河口会议”，确定了红军挥师北上的重大战略方针，为中国革命的最终胜利指明了方向（谢远学和郭山文，2007）。这一红色文化旅游景区的打造，既增加了旅游收入，又对“两河口会议”精神进行宣扬和传播，起到了一景多效的作用。

第二，文化和旅游的资源本底交叉。文化是指一个社会群体在其特定地域环境内长期生产生活中所形成的特定生产生活方式、风土习俗、文学艺术、行为规范、思维理念等要素的总和。文化是人类长期积累的精神资源，文化资源是除了自然资源以外的其他资源。正如爱德华·泰勒所说，文化本身就是一个“复合的整体”，“它包括知识、信仰、艺术、道德、法律、习俗和个人作为社会成员所必需的其他能力及习惯”。当然，文化资源并不能完全等同于文化，加了“资源”一词就意味着它已经拥有过去时态（时间性）、可资利用（效用性）等含义。文化资源是指人类文化中能够传承下来，可资利用的那部分内容和形式。因此，文化资源是人类劳动创造的物质成果及其转化的一部分。从形式上看，文化资源既包括具有物质属性的历史遗存、特色民居、民族服饰和民间工艺，又包括具有非物质属性的语言、文字、音乐、舞蹈、民俗、节庆等内容；同时还可以从内容上分为历史文化资源、民族文化资源、宗教文化资源、艺术文化资源、地域文化资源等。

旅游资源是指对旅游者具有吸引力的自然存在和历史文化遗产，以及直接用于旅游目的的人工创造物（保继刚，1993）。国家旅游局 2003 年颁布的《旅游规划通则》（GB/T 18971—2003）中将旅游资源定义为自然界和人类社会能对旅游者产生吸引力，可以为旅游业开发利用，并可产生经济效益、社会效益和环境效益的各种事物现象和因素。因此，从文化资源和旅游资源的定义来看，文化资源属于旅游资源的一个重要组成部分，两者的资源本底有很大重叠交叉部分，这为文旅产业融合提供了基础条件。

第三，文化和旅游的投资主体交叉。文化和旅游不仅在产业属性和资源属性上有交叉性，还在投资主体上有交叉性。一是文化娱乐、文化产业项目不仅当地居民喜欢，对外地旅游者也非常有吸引力，因此，文化娱乐或产业项目从广义上讲也是旅游项目。二是文化产业项目的投资目的体现在经济性，这与旅游项目的投资目的有高度的契合性，导致有些项目既属于文化项目也属于旅游项目，文旅不分家，你中有我，我中有你。三是投资主体的交叉性。很多文化产业项目的投资主体对旅游项目也很青睐，还有些项目既姓“文”又姓“旅”，本身就是文旅综合性的项目，属文旅综合体。例如，成都金沙遗址博物馆，它是在金沙遗址原址上建立的一座遗址类博物馆，也是展示商周时期四川地区古蜀文化的专题类博物馆。成都金沙遗址博物馆于 2004 年底立项建设，2007 年 4 月 16 日正式对外开放。博物馆占地面积 30 万平方米，由遗迹馆、陈列馆、游客中心、文化保护与修复中心、金沙剧场、园林区等组成，是一座集教育、研究、旅游、休闲于一体的现代化园林式博物馆，并成为代表成都悠久历史的标识性景观，成为外地游客来成都必看的文化旅游项目，其投资主体当然就具有文化和旅游的双重属性。

第四，文化和旅游的市场客体交叉。文化产业的细分市场，包括出版、广播电视、漫画、音乐戏曲、游戏、电影、动画、广告、字画、影像制品市场等，而旅游市场则既可以根据不同的特点进行划分，如按照旅游者的人口特点年龄、性别、收入、职业、受教育程度、社会阶层、种族、宗教、国籍等进行细分，也可以根据客源地的地理区域进行划分，还可以根据旅游行为目的对客源市场进行分类。从市场细分的客体可以看出，在过去两个行业分别管理体系下，其市场服务的对象（客体）是完全不同的，文化产业市场更多地服务于当地居民，旅游市场则主要服务于外来旅游者，市场的融合度不高。但在某些类别上仍有交集，如娱乐型的文化产业，不仅服务于当地居民，外来旅游者也很青睐。特别是近些年文旅行业合并，文旅融合加深，在管理制度上为文旅市场的融合提供了广阔的空间，一方面旅游走进社区，走进家庭，成为大众化需求，另一方面，文化走进景区，影视、戏曲、字画、音乐等高雅文化依托景区进入外来旅游者的视野，文化市场的客体由原来只服务于当地居民转化为服务于包括当地和外地的全体居民，旅游市场也由原来只关注外地居民转化为既为外来者服务，也尽可能吸引本地的居民客体，这正是文旅融合的双赢结果。

第五，客观上需要文化和旅游管理主体的融合。以前文化主管部门和旅游主管部门各自为政。文化主管部门很多，其中工业和信息化部主管网络及通信，国家广播电视总局主管报纸、杂志、电影、电视发行，文化部主管文学艺术，包括文化馆、群众艺术馆、文化团体、文艺演出单位、文化场所（如卡拉OK厅、歌舞厅、网吧）及博物馆、文化遗址、名人纪念（堂）馆等。旅游主管部门主要是国家旅游局，负责旅游安全监管，特别是旅游市场的监管。旅游主体不同，管理职责各异，使行业交融自然产生了隔阂。随着经济、文化和旅游的发展，文化和旅游在产业属性、资源本底、投资主体和市场客体等诸多方面有了交叉和融合，客观上呼唤文化和旅游管理主体的融合，文化和旅游部便应运而生①。

二、文旅融合的基本原则

（一）保护为主，合理利用

文旅融合，以文促旅，最大限度地实现文化的产业化功能。但文化在开发利用过程中需要坚持保护为主、合理利用的基本原则。文化遗产、文物古迹、文保单位在进行旅游开发过程中，必须要把保护放到第一位，注意开放范围、开放时间、开放形式、容量限制等，确保旅游开发不破坏文化遗产和珍贵文物。

---

① 2018年3月，根据党的十九届三中全会审议通过的《中共中央关于深化党和国家机构改革的决定》、《深化党和国家机构改革方案》和第十三届全国人民代表大会第一次会议批准的《国务院机构改革方案》，中华人民共和国文化和旅游部设立。

文化保护与旅游开发相辅相成，一方面，文化保护对旅游开发有重要的促进作用，因为文化不仅是旅游资源，而且文化（特别是文物）的价值决定着旅游的吸引力和可持续性；另一方面，旅游开发对文化保护提供各种支持，包括保护资金的支持、人力技术的支持和理念的支持。总之，文旅融合需要坚持文化的有效利用和保护，在保护为主的前提下合理可持续利用。

（二）能融则融，各尽所能

谈及文旅融合，是否所有的旅游项目都需要文化的支撑？是否所有文化的项目都可进行旅游开发？要回答这个问题其实很难。但从文化和旅游的产业属性看，两者之间有部分交叉，有些文化可作为旅游资源进行挖掘、开发，有些只能作为公益项目服务于民。同样，有些旅游项目需要文化支撑，特别是当地的本土文化，这是独一无二的，对旅游开发和可持续发展，具有举足轻重的作用。因此，文旅融合要坚持能融则融、各尽所能的原则。要利用好文化、旅游两个市场、两种资源、两方面力量，尽可能地推进更多文化遗产和文物资源向旅游资源和旅游产品转化，旅游项目也要更多地挖掘本土文化，讲好中国故事，讲好本土故事，以更加适应市场发展的需要，更加满足外来游客和当地居民对文化和旅游共同的诉求。

（三）产业融合，理念先行

产业融合包括产业业态融合、产品项目融合，通过“文化+”和“旅游+”战略，推动文化、旅游与相关产业的融合发展，培育新业态。文旅产业融合是根本，但正如文化和旅游部部长雒树刚在2019年全国文化和旅游厅局长会议上所提出的，“要着力推进理念融合”。要树立以文促旅、以旅彰文、和合共生的理念。文化是旅游发展的重要资源，文化创意可提升旅游产品质量，旅游是文化保护和建设的重要路径，是文化传播的重要载体，也是文化交流的重要纽带。产业融合需要理念先行，要把理念观念融合放在首要位置，从思想深处贯穿文化和旅游的融合发展，大脑决定行动，思想决定高度，只有如此，文旅融合才能真正实现。

第二节　文旅融合的机遇与挑战

一、文旅融合的机遇

文化和旅游，“诗”和“远方”能走在一起，有其必然性。首先，政策环境更加优化。2018 年 11 月 28 日，国务院办公厅印发《国务院办公厅关于进一步扩大旅游文化体育健康养老教育培训等领域消费的意见》（以下简称《意见》），部署进一步扩大国内消费特别是旅游、文化、体育、健康、养老、教育培训等服务消费的政策措施。《意见》从三个方面提出了进一步扩大消费的政策措施。一是着力推进幸福产业服务消费提质扩容。围绕旅游、文化、体育、健康、养老、教育培训等重点领域，引导社会资本加大投入力度，通过提升服务品质、增加服务供给，不断释放潜在消费需求。二是大力促进传统实物消费扩大升级。以传统实物消费升级为重点，通过提高产品质量、创新增加产品供给，创造消费新需求。三是持续优化消费市场环境。聚焦增强居民消费信心，吸引居民境外消费回流，通过加强消费基础设施建设、畅通流通网络、健全标准规范、创新监管体系、强化线上线下消费者权益保护等，营造便利、安心、放心的消费环境。《意见》从政策上促进了文化和旅游的融合发展，文旅大市场正在形成。据《中国统计年鉴2019》，2018 年我国人均国内生产总值 64 644 元，比上年增长 6.1%；人均可支配收入 28 228 元，比上年增长 8.7%，扣除价格因素，实际增长 6.5%；人均消费支出 19 853 元，比上年增长 8.4%，扣除价格因素，实际增长 6.2%。人均消费支出大幅增加，文旅消费市场已经进入快速发展阶段。其次，多元化的要素驱动。不仅文旅融合有自身的需求，而且外部要素又从客观上起到了催化剂的作用。现代文化和旅游产业以资本、创意、科技为驱动力，人工智能、云计算、5G 技术为文化和旅游跨界融合提供了技术支撑，使文旅融合变得更为容易。最后，全域旅游时代的到来。随着人们生活水平的提高，旅游产业进入新时代的发展期。因此，国家政策为文旅融合发展提供制度保障，科技发展提供技术支撑，消费市场和全域旅游时代从终端提供了实现的可能。

二、文旅融合的挑战

面对文旅融合发展的新机遇，目前还存在以下挑战和不足。

一是资源、资本、市场整合的不足。文化资源和旅游资源，很多情况下是附着于不同的主体，虽然二者有交叉的地方，但更多的是不同行业、不同地域、不同民族所拥有的，需要在新的机制下实现资源的有效整合。在文化和旅游部组建之前，文化投资和旅游投资是不同的行业投资，文旅融合后有些能融合的资本需要整合。文化市场和旅游市场也可以整合，可以促进原来分离的部分客群的融合，如在旅游景区中规划文化产业，旅游者在游览景区的过程中可以体验当地的文化，并对文化产品进行消费，实现市场的互动融合。

二是政府主导力度大，市场主体的参与热情不高。要挖掘有特色的地方文化和民俗文化，梳理有市场潜力的文化和旅游资源，通过政府搭台，引导市场资本的投入。各地方政府不仅要有意出让可开发的资源，还要出台实施细则，引导社会资本优先投资文旅融合的产业。

三是塑造区域旅游形象认知产品不足。每个地方有每个地方的特色，但不能一盘散沙，需要统一的品牌塑造。例如，“好客山东”“爽爽贵阳”“四川好玩”，这些都是塑造的区域旅游形象。文旅融合更需要新的品牌塑造，如四川省提出了“天府三九大，安逸走四川”的新口号。“三九大”是四川最具代表性的三张名片。“三”指三星堆，是巴蜀文明的象征；“九”指九寨沟，是四川自然资源的杰出代表；“大”指大熊猫，是家喻户晓、知名度极高的国宝。虽说口号偏长，不便于记忆，但也不失为四川文旅品牌的新旅游形象认知产品。

第三节　文旅融合的困境及路径选择

一、文旅融合的困境

鱼剑锋（2018）认为，文化资源为旅游发展提供了更多的路径平台，旅游资源为文化发展开辟了更广的市场空间，文旅融合是实现地方经济高质量发展的必然选择。但是，文旅融合在现实中也遇到了一些具体问题。

第一，文物保护与旅游开发的关系问题。鱼剑锋（2018）以陕西咸阳礼泉袁家村、兴平马嵬驿为代表的民俗文化游为例，认为文化与旅游结合是件双赢的事情。文化有其内涵优势，旅游则平台宽广，但仅有内涵或者只有平台是不够的，只有把二者有机结合起来，通过文化提升旅游的品位和档次，通过旅游扩大文化传播的途径和方式，这样才能产生巨大的社会效益和经济效益。咸阳文物遗址较多，有国家级重点文物保护单位 34 处 46 个点位，省级重点文物保护单位 98 处，文化底蕴相当深厚，旅游资源价值极高。但多年来受政策要求等诸多因素制约，咸阳对其保护基础上的开发利用不足，很多文物景点可看性不强，没有真正把资源变产品，这不同程度制约了咸阳旅游业的发展。

第二，文化传承同根源与旅游发展同质地的问题。产业结构调整与发展之间的同质化竞争，会对产业的规模性发展与提升造成较大的风险与问题，还会在发展与竞争中产生较大的资源浪费，对于文化旅游产业来讲，亦是如此。进入全域旅游新时代，文化同源与旅游同质作为文旅产业升级发展面临的结构性困难，已成为制约其发展的主要瓶颈之一。咸阳在这一方面就存在着与省会西安历史相近、文化同源、产品同质、市场相近的尴尬。面对文化的同源，文化旅游产品如何差异化发展，是咸阳与西安面对的难题。目前到陕西旅游的游客基本以西安为中心选择景点，即便时间允许到咸阳的帝陵及其他景点转转，也是当日往返，夜宿西安。便捷的交通和旅游产品单一的现实，使得咸阳变成了众多学者口中的“旅游飞地”（鱼剑锋，2018）。

第三，如何打造统一的文化旅游品牌形象。例如，山东省淄博市文化旅游尚处于起步阶段，对文化底蕴深厚的齐文化、文物古迹、民俗等优质文化资源如何整合开发成旅游精品，以及如何塑造淄博市的整体文旅形象，需要深入研究。淄博市作为齐国故都，具有“地下博物馆”的美誉，但是缺乏展示和突显齐文化的载体，而齐文化博物馆、中国古车博物馆、足球博物馆等现有产品体量小、体验性差，文化的旅游化或者说文化资源转化为游客购买的旅游产品严重不足。文旅融合不只是形式上的融合，还需要实质内容的整合、品牌形象的整合。

二、文旅融合的路径选择

（一）宏观层面的文旅融合

1. 整合资源跨界融合

在众多的资源中，文化资源是旅游开发的核心资源之一。文化街区的建设、文化演艺活动的开展、博物馆美术馆艺术馆的对外开放、旅游景区的开发，都需要文化元素的融入，使旅游产品得以提档升级。文化是核心，旅游是平台。文化旅游部门的成立，标志着文化和旅游的融合将更加顺畅，更加深入。

除了文化和旅游资源的相互融合，还需要大思路、大视野，整合各种资源发展壮大文旅产业。首先，充分利用文化和旅游资源，搭好基础戏台，如整合博物馆资源、文物古迹资源、文学艺术资源、音乐美术资源、地方民俗资源，开展文旅资源普查，做到家底清晰，心中有数。其次，跨界整合农业、林业、水利、气象资源，依托自然生态资源、特色农业和乡村资源，发展乡村旅游、度假旅游、森林旅游、水利旅游。再次，推动文旅与科技、文教、体育产业的融合，利用科技场馆、文教设施、体育器材，发展科技旅游、研学旅游和体育旅游。最后，加强文旅与工业、服务业、交通等产业融合，建设工业示范园，开展商务会展旅游、工业遗址旅游，通过文旅与交通的融合，建设文旅景观带，在交通沿线增加旅游元素，使交通旅游化。

推动文旅与民宿村镇、旅游城镇的融合，发展乡村民宿旅游。大力发展购物旅游、运动赛事旅游、科技旅游、航空旅游、海洋旅游等新业态，打造新型产业集群。

跨界的资源需要整合，但不是所有跨界的资源都能利用，需要我们进行有效的识别和筛选。例如，乡村农业，只有特色农业加上美丽的田园风光、村落美景或古村落、古民居、古遗址、地方民风民俗才具有旅游开发价值，才有必要进行整合，而不是什么样的乡村都可以搞旅游开发，没有自然风光和文化价值的乡村不必要搭乘旅游的列车，随意进行旅游开发只能适得其反。

2. 借助市场优化融合

旅游产业“文旅融合”要立足于市场环境以及社会发展需求，选择合适的落脚点，实现“旅游+文化”的深度融合（冯健，2018）。

首先，促进文化和旅游市场主体的融合。鼓励文化、旅游企业对接合作，支持文化和旅游跨行业做优做强，推动形成一批以文化和旅游为主业、以融合发展为特色、具有较强竞争力的领军企业、骨干企业。优化市场营商环境，促进创新创业平台和众创空间服务升级，为文化和旅游领域小微企业、民营企业融合发展营造良好的政策环境（张肃和黄蕊，2018）。实现“文旅融合”需构建多元化的投资主体，以突破文化旅游产业发展瓶颈。地方政府在文化旅游产业发展中具有重要作用，但文化旅游产业发展不能过于依赖政府，要充分发挥市场的资源调配作用。从现阶段文化旅游产业发展的实践来看，资金短缺是导致“文旅融合”困难重重的首要因素，文化旅游产业市场化运作要以多元投资主体建设为先导。要协调多方力量助力文化旅游产业发展，鼓励多种形式资本进入文化旅游产业，促进文化旅游融合发展。要构建文化旅游产业发展融资平台，解决产业融资难题。另外，还要降低文化旅游产业准入门槛，鼓励中小型企业进入文化旅游市场，集中力量构建文化旅游示范区（冯健，2018）。

其次，促进文化和旅游市场的客体融合。文化产品和旅游产品的消费主体有不同的受众群体，但同时也有交叉的一部分客体，如何扩大延伸两个市场的交集区是文化旅游融合的主要任务。相互利用对方的市场份额，扩展市场范围，挖掘市场的纵深消费能力，共同推进文旅融合的深度和广度发展。

最后，文旅市场融合，助力城市、区域、景区等目的地的营销推广。文旅市场兴旺的城市更具感召力，文旅市场发达的区域更具形象活力，文旅市场活跃的景区更具吸引力。借助文旅市场实现关联产业的统筹发展，以市场为平台，助推城市、区域和景区等目的地的快速发展。

3. 推动产业链的深度融合

许多产业可以和旅游产业进行深度融合，如文化产业与旅游产业的融合，充分利用各种文物保护资源，特别是世界文化遗产、国家历史文化名城、名镇、名村，著名古道、古桥、古建筑、古遗址，开展保护和利用的研究；生态产业与旅游产业的融合，依托良好的生态环境，特别是以国家公园为代表的自然资源进行合理利用；民族文化、地方民俗文化与旅游产业的融合；乡村振兴和美丽乡村建设与旅游产业的融合，把乡村振兴战略、特色农业发展与旅游产业发展结合起来，既为乡村振兴找寻动力源泉，同时也为旅游发展提供了基础条件支撑。

4. 创建文旅融合平台

一是构建文旅资源交易平台，通过交易平台实现文化、旅游资源共享；二是打造文旅产业投融资专业平台，有效嫁接资本市场和项目市场；三是建设智慧文旅大数据平台。利用“文化+互联网”“旅游+互联网”，通过文化再现、虚拟旅游、场景再现等数字化手段，让文化说好“旅游话”，让旅游表达“有文化”。将互联网、大数据等科技手段植入文化、旅游资源，打造文旅融合的大数据平台。例如，重庆市沙坪坝区文化和旅游发展委员会委托腾讯科技（北京）有限公司、重庆腾汇科技有限公司，依托 “互联网+旅游服务”，通过应用程序（APP）、微信公众号、微信小程序等入口，利用人脸识别、智能热点、移动支付、语音、三维全景、人工智能等技术，满足旅游者在沙坪坝区整个游览过程的各项需求，打造智慧、健康、便利的全域旅游项目。利用云计算、大数据、人工智能、GIS（地理信息系统）电子地图技术，建设综合旅游管理平台；利用政府数据、用户数据、企业数据等，建设旅游大数据中心。

（二）微观层面的文旅融合

1. 通过项目加强融合

文旅融合最重要的路径是通过项目加强融合。建设文旅融合示范区、打造文旅综合体，这些综合性的文旅项目，是文化和旅游融合的最有效捷径。例如，山东省就出台了《山东省文化和旅游融合发展示范区评定标准》，鼓励以县区为单位，选择文化、文物和旅游等资源密集的县区，优先开展文化和旅游融合发展试点探索，推出一批文化和旅游融合发展示范区。四川省拟建设三星堆国家大遗址保护利用示范区、长征主题国家文化公园、藏羌彝文化产业走廊，培育一批标志性、引领性的枢纽项目，这些项目将会成为四川文旅融合项目的典范。

文旅综合体也正成为很多地方旅游经济发展的新引擎。例如，四川省乐山市推出的嘉州长卷文旅风情街区、市中区嘉定坊·天街文化街区、老霄顶文化公园、犍为嘉阳小火车工业文化遗产小镇、苏稽新区文体中心、乌尤坝禅修小镇、乌木艺术博物馆、乐山老城区历史文化保护挖掘项目、井研竹园红色文化小镇、井研中国农民画村、峨眉山黄湾武术文化小镇、乐山战时故宫文物南迁遗址公园、沙湾沫若文化广场、五通桥根石家博览园、夹江天工开物文化产业园、夹江手工造纸博物馆等一批国家、省、市特色文化产业示范基地项目，都很好地促进了乐山文旅深度融合发展。

创新影视演艺节目、开展节庆活动、开发文创旅游产品也是文旅项目融合的典范。立足地方文化，创作推出一批旅游实景演艺节目，推动文化演艺进景区，丰富夜游旅游产品，为游客打造“白天观景，夜晚看剧”的全天候旅游体验。举办节庆活动，让游客在参与中体验文化，了解当地文化，如峨眉山市举办第四届中国茶乡峨眉山国际茶文化博览交易会、四川国际旅游交易博览会、中国·四川国际峨眉武术节，凉山举办小凉山彝族火把节、“姆河达斯”文化旅游节，这些大型文旅活动承载着文化传承和旅游发展的双重任务。同样，开发文创旅游产品也能起到异曲同工的作用。文创产品既是对文化的弘扬，也能增加旅游销售收入，实现文化创意和旅游资源的有效嫁接，使具有地方标志性文化符号的纪念品成为游客的“必购品”。例如，峨边彝绣、茂县羌绣、绵竹年画、井研农民画等地方产品成为四川省的特色旅游商品。这些特色旅游商品的销售传递了地方文化，同时也实现了旅游产业的增收。

2. 运用品牌深化融合

整合资源，打造文化旅游知名品牌。品牌既有区域的品牌，也有企业和产品的品牌。打造区域文化旅游品牌或企业产品的品牌均有助于文化旅游市场竞争力的提升。近年来各地区通过举办大型文化旅游节、文化旅游活动等方式提升了区域旅游形象，但并非所有节庆活动都达到了目的。实际上，文化旅游知名度和美誉度的提升，区域文化旅游品牌的构建，不能简单只依靠节庆活动，需要整合文化旅游资源，深度挖掘地域文化，突显地方特色，同时，还需要将地方文化转化为有吸引力的旅游产品，不断推广品牌文化，实现文化资源的创意升华。例如，许斌（2017）以哈尼梯田为例研究了文旅融合视角下的元阳旅游品牌建设，分析了元阳旅游品牌建设中存在的市场识别度不高、缺乏旅游精品、品牌营销推广方式滞后等问题，并运用品牌管理体系（corporate identity system，CIS）方法从文旅结合的角度为元阳县设计与规划了旅游品牌建设的路径和方法。厉建梅（2016）探讨了文旅融合背景下山东省的文化遗产与旅游品牌建设，分析了文旅融合与文化旅游品牌发展两者之间的关系，并以山东新兴旅游景区——天上王城景区为实证案例，剖析了该景区旅游品牌发展及提升方面存在的问题，最后提出了在文旅融合背景下旅游景区品牌提升的战略措施及方法。

参 考 文 献

保继刚. 1993. 旅游地理学[M]. 北京：高等教育出版社.
冯健. 2018.“文旅融合”该从何处着手[J]. 人民论坛, (32): 86-87.

胡筝. 2010. 文化事业管理概论[M]. 北京：中国统计出版社.
黄意武. 2014. 我国文化事业内涵、特征及发展方向探讨[J]. 学术园地，(10)：37-40.
厉建梅. 2016. 文旅融合下文化遗产与旅游品牌建设研究[D]. 济南：山东大学博士学位论文.
王能宪. 2007. 关于我国文化事业的性质、功能、分类及其发展战略的思考[J]. 文艺理论与批评，(3)：32-40.
谢远学，郭山文. 2007. 红四方面军征战纪实[M]. 武汉：湖北人民出版社.
许斌. 2017. 文旅融合视角下的元阳哈尼梯田旅游品牌建设研究[D]. 昆明：云南师范大学硕士学位论文.
鱼剑锋. 2018. 探索文旅融合新路径　构建产业发展新格局[EB/OL]. http://zys.xys.gov.cn/dcxj/594939.htm[2018-12-26].
张肃，黄蕊. 2018. 文化旅游产业融合对文化消费的影响[J]. 商业研究，(2)：172-176.

第三章

旅游规划中空间形态的文化表达

第一节　空间形态概述

一、空间形态概念界定

空间是与时间相对的一种物质客观存在形式，由长度、宽度、高度表现出来，由点、线、面、体构成或围合的区域综合体。

空间与形态有着紧密的联系。形态除了空间本质属性外，还有多样性、可感性、变通性等不同属性，对于“形态”这一词的复杂化理解可衍生出多个交叉学科。当被赋予“空间”修辞时，其形态归属被类别化。空间形态不仅是现实空间中包容实体形态与虚空形态的有机整体,也是意识空间中对事物存在的主观判断，能够在虚拟空间中呈现交流信息的综合体。

重新界定的“空间形态”概念强调空间语境下事物形态在特定时空环境中整体有机特性的展现，以便阐释出形态在主客观空间中生成的原因、组成、关系、发展及趋向。

二、形态与空间的关系

在现实物理世界中，任何物质都会以某种形态（小到基本粒子，大到天体）得以呈现。例如，泥土的自然形态和用此泥塑造的人工形态——泥壶，是同一材料的不同形态再现；而任何形态也必然借助物质来展现，如同一座椅形态可由木、钢、塑料等不同物质材料来表现。因此形态是物质的再现方式，二者相互依存。既然形态依存于物质，而宇宙物质本身就是空间的存在，因此形态依存于空间。

目前人在宏观与微观的世界中所观测到的形态都占据空间，即当某形态处于长、宽、高三维状态时，以有限边界的存在占据着部分空间。而以某种形态存在的物质是有时间限制的，包容形态的空间存在却是永恒的。因此实体形态与相对应虚空形态的存在只是特定环境下时空状态的表现，它们就像一枚硬币的两面是不可分割的。

当现实世界形态反映在人头脑中时，形态存在的判定也总是离不开空间，甚至对超出人感觉外的形态都是以空间来理解，如人难以完整感知地球的空间，却可以靠想象获得地球形态空间感的判断。只是现实形态依赖实体物质本身的空间，而思维活动中的形态只需意识的载体（如人脑）所形成的意识空间。

为了再现意识空间中现实与虚幻的形态，人通过各种媒介在形态感知上形成对应的虚拟空间。例如，绘画在平面媒介上用透视等手法模拟意识中的现实空间或用符号营造意识中虚幻形态的空间。

由此可知，人类感知形态的空间形式主要有三类：现实空间、意识空间、虚拟空间。没有不具空间的形态，空间是形态存在的必备场所。现实空间中，自然界生物类形态（将来可能包括人造生物形态）一旦成形便不断寻找类似的生存环境进行自我复制。其随环境调整自身，直到可依附环境的消亡；人工制成品形态（人造非生物形态）借助人的思维这一宿主，在相似环境中不断繁衍（如建筑、家具等）；意识空间中主观化形态虽多以内在抽象形式出现，却都尝试被意识传递而得到扩展。可以说，以空间为目标的客观化形态和以时间为目标的主观化形态如同生命一样追求自我复制地演变，并以改变常态的方式获得异态的生存。设计中形态创新也是靠这三类空间的常态表达得以实现。

第二节　旅游城镇空间形态

城市空间形态体现了各类城市空间要素之间的关联，是研究和判断城市属性的重要因素之一。20 世纪 30 年代以来，受现代主义运动思潮的影响，建筑设计和城市规划逐步走向功能主义的极端，极大地忽视了传统自演化而成的城市空间形态的价值，并持续、深刻地影响着当前的城市规划和建筑设计工作。旅游城镇的空间形态是在城市功能基础上叠加了旅游元素，鉴于此，本章尝试着对旅游城镇空间形态的相关要素进行系统性梳理，以期呼吁人们在城市规划和建设过程中应更加关注旅游的空间元素 。

在城市形态解析方面，武进（1990）探讨了中国城市形态发展的主要特征。齐康（2000）从建筑学角度分析了城市空间形态的概念、理论与方法。马振华和钱雅妮（2013）等分析了汉正街区域街巷形态的历史演变，揭示了街巷空间形态的复杂性与街巷生活的丰富性之间的关系。进入 21 世纪，一些基于复杂城市理论的城市空间形态及其生成机制的研究逐步兴起。例如，黎夏等（2007）提出了基于神经网络的元胞自动机（cellular automaton，CA）城市模拟模型。陈彦光（1988）借助分形几何、混沌数学等数学理论与相关系统思想，探索形成复杂结构的简单规则及其数学描述方式。马非（2011）运用“类型—形态学”的分析方法，对福州旧城形态的过去与现在进行了深入研究。罗丹青和赵辰（2010）通过对通风、日照、采光三项居住空间环境指标的定量化研究，探讨了实现比现行低层住宅更高密度的方法。此后还有部分学者开始借助 GIS 等新技术对国内城市开展实证分析和研究。例如，段进等（2002）利用空间句法工具对天津、南京、苏州等城市的拓扑空间形态在历史发展过程中的动态变化特征进行了研究。朱东风（2006）借助于集成了 GIS 和空间句法工具的研究平台，对苏州城市空间发展的拓扑形态特征进行了深入探索。

不同的学者对城市空间形态有不同的分类方法，有的学者按城市建成区主体平面形态或三维空间特征进行分类，有的学者按城市扩展进程模式分类，还有的学者按城市活动中心和功能分区布局分类。高文杰等（2010）把城市空间形态类型划分为集中型、带状型、放射型、星座型、组团型和散点型六大类型。

集中型城市空间——城市建成区主体轮廓长短轴之比小于 4∶1，是长期集中紧凑全方位发展状态，包括方形、圆形、扇形等子类型。这类形态的城市由于经济不发达，对地下空间利用少。小规模城市较适合这种形态的发展。

带状型城市空间——城市建成区主体平面形状的长短轴之比大于 4∶1，明显呈单向或双向发展，有 U 形、S 形等子类型。这种城市往往受自然条件所限，或由于交通干线的影响呈带状发展，一般发展规模不大。

放射型城市空间——城市建成区总平面的主体团块有三个以上明确的发展方向，包括指状、星状、花状等子类型。在地势平坦对外交通便利的平原地区，这种形态的城市较为常见。

星座型城市空间——城市建成区总平面是由一个相当大规模的主体团块和三个以上较次一级的附属团块组成的复合式形态，一些国家首都或区域特大中心城市多为星座型城市空间形态。因为在大城市周围布局卫星城镇，有利于疏散中心区的经济功能，分流人口居住压力。

组团型城市空间——城市建成区由两个以上相对独立的主体团块和若干基本团块组成，这是因为受河流、山地地形影响，城市空间被分割成多个基本团块。每个团块都有自己的区域中心和道路系统，而团块之间也有相当的距离，由便捷交通线的延伸连接构成城市整体。

散点型城市空间——城市没有明确的主体团块，各个基本团块在较大区域内呈现散点状分布。这种城市空间形态的形成与当地的地形地貌密切相关，各组团的空间延伸方式复杂多样，需因地制宜组织各组团的空间发展。

旅游城镇的空间形态除了受地形地貌、河流、交通条件等影响外，还受旅游资源分布、旅游开发形式、游客对空间形态的感知等方面影响。

一、旅游城镇的鸟瞰形态

在地形地貌上，城市与山脉、河流、海岸总是息息相关，在城市建设初期，通常因为这些地貌因素或能提供安全庇护，或能带来便利水路交通，或是重要的对外交通口岸，而成为城市的最佳选址；在供给资源方面，一些城市由于其独特的地理环境，能提供重要的水源、矿产资源及风景旅游资源，为山区及平原地区供给生产生活所需要的物质和精神支撑；在另外一些城市，则是由于人们的主观意愿——如对军事上的需求和交通贸易往来的需求，利用城市的修建达到人们的目的。

13 世纪的法国圣米歇尔是典型的选址位于山顶台地的山地城市（图 3.1）。整个城市的建筑沿山地的地形等高线走向而环绕山顶圈层布置，山顶处是一座宏伟壮观的哥特式风格的基督教堂，其成为整个城市的视线焦点，教堂外设置封闭感较强的城市广场，是整个城市的公共活动中心。教堂和广场聚合了城市空间形态，引导城市其他建筑围绕教堂圈层式展开。道路环状布置，在密集的城市建筑外，留出相应用地，用一条顺应地形的 S 形爬坡道路连接城市中心与外围，并用垂直于等高线的游步道联系外围城市居住区与教堂。整个城市防御性能极高。

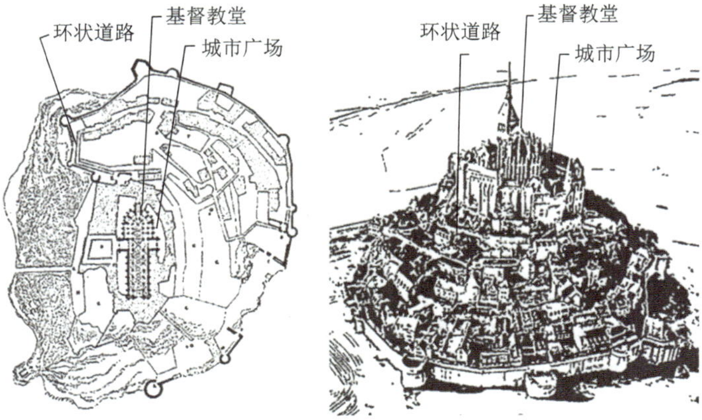

（a）平面图　　（b）鸟瞰图

图 3.1　13 世纪圣米歇尔平面图与鸟瞰图

图片来源：张京祥，2005

波托西城是典型的选址于山麓区的山地城市（图 3.2），它位于玻利维亚西南部的波托西省。波托西城坐落在玻利维亚高原东部的波托西山麓，海拔 4000 多米，地表多岩石。这里气候常年干燥寒冷，年降水量仅有 380 毫米，年平均气温 10℃，公元 16 世纪初至 20 世纪初，是玻利维亚最大的银矿产区，素有“银都”之称。波托西城在高低起伏的地形上采用棋盘格的布局方式，由于地形坡面和缓，城市空间发展受地形影响相对较小，呈现出集中紧凑的团块状布局。同时由于四周被山体包围，形成盆谷状地形，建设用地受到一定的限制。波托西城被四周山体合围形成近椭圆形的形态。有两条河沿西北侧和西南侧在城市西北角交汇。两条主干道在城中心相交，并向四个不同方向延伸出去与外部发生联系。棋盘格方向与主干道走向相联系，整个城市布局紧凑，形成团块的形态结构。

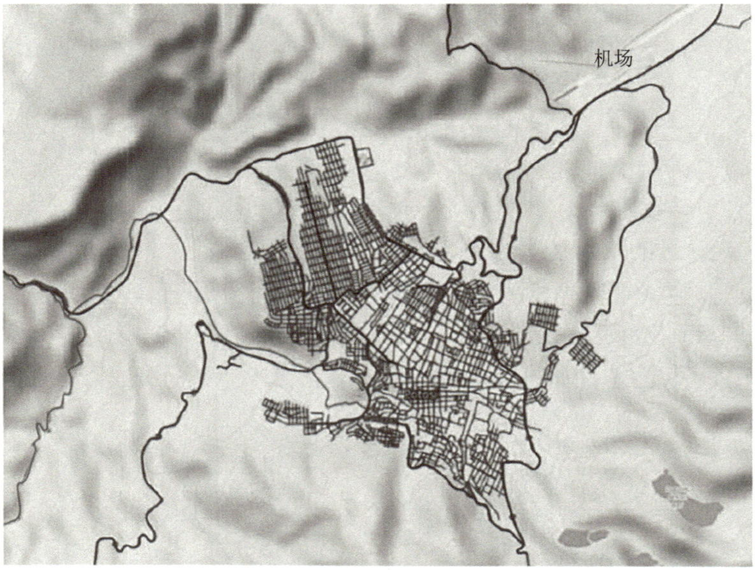

图 3.2　波托西城现状平面图

图片来源：张京祥，2005

罗城古镇也是典型的山顶台地式选址城镇，位于中国四川省乐山市犍为县东北部，距乐山市 60 千米。犍为县罗城古镇的建筑布局极为独特，全镇坐落于山顶，街道形如一艘巨型轮船。相传明代崇祯年间，一位外地秀才到此，看到当地民众苦于缺水，不禁口念顺口溜：“罗城旱码头，衣冠不长久。要得水成河，罗城修成舟。舟在水中行，有舟必有水。”当地人认定改造建筑空间布局是解决缺水难的好办法，于是纷纷捐资，最终修建成这座举世罕见的陆上船形小镇。

罗城古镇全长 2000 多米，宽约 650 米。主街道为南北走向，两端较窄，中间宽敞。街面起伏，恰如波涛中的甲板；街中戏楼高耸，如高扬的风帆。而街尾的灵官庙又如同航船的船舱。街道两侧各有一排长约 200 米，宽约 6 米的荫廊，仿佛船篷一般，又称“船厅街”。多少年来，由于地方文化兴起的船形小镇逐渐被“淹没”，而旅游这只无形的手又推动了这艘“航船”再次启航。目前罗城古镇已经打造为国家 4A 级旅游景区，游客可观赏古镇的形态，并体验老百姓世外桃源式的悠闲生活（图 3.3）。

图 3.3　罗城古镇鸟瞰图

图片来源：成都新界标旅游规划设计咨询有限公司绘制

二、旅游城镇的街巷格局

城镇的街巷格局是历史发展形成的，受政治、经济、文化、自然等多种因素综合影响，其中部分城镇受自然因素特别是地形地貌的影响较大。旅游型小城镇的街巷空间格局多具有地方性特征，空间类型有团状、串珠状、多组团三类，其空间拓展方式分为内涵式填充和外延式拓展两种。

我国北方地区由于河流少，地形平坦开阔，聚落布局多呈团块状，且形态比较规则。南方地区河流多，地形以丘陵、山地为主，聚落布局多呈串珠状、多组团状。

三、旅游城镇空间形态的文化表达

街巷空间形态是具有一定历史文化底蕴的城镇所特有的城市肌理，对其进行旅游开发应充分挖掘街巷空间形态、展现街巷形态特征，突出街区历史文脉。城镇的空间形态反映了它的历史文化，空间格局展示的是文脉。例如，修葺一新的成都宽窄巷子由 45 个清末民初风格的四合院、兼具艺术与文化底蕴的花园洋楼、新建的宅院式精品酒店等各具特色的建筑群落组成，展示了“闲在宽巷子，品在窄巷子、泡在井巷子”的文化。

宽巷子代表了成都最市井的民间文化，这里的原住民、龙门客栈、精美的门头、梧桐树、街檐下的老茶馆等，共同构成了宽巷子独特的吸引元素和旅游吸引力，也体现了现代人对老成都的历史记忆。改造后的窄巷子展示的是成都的院落文化，以简洁朴素的街面设计突出道路两旁院落的精致，建筑周边辅以植物陪衬，营造出祥和的气氛。成都记忆和它的原真文化是宽窄巷子空间形态的灵魂：老舍笔下的盖碗茶、川西民居的精美门头、错落有致的院落、茶馆前的川剧表演等，这一幕幕老成都的原真文化画面，是宽窄巷子最有吸引力的旅游元素。

第三节 旅游古村落空间形态

传统的古村落以其独特的地域文化特色、景观资源、乡土文化、田园风光和空间形态吸引着大量的游客前往观光游览，形成了以旅游发展为主的古村落，一般称为旅游古村落。旅游古村落空间形态的特点如下。

（1）与旅游开发相适应。旅游古村落必然是伴随着旅游开发而产生的，因此，村落的空间形态应该在保持原有的风貌基础上做出一些微调，从而保证和促进旅游开发，吸引全国各地的游客前往观光游览。

（2）与当地的村落保护相协调。旅游古村落的开发的同时必然伴随着对古村落的保护，只有合理的保护才能促进旅游古村落的可持续发展，因此对旅游古村落进行空间形态调整的同时要注意与当地的村落保护相协调。

（3）与自然条件和人文社会相适应。村落的空间形态是在自然条件和人文社会的作用下产生的，因此伴随着旅游开发的古村落的空间形态变化也必然要尊重当地的自然条件及人文社会的发展。

一、旅游古村落的鸟瞰空间

（一）条状延伸式

条状延伸式村庄多见于山地丘陵地区，由于该类地区高差较大，坡度也较大，不利于建设。村庄多顺应地势建于山谷、河谷地带，沿谷地扩展延伸，最终形成长条状。此外，在平原地区的河流两侧也少量分布该类村庄。该类地区往往水资源丰富，生态环境较好。在发展旅游的时候，往往也会重新规划河流，围绕穿村而过的河流设计开发旅游产品。

（二）自然散点式

自然散点式村庄是指村庄的居住点较为零散、自然地分布在开阔平地或稍有地势起伏的不同乡村聚居地上（图 3.4）。虽看似彼此分离，但却又往往凝聚于某个中心点。这个点可以是古井、磨坊、祠堂等。散点分布的居住点围绕着这个中心，共同构成了一个完整的村落。散点式是较为常见的一种村落形式，在平原、丘陵甚至山地都有分布。由于间隔较大，单个建筑周围常有林地、池塘或耕田等，非常适宜农家乐一类开发模式。但在开发过程中首先要避免的就是无序的胡乱建设，破坏原有村落格局。

图 3.4　自然散点式——丹巴县古民居村落

图片来源：杨国良拍摄

（三）特殊图案式

某些村庄的居民点、城市街区、河流或主要建筑等的排列都遵循一定的规律，最终形成的整体格局会类似于某种特殊的图案，如阆中市的月牙形布局。此类街区的形成借助自然地形因素，在建立之初就按照统一的规划来进行建设。在进行旅游开发以后，为了更加突出村落或街区空间布局形态的特色，强化其旅游吸引力，新建的建筑也会围绕原有图案进行扩展，甚至对原有建筑或道路不协调的地方进行二次规划（图 3.5）。

图 3.5 特殊图案式——四川阆中市

图片来源：杨国良拍摄

（四）组团分布式

组团分布式村落多位于自然条件对居民点的扩张有限制作用的地区。村落被陡峭山坡或者大河分为两个或两个以上部分。每个部分都具有一定的独立性，有较为完整的功能区。不同部分通过道路、河流又彼此相连，共同构成一个整体。此类村落随着科技和经济水平的发展，或者旅游开发程度的加深有时会逐渐扩大相连的通道，最后渐渐合并成一个更高级的村落（图 3.6）。

图 3.6 组团分布式——西江苗寨

图片来源：杨国良拍摄

（五）街巷式

街巷式村落是最主要的村落形式，常见于开阔平地，且形成的村落规模往往较大。该类型村落有数条主干道或水路等主要交通干线，以其为脉络扩展延伸。村庄内部布局紧凑但又有序,中心地区在交通干线交汇处常形成贸易或政治中心。随着旅游开发，主要干线在承担原有的交通功能之外，常被开发成为购物街、商业街等，而内部区域则较为封闭。

二、旅游古村落空间形态文化表达

所谓古村落的空间形态文化就是以村落的空间为文化的载体，将文化思想融入村落空间的选址、布局与建设中，从而使人们可以从古村落的空间形态中了解该区域的地方特色文化，或者该区域所崇尚的文化。

某一类型的村落空间形态所体现出来的文化并不止一种，而是综合反映了理水文化、农耕文化、风水文化、防御文化、宗族文化等。但一种类型的空间布局常常对某一种文化表现得最为显著。

（一）理水文化

水是生命之源，也是中华文明的源泉，古代文明的发展都离不开河流。河流也与大多数村落的生产生活息息相关，如饮水、灌溉、洗涤、河运、渔业。人们也常利用河流建立磨坊、伐木场等。河流还可以在一定程度上影响村落的小气候，美化村落环境，使其更适宜生活。同时河流对居民的审美情趣、风俗习惯也有深刻影响。流动的河流也给村庄带来了跃动的生命精神，使村落显得生机盎然，充满朝气。

条状延伸式的村落布局就体现出了明显的“亲水性”。村落以河流为中心的选址、布局都充分展现了人与水和谐相处的关系。位于黔东南黎平的肇兴侗寨建立于山谷之间，一条发源于安村的小河缓缓流经小寨。在早期，此处分布着五个寨子，随着人口的逐渐增多，人们开始沿着河流修筑木屋，渐渐地将五个寨子合成了现在的分布于河流两侧的长条状整体。在侗寨引入旅游业之后，最早开发的区域也是河流两侧。临河的木质小楼纷纷改造成了旅馆、茶坊、餐厅等。而在河边浣洗衣物的侗族少女这一场景，也成为一个鲜活的时代与民族文化烙印，让人感受到早已逝去的、久远的乡村余味。

此类旅游村落的河流本身往往也进行了改造，如将两岸河堤进行加固，增修防护栏、挖掘排水渠等。这类举措又反映出人类与河流的冲突。水文化的发展总是伴随着“认识水，利用水，治理水”三个过程，古代与泛滥河流做斗争的故事也不胜枚举，在漫长的斗争史中，我们的物质文化与语言文字文化都得到了发展。例如，最具代表性的古代杰出水利工程都江堰和在中国文化史上享有崇高地位的《河图》《洛书》都源自“治理水”这一阶段。而这些沿河分布的村落空间结构，就是这三个过程的完整体现。

街子古镇坐落于四川崇州市西北 25 千米的凤栖山下，毗邻青城后山。东北与都江堰接壤，岷江的支流味江流经地势平缓的街子镇口，形成龙潭。古镇水系发达，地下水丰富，石板路两侧及屋前院后，常年清水不断，因而有“川西水乡”之名。街子古镇依山傍水，山清水秀，形成了“青山绿水抱林盘、村庄小镇嵌田园”的新型城乡形态。数十条清澈的小溪急急地奔来，在小镇的后山汇合而成一条舒缓的河流，传说蜀王以此水酿酒，清冽甘美，遂得名味江。街子古镇是典型的川西民居建筑，低瓦檐、木门板、青石路，特别是新打造的朝阳路，沿街两旁流淌而过的清澈河水，显出了街子古镇千百年亘古未变的纯朴与古雅（图 3.7）。

图 3.7　崇州市街子古镇沿街水系

图片来源：杨国良拍摄

（二）农耕文化

古村落的建设都是出于农耕文明繁荣时期，村落的历史越长久，其所积淀的农耕文化元素就越厚重。彭金山（2011）将农耕文化概括为“应时，取宜，守则，和谐”。

“应时”也就是不违农时，农业在古代社会有着绝对的地位，而农业生产就是具有很强的时间性、季节性的活动。二十四节气就是古人将农时与具体的农业活动相结合的产物。“取宜”主要指因地制宜，即顺应自然，顺应地势。农业生产和村庄建设都要根据当地的实际情况来开展。“守则”则是遵守规律、准则。这里不仅仅指自然规律，还包括在长期的社会生产和社会生活中所形成的道德观念、行为准则和法律条例。“和谐”反映了农业的本质，即自然条件、生物、人类本身之间相互依存，相互制约的生态和经济系统。

丹巴县这一类自然散点形态古村落就是我国农耕文化的活化石。这种空间形态并不试图改造自然，而是顺应地势，顺应气候修筑房舍，体现了古代人与自然和谐共处的理念。每个建筑之间彼此分离，看似自我封闭，其实离散状态的分布态势中又透露出开放与多元，这也反映了小农经济中封闭与开放并存的思想。小农经济还有最重要的核心元素，即“自给自足”。散点形态的建筑之间广阔的空间也都被属于个户人家的池塘、耕地、林地填满，生产的农产品也大多供自己消耗。这些景观都具有鲜明的特色，都是农耕文化在古村落中留下的印记。

（三）风水文化

风水的中心思想是“天人合一”，其本质是一种对自然环境的择优筛选，通过古代人们在长期生活中获得的对自然环境的认识、发现的规律等，来选择对人居住或生产有利的环境，再辅以阴阳五行八卦的解释让人得到心理上的满足。例如，古村落的房屋朝向多是坐北朝南。这是在夏季风带来的暖湿气流和阳光直射角度的影响下形成的。而风水中则用气、阴阳等道理进行注解。

风水文化在古村落的表现，首先就从村落的选址开始。村落位置与周围的河流、山脉、树林、风向都有重要关系。古代村落讲究“环山傍水”，认为这种村落形态是上等的“藏风、聚气”之地。其次，风水对村落的具体规划又有较大影响，如道路方位、房屋朝向、宗庙、墓地及水井的选址等。

八卦村是风水文化在村落空间形态中影响力最典型的体现，其整个村庄的空间形态都按照风水文化格局进行严格的规划，每条路、每栋楼的建设都遵循这个规律，成为村落风水文化的元素之一。

（四）防御文化

古村落选址依托山水的格局也不仅仅是风水的关系，还出自防御的考量。古代战乱不断，古人为了避难和自保，常常在位置偏僻、地势险峻的地方建立村落，将山和河流作为天然屏障据险而守。例如，黔东南地区少数民族在历史上经常受到土匪和外族军队的迫害，许多寨子都背靠陡峭山峰，前临湍急河流，河上悬有桥梁进出。

永定的客家土楼群就是防御文化最突出的组团式，同时也是特殊图案式的古村落空间形态。建筑呈圆形、半圆形、方形等的封闭式结构，建筑规模较大，上下可以有数层，可容纳上百人居住。内部饲养牲畜，囤积粮食，并有水井以抵御围困，墙高壁坚，如同一个典型的军事堡垒。客家人因为战乱、饥荒等原因从中原迁到相对空地比较多的广东、福建、四川等地，但这些地方可耕地也不多。因此客家和当地人之间、客家人内部之间常有械斗。为了防御外来攻击，客家人创造了这种碉堡式的防御性极强的村落形态。

（五）宗族文化

宗族文化，很多时候也称家族文化，是以家庭为基础，建立在血缘认同之上，包括等级制度、伦理关系、长幼尊卑等家族思想在内的文化。宗族文化不仅在思想领域有着深刻影响，同样也影响到了具体的生产建设。村落的空间形态中就凝聚着宗族思想，而街巷式古村落形态无疑是最好的体现。

街巷式古村落的空间形态对宗族文化的反映首先体现在祠堂的位置上。祠堂往往建立在村落的中心，同时也是交通要道交汇处，建筑围绕祠堂有序展开。宗族思想有两大核心，即“秩序”与“传承”。“秩序”包括社会伦理、道德规范等，反映在村落形态上就是工整、规矩的街巷分区，长幼有序的居住分区。“传承”是指家族血脉、家族文化、家族精神的代代相传。这体现在新宅围绕老宅扩展，新宅沿着交通干线的扩展，就如同宗族文化随着血脉流淌至今一样。

第四节 旅游景区空间形态

一、旅游景区的空间布局

旅游景区空间布局是依据景区内的资源分布、土地利用、项目设计等状况对景区空间进行系统划分的过程，是对旅游景区经济要素的统筹安排和布置。空间布局决定了旅游景区的内部结果，对于景区内的景观设计、交通游线设计等都会产生深远影响（马勇和李玺，2008）。

（一）旅游空间布局的影响因素

旅游空间布局受多方面影响，如旅游资源分布、旅游市场需求、景区交通条件、活动项目安排、配套设施建设、长远发展战略等。如图 3.8 所示，当旅游区规模较小时，一般核心吸引物较为单一，这时以突出“点”的区位理论和中心理论较为适用；当旅游区发展壮大，以点带动景点之间沿线的发展，这时旅游景区空间布局以增长极理论和点轴理论应用较为广泛。对于特大旅游景区的布局，则多采用都市旅游圈理论和环城休憩带理论这样的网状布局理论（王保淳，2014）。

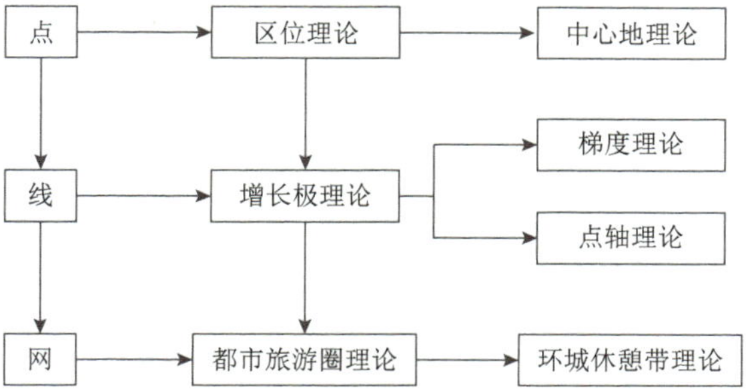

图 3.8　旅游空间布局相关理论

图片来源：刘谦，2013

（二）旅游空间布局的构成要素

旅游空间布局对象不仅包括实际的旅游资源、服务设施等，也包括旅游需求（如人口特征、消费模式等）。旅游空间布局的构成要素主要包括四个方面，即旅游供给、旅游需求、旅游通道和旅游路线，具体内容见表 3.1。

表 3.1　旅游空间布局的构成

构成要素	内容
旅游供给	旅游资源、住宿设施、饭店、旅行社、旅游商店、娱乐设施等
旅游需求	旅游市场范围、分布、人口特征、旅游动机、消费模式的选择
旅游通道	旅游目的地与客源市场之间的交通连接
旅游路线	游人游览所经过的路线

（三）旅游景区空间布局模式

常见的旅游景区空间布局模式有以下三种：圈层模式、点轴模式和轴线对称模式。

1. 圈层模式

包括同心圆空间布局、社区-吸引物空间布局、游憩区-保护区空间布局、双核空间布局、环景区空间布局、环酒店空间布局。

如图 3.9～图 3.14 所示，同心圆空间布局模式是由景观设计师理查德（Richard）1973 年提出的针对国家公园的布局模式，由内到外分为核心保护区、缓冲区和开放区。社区-吸引物空间布局模式由冈恩（Gunn）1965 年提出，在旅游景区中央布局咨询服务中心，吸引物分布于周边区域，咨询服务中心与各吸引物用旅游交通线呈放射状连接。游憩区-保护区空间布局模式由冈恩 1988 年提出，他将国家公园划分为重点资源保护区、低利用荒野区、分散休憩区、密集休憩区和服务社区。双核空间布局模式由特里斯（Trveis）1974 年提出，双核是指旅游接待设施、娱乐设施集中的两个社区——度假城镇和辅助型社区。观景设施、娱乐设施、体育设施等布局在辅助型社区内，位于保护区的边缘。环景区空间布局模式以景区为核心，酒店、餐馆、商店等服务设施和娱乐设施围绕核心景区布局，各种设施与核心景区之间用道路相连。环酒店空间布局模式是指没有明显核心吸引物的景区，可将有标志性特点的酒店布局在中心位置，使之成为整个景区的核心。

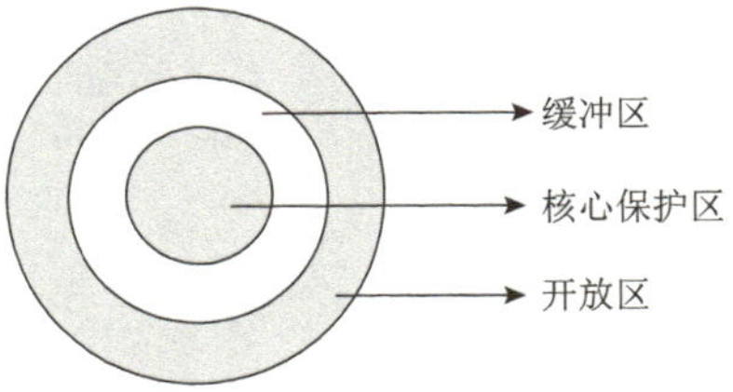

图 3.9　同心圆空间布局模式

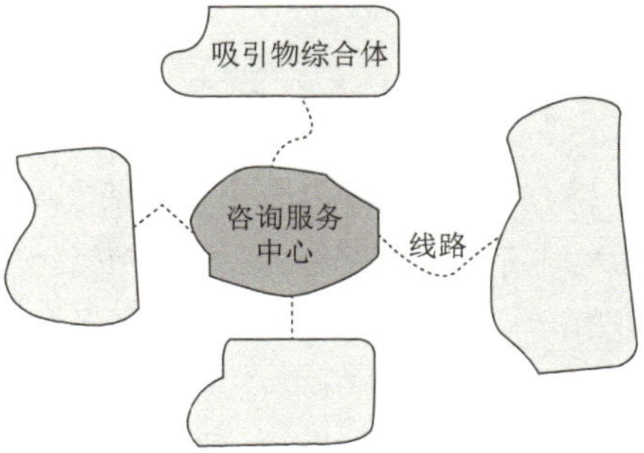

图 3.10　社区-吸引物空间布局模式

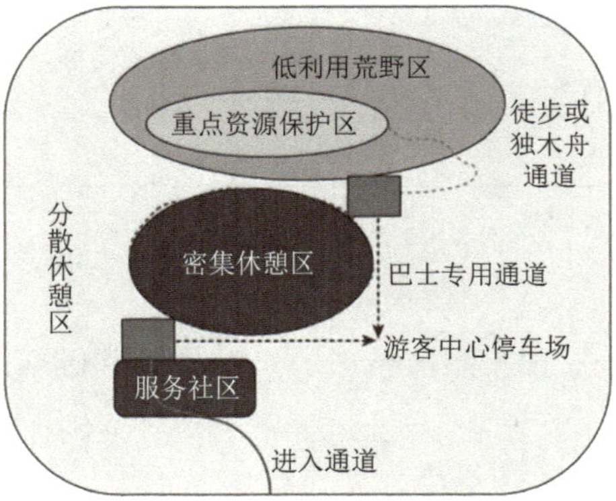

图 3.11　游憩区-保护区空间布局模式

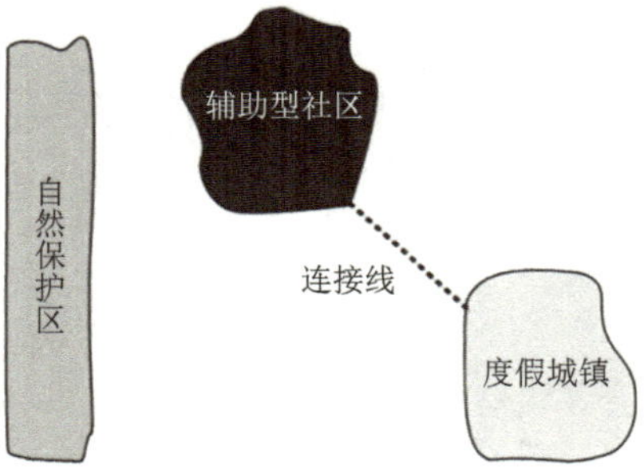

图 3.12　双核空间布局模式

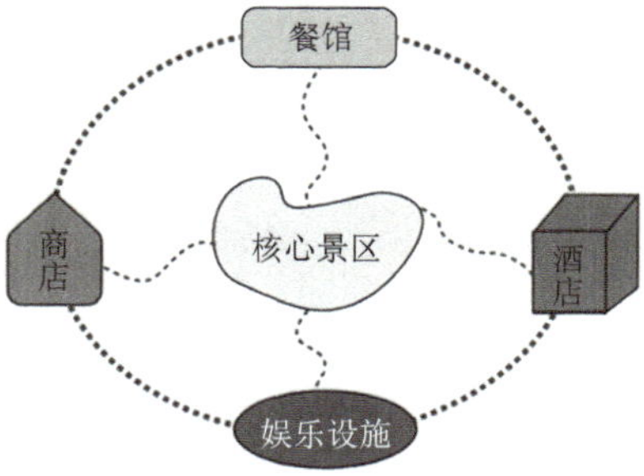

图 3.13　环景区空间布局模式

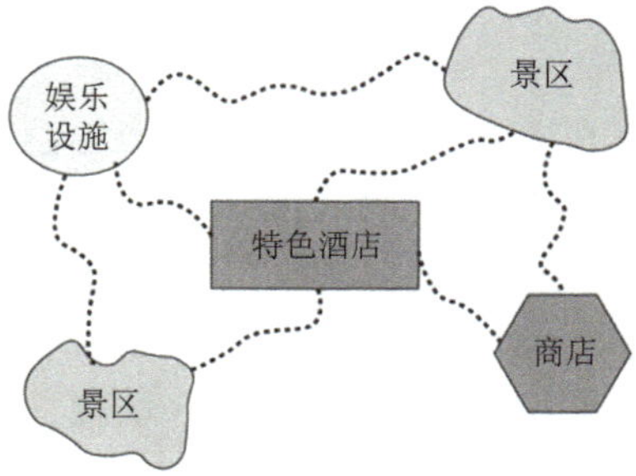

图 3.14　环酒店空间布局模式

案例 1：桂林旅游空间布局——三圈层结构。

第一圈层结构以“桂林山水”风景资源为核心区，包括传统的“三山两洞一条江”和“两江四湖环城游憩带”区域；

第二圈层结构包括阳朔、兴安、龙胜、资源四个风景旅游区，与桂林山水核心区形成互补；

第三圈层结构包括全州、荔浦、恭城、灌阳、临桂、永福等县域特色旅游区。

案例 2：21 世纪上海旅游发展的空间格局——“一区、二带、三圈”。

一区——具有都市特色、吸引外来游客的核心景区，即游憩商业区；

二带——黄浦江水上游憩带和连接浦东与虹桥两个空港的高架道路和地铁组成的陆上游憩带；

三圈——包括都市中心商务圈、环城社区休闲圈和远郊休闲度假圈。

2. 点轴模式

点轴系统理论由我国著名经济地理学家陆大道于 1984 年提出，这种模式适合空间几何形态呈线状或带状延伸的景区布局（图 3.15）。

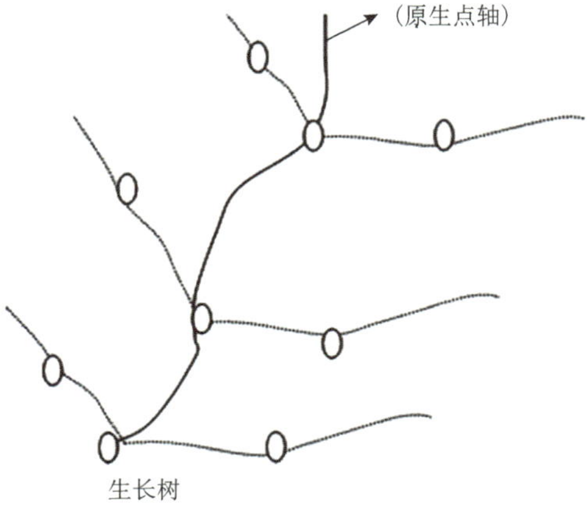

图 3.15　点轴模式

案例 3：江苏沿海湿地旅游——“两轴、三点、四板块”。

背景：根据 1975 年 12 月 21 日正式生效实施的《关于特别是作为水禽栖息地的国际重要湿地公约》对湿地类型的分类，将江苏沿海湿地分为九大类型。

两轴包括一级发展轴和二级发展轴；

三点包括连云港、盐城和南通三个增长极；

四板块包括湿地山海旅游板块、湿地休闲旅游板块、湿地文化旅游板块和湿地江海旅游板块。

3. 轴线对称模式

这是一种严谨的空间布局模式，更适用于历史文化厚重的景区，如古代帝王陵墓、宫殿、古街、皇家园林、经典红色旅游景区的空间布局。

轴线对称布局要求各功能区分布于中轴线上或两侧，具有轴线聚集与对称扩散优势。主轴线上布局最核心的吸引物，轴线两侧对称分布各种服务设施。

（四）不同地域类型景区空间布局模式

1. 草原旅游景区空间布局模式

草原旅游景区是一种旅游吸引物较为分散、分布密度较低、分区差异小的旅游景区类型。一般情况下，草原旅游景区的地质条件不允许修建大规模的旅游接待设施。

2. 山岳旅游景区空间布局模式

山岳旅游景区是指那些位于山地，景区内地形起伏较大，空间布局受地形地貌影响较大的景区。一般有三种布局模式：①分叉式山岳景区布局模式。该布局模式是将主要旅游景点作为景区的核心置于山顶，其他的旅游吸引物则因为地形的关系而只与该主要景点产生单向联系，景区内的旅游服务设施则分布于这些旅游吸引物之间。②环状山岳景区布局模式。该布局模式以环形交通为主要游线，各旅游吸引物沿环状线路串联布局，旅游服务设施分布于其间。③综合式山岳景区布局模式。该布局模式综合了分叉式和环状式两种模式的特点，旅游吸引物通过交通网络布局，构成蜘蛛网状的空间分布形态。

3. 海滨旅游区空间布局模式

该模式主要体现在旅游接待和游乐设施的空间布局与海岸线的位置关系上。一般采用递进式的空间布局，即从海上到陆地依次递进分为三大区域——海水区、海滩区、陆上活动区，建筑高度逐渐增高（图 3.16）。具体而言，从海水区到陆上活动区可依次分布海滨浴场、垂钓区、滨海公园、沿海植物带、旅游住宿区、餐饮区、游客中心、购物中心等。

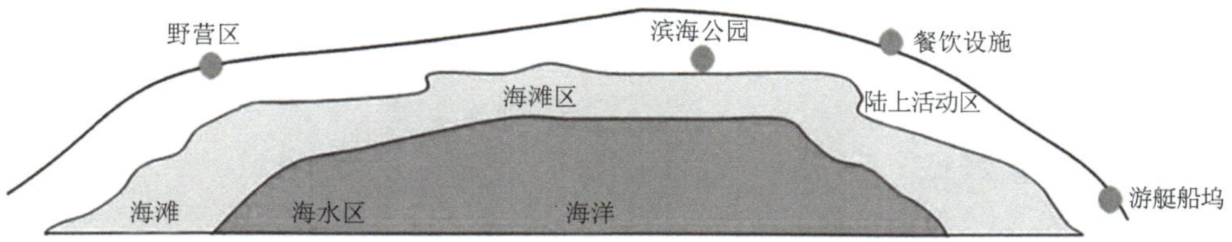

图 3.16　海滨旅游区

旅游景区的空间形态，需要整体把握环境对景区空间所起的作用，保持景区空间形态的连续性。在这样的基础上，建筑、环境、历史文化有机协调，形成富有地域特色的空间形态，从而提高环境意向的可识别性和标志性（邓寿朋和杨勐，2010）。

（五）空间布局形态模式

1. 主题文化型

主题文化型空间形态是对景区主题文化资源进行挖掘、筛选和整合，将景区各种要素按照景区主题文化的标准划分为一个个局部的主题；而后精心设计和打造每一个局部主题文化，使其围绕景区总的主题文化形成一个景区主题文化功能圈，从而整体地对外发生文化吸引和文化辐射等作用（黄国良和粟维斌，2010）。

主题文化的开发要注重特色化与多元化相融合，产业联动、文化传承和创新开发齐头并进。特色是旅游产品的灵魂，有特色才有吸引力和竞争优势。因此，旅游景区主题文化内涵挖掘与开发必须突出地方特色。而旅游景区的开发应在一个总的主题统领下，筛选、开发、打造一个个局部的主题，由一个个局部主题承载不同的文化内涵，围绕景区总的主题文化形成主题文化功能圈，整体对外发生文化吸引和文化辐射作用。旅游景区多文化融合开发不仅可以形成旅游产品多样性，满足不同游客的需求，还可以有效减小旅游季节性的波动。因此多元文化融合开发对景区来说是必不可少的。旅游业是一个关联带动性很强的产业。旅游景区主题文化开发也应做到“文化搭台，经贸唱戏”，以实现旅游与相关产业的联动，提高主题文化开发效益。旅游景区主题文化开发，一方面，要注重文化传承；另一方面，要注意不断创新。注重文化传承是针对主题文化内容而言的，也就是说景区开发的主题文化要有真实性，不能为了迎合商业需要而随意“创造”一种文化。艺术的生命力在于创新。主题文化的形式要不断创新。

以阳朔十里画廊景区为例，根据阳朔十里画廊景区旅游资源特点和区位条件，可以将景区主题文化整合定位为乡村休闲文化。具体地，它又由山水文化、田园文化、生态文化、民俗文化、名人文化和神话传说等分主题文化构成。十里画廊景区应紧紧围绕乡村休闲文化这一主题进行景区规划设计和项目开发，在十里画廊景区遇龙河畔的适宜地段，依村傍水修建田园休闲一条街，向游客展示当地的田园风光、风土人情和土特产品，让游客体验在如画的田园风光中漫步、购物、休闲的乐趣，体现其“隐逸之美、淡泊之美、雅致之美”。

2. 功能形态型

景区功能布局，根据不同的尺度可以划分为宏观布局、中观布局和微观布局。宏观布局是指旅游发展在空间上的总体布局；中观布局则主要是确定景区在地域空间内部的配置和安排；微观布局，则是根据具体地点的地形地貌、水文等自然条件，研究点与点、点与中观布局，甚至与整体的相关性，确定各景点最优化的空间结构。

（1）功能布局的原则：功能性原则、相关性原则、整体性原则、弹性原则、保护性原则。

（2）功能布局的结构模式：景区内各种功能区的布局，总的来说应与景区的主题相符合，适应景区的景观特色，当然也受当地的地形和原有基础设施条件的限制。例如，旅游村的设置，就往往要依托原已形成一定规模的城镇，依靠其已形成体系的基础设施和服务设施，来支持旅游业的发展。综观景区的功能布局设置，一般有以下六种模式：链式布局模式、核式布局模式、双核式布局模式、组合式布局模式、渐进式布局模式图、圈层式布局模式。

链式布局模式（图 3.17）：适用于旅游资源和服务设施主要沿交通线分布的情况，交通线可以是公路，也可以是水路。

核式布局模式（图 3.18）：适用于以下两种情况：一是资源集聚区，资源分布在核心地带，为此服务的基础设施和服务设施围绕资源进行布置，周边的旅游资源成为辅助性的吸引物。二是服务集聚区，基础设施和服务设施主要集中于某一中心地带，而旅游资源则围绕这一中心区布局。

双核式布局模式（图 3.19）：当一个景区内出现两个资源集聚区时，可以采取这一布局模式。

组合式布局模式（图 3.20）：组合式布局模式是在双核式布局的基础上的进一步延伸和扩展，也就是在出现了几个处于同等地位，但在地域范围和功能上不能相互重合的资源集聚区时采取的布局模式。

渐进式布局模式（图 3.21）：这一布局模式与组合式布局模式有相似之处，都是由不同地域范围内的不同功能区块组合而成，适用于功能区由小规模向大规模或低等级向高等级过渡的景区。

圈层式布局模式（图 3.22）：在每一个大尺度景区之下，又可以划分出多个层级的次级功能区，形成不同结构的圈层组合。这种模式适用于具有不同旅游功能的景区。

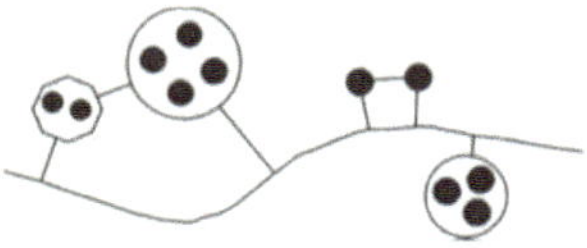

图 3.17　链式布局模式

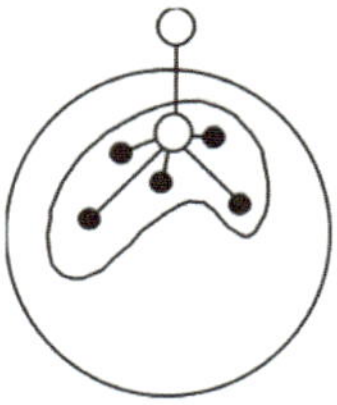

图 3.18　核式布局模式

图 3.19　双核式布局模式

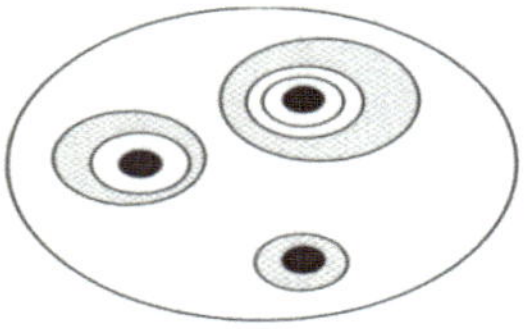

图 3.20　组合式布局模式

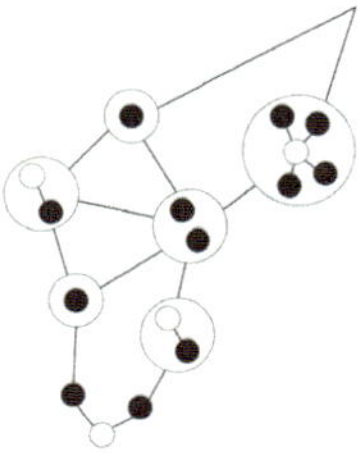

图 3.21　渐进式布局模式

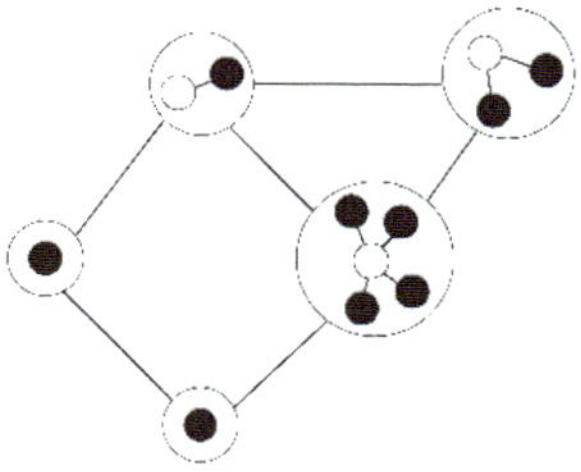

图 3.22　圈层式布局模式

图 3.17～图 3.22 中，●为旅游资源，○为基础设施或服务设施。

（3）不同类型景区的功能单元。

自然保护区：核心区、缓冲区和实验区。

森林公园：游览区、野营区、游乐区、狩猎区、旅游商品生产区、生态保护区、生产经营区、接待服务区、行政管理区、居民住宅区。

主题公园：游乐设施、餐饮、住宿等商业设施、后期服务设施、技术供应和工程服务设施。

（4）功能布局实例：三圣花乡旅游区的总体布局“1125”。

一个游客中心：三圣花乡游客中心；

一条旅游主环线：幸福梅林→江家菜地→东篱菊园→荷塘月色→花乡农居；

两个出入口：幸福梅林出入口、花乡农居出入口；

五个功能区：花乡农居、幸福梅林、东篱菊园、荷塘月色、江家菜地。具体布局如下。

a. 花乡农居。

花卉观光休闲区——包括成龙路北、紫薇路和海棠路南、银杏路北地段的花卉园区和路两侧的农家乐；

乡村民宿娱乐区——包括沿主道路串联红砂村的村落和农居，形成 4 个相对集中的农村社区；

花卉交易区——包括成龙路南侧高点子花卉交易市场和柳荫路西侧花卉交易市场；

咨询服务区——包括红砂村委会、游客咨询中心、医疗急救中心等。

b. 幸福梅林。

三圣花乡游客中心——包括游客中心、五牛天地广场；

梅花观赏区——包括石胜路以南、幸福路以西的千亩梅林；

梅香湖休闲区——以梅香湖为中心的农家乐休闲带，包括滨湖东路的风雨长廊、岁寒三友苑、滨湖西路农家乐、幸福路两侧的农家乐；

梅园湿地区——包括梅香湖南的湿地。

c. 东篱菊园。

菊花种植区——包括园内西、东两片大田菊花种植地；

乡村休闲区——包括菊园路、东篱路路侧农家乐片区；

风景观赏区——包括万菊台、金菊广场、陈家大堰；

咨询服务区——包括驸马村委会、游客咨询中心、急救中心。

d. 荷塘月色。

荷花观赏区——包括荷花种植 A 区、B 区、观荷广场、精品荷园、乡村酒店；

艺术体验区——画家艺术村；

咨询服务区——包括荷塘月色管理公司和游客咨询中心。

e. 江家菜地。

农业体验区——包括驸江路以北、琉新路以东的菜地；

农耕记忆区——农耕文明记忆馆；

客栈接待区——包括琉新路、时蔬路一带的乡村客栈；

咨询服务区——包括江家堰村委会（江家菜地管理公司）、游客咨询中心。

二、旅游景区空间形态的文化表达

文化是旅游的灵魂，景区的建设要体现当地及景区独特的、有异于游客居住地的文化。一个景区拥有文化特色，才能使其形象别具一格。不同的民族有不同的文化，不同的文化有不同的特点。这种文化所导致的差异，一般来说距离越远差异越大，差异越大对旅游者的吸引力就越大，也就是说文化在旅游景点发展过程中起到了一种“催化剂”的作用。文化能够有效地提升景区的知名度，文化通过人、媒体等各种途径和方式传播到其他地方，这就是文化的扩散，而景区是文化的承载体，随着文化的不断扩散，景区的知名度会越来越高。

以华清池景区主题文化广场为例，该主题文化广场是华清池景区的核心，设计者通过对景区周边原有业态进行改造，以华清池和骊文化资源为依托，以唐昭应县城古城墙遗址为骨架形成旅游广场群。广场群分四个主题广场，分别为长恨歌广场、霓裳羽衣广场、温泉铭广场、春寒赐浴广场，各具不同的文化内涵，通过空间布局凸显盛唐的爱情主题和温泉沐浴文化（李朋飞和屈永建，2013）。

四川渠县红色纪念园，是一个反映巴山儿女红色文化的旅游景区。根据景区的资源分布和地形特点，其主入口广场用红五星图案，中轴线对称，体现红色主题文化，如图 3.23 所示；核心区的空间格局规划为“一心、一街、一轴、一路、三分区”的空间结构形态，主要凸显红色文化景区的“七一建党”主题思想，其具体内容包括游客中心、红军街、入口服务区至营渠战役纪念碑景观轴、红军路、红色旅游区、田园新村区和基本农田保护区，如图 3.24 所示。

图 3.23　渠县红色纪念园主入口广场（见彩图）

图片来源：成都新界标旅游规划设计咨询有限公司绘制

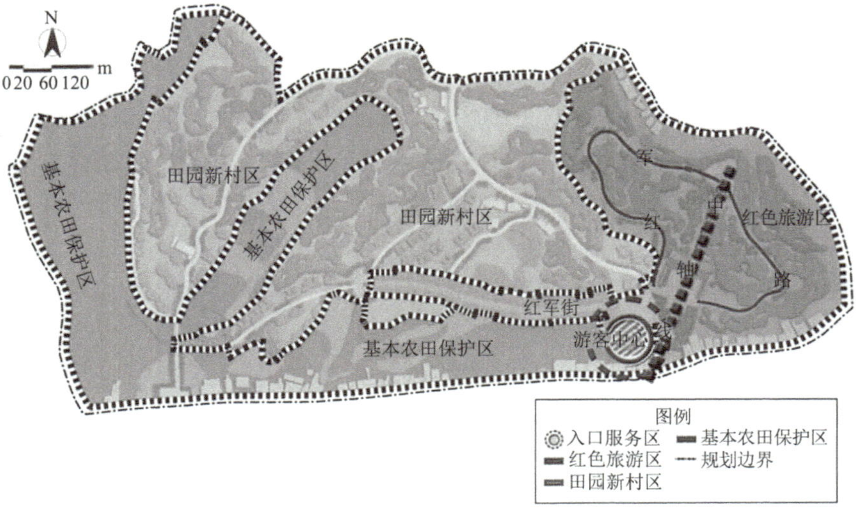

图 3.24　渠县红色纪念园功能分区图（见彩图）

图片来源：成都新界标旅游规划设计咨询有限公司绘制

大熊猫国家公园雪宝顶示范区——四川省平武县虎牙入口区龙溪堡游客中心的规划布局体现了熊猫文化。整个大熊猫示范区以“熊猫丹丹欢迎你”为主题，以熊猫返乡探亲为故事主线予以展开，包括熊猫丹丹迎宾记（游客中心片区）、熊猫丹丹探亲记（动物栖息地科普世界片区）、熊猫丹丹返乡记（地质演变史断层峡谷片区）、熊猫丹丹归家记（垂直植被带深度体验片区）等组团，由一条时空隧道（动物进化演变景观轴）串联。其中游客中心的空间形态也以熊猫文化为主题进行展示，整个游客中心由一幢主楼和四幢附楼构成，这五幢楼的外观空间形态形似熊猫掌印，熊猫文化在空间形态上得到了充分展示，如图 3.25 所示。

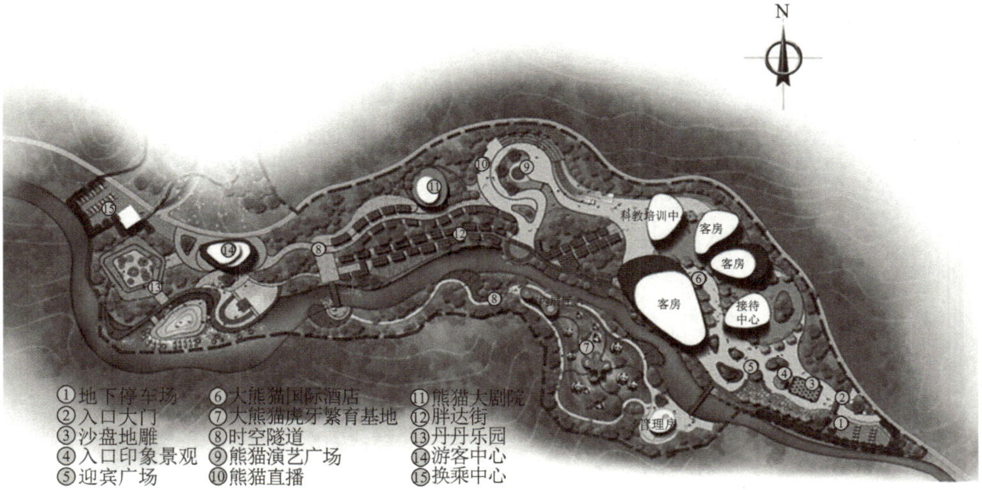

图 3.25 平武县大熊猫国家公园虎牙入口示范区游客中心布局图（见彩图）

图片来源：成都新界标旅游规划设计咨询有限公司绘制

甲勿海景区位于四川省九寨沟县，属于世界自然遗产九寨沟和黄龙的中间地带。它的入口服务区包含两个片区，其一是日月广场，空间形态体现了白马藏族“日月崇拜”的主题文化，铺装以“日月相伴”为图案，用环保型地砖铺设，清亮温馨，广场的主色调为自然灰绿色，广场边沿设环形火苗式的花坛，以四季红花做点缀，呈现“万绿之中一点红”的景象。广场中央设迎宾雕塑，广场外围空置地面种植四季花草和林木，周围绿化带与景观之间摆放形态各异的凳椅，供游客短暂休息停留之用。其二是白马藏族文化中心，它的主体建筑平面造型为一大一小两片绿叶，是集白马藏族文化展览、研究、文化产业培育为一体的综合文化中心。主楼一层为白马文化展览馆，通过实物、图片、文字、影像、多媒体等手段展示白马藏族悠久的历史和神秘的文化，让游客对白马藏族有全新的认识；主楼二层为白马艺术培训中心，主要发掘保护和传承展示㑇舞等民间歌舞艺术；裙楼为白马藏族旅游纪念品研发中心，主要是开发制作富有地方特色的旅游纪念品。

绿叶的空间形态体现生态理念，如图 3.26 所示。

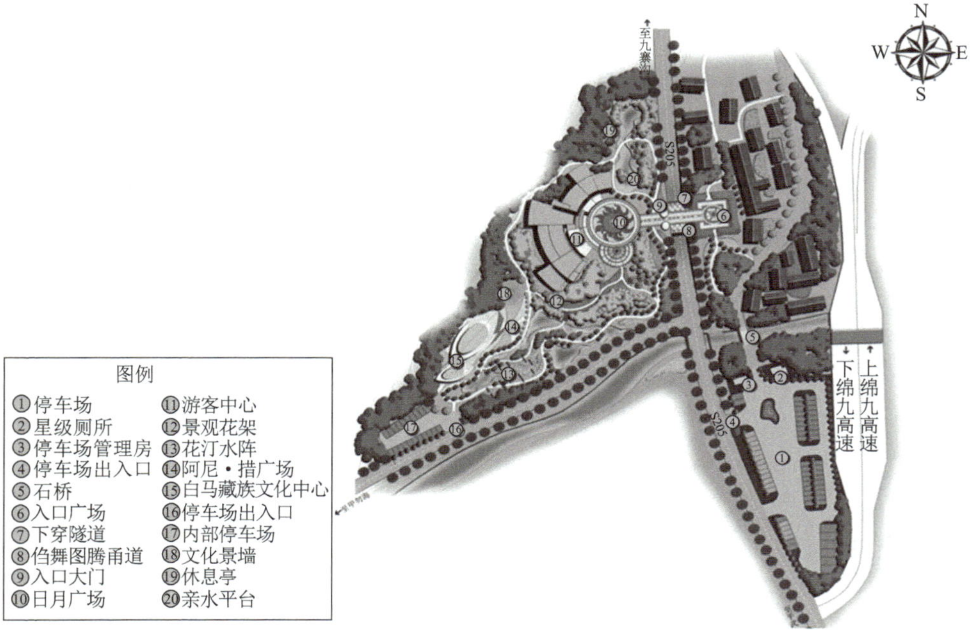

图 3.26　九寨沟县甲勿海景区游客中心布局图（见彩图）

图片来源：成都新界标旅游规划设计咨询有限公司绘制

参 考 文 献

陈彦光. 1998. 城市结构和形态的分形模型与分维测算[J]. 信阳师范学院学报(自然科学版), 11(3): 269-272.

邓寿朋, 杨勐. 2010. 藏在黄沙中的建筑: 宁夏沙坡头景区东大门及旅客服务中心[J]. 建筑科学, 26(3): 109-110.

段进, 季松, 王海宁. 2002. 城镇空间解析: 太湖流域古镇空间结构与形态[M]. 北京: 中国建筑工业出版社.

高文杰, 邢天河, 王海乾, 等. 2010. 城市规划学[M]. 北京: 中国城市出版社.

黄国良, 粟维斌. 2010. 关于阳朔十里画廊景区主题文化整合与开发的思考[J]. 特区经济, (8): 176-178.

李朋飞, 屈永建. 2013. 华清池景区主题文化广场设计[J]. 中国园艺文摘, (11): 116-223.

黎夏, 杨青生, 刘小平. 2007. 基于CA 的城市演变的知识挖掘及规划情景模拟[J]. 中国科学(D辑: 地球科学), 37(9): 1241-1251.

罗丹青, 赵辰. 2010. 低层高密度住宅的居住物理指标研究: 基于传统城市肌理保护的思考[J]. 新建筑, (3): 25-29.

马非. 2011. 福州历史街区城市机理探究[J]. 华中建筑, (4): 155-158.
马勇, 李玺. 2008. 旅游景区规划与项目设计[M]. 北京: 中国旅游出版社.
马振华, 钱雅妮. 2013. 街巷神化: 汉正街街巷空间浅析[J]. 华中建筑, (10): 161-165.
彭金山. 2011. 农耕文化的内涵及对现代农业之意义[J]. 西北民族研究, 68(1): 145-149.
齐康. 2000. 建筑·空间·形态: 建筑形态研究提要[J]. 东南大学学报(自然科学版), 30(1): 1-9.
王保淳. 2014. 旅游景区空间布局与服务设施规模规划研究[D]. 大连: 大连理工大学硕士学位论文.
武进. 1990. 中国城市形态: 结构、特征及其演变[M]. 南京: 江苏科学技术出版社.
张京祥. 2005. 西方城市规划思想史纲[M]. 南京: 东南大学出版社.
朱东风. 2006. 基于空间句法分析的城市内部中心性研究: 以苏州为例[J]. 现代城市研究, (12): 60-67.

第四章

旅游规划中建筑文化的元素表达

第一节　建筑文化概述

一、建筑文化与文化建筑

（一）建筑文化

建筑是人类物质文明和精神文明的产物，体现了一种文化类型。建筑文化则是人类长期积淀的文化在建筑上的一种集中展现，其风格深刻地体现了一个地区或民族的传统文化背景和地理背景。在不同的时代，建筑文化内涵和风格是不一样的；在不同的地域，建筑文化也完全不同，甚至在不同地域的建筑，也体现各种建筑价值观的区别（李耀辉，2015）。

建筑是文化的载体，是文化表达形式之一。而文化是建筑本质的体现，众多地域的特色文化通过建筑得以体现。建筑是文化的物质表达形式，文化通过建筑体现其价值，从而实现内容与形式的统一。建筑文化主要体现在建筑物的选址和布局、建筑结构、建筑材质的选择、建筑装饰等方面。

（二）文化建筑

文化建筑是从事文化相关活动的空间场所，是满足人们对文化需求的特定建筑，是方便人们学习、欣赏、吸收、传播文化的地方，具有深层次的文化内涵和高层次的文化品位。文化建筑包括博物馆、图书馆、展览馆、音乐厅、会展中心、档案馆、美术馆、艺术中心、剧院、古代建筑等。

建筑文化与文化建筑是两个不同的概念，建筑文化是指建筑所表达的文化现象，是城市文化的重要组成部分；文化建筑是指以文化传播、交流、研究为主要目的的公共建筑。建筑文化是体现众多文化的某一特定领域，文化建筑则是体现特定文化的物质载体。

建筑本身就是文化的表现形式和载体之一，建筑文化是人居生活方式和实际生活本身的外部显示，人居行为模式决定建筑文化，建筑文化的本质核心由传统建筑思想（即由历史选择的人居思想）及符号、意义组成，是时间轴上的历史与传统和空间范围内的场所与民族的有机结合。

二、建筑文化符号

一系列“建筑中的符号”构成了建筑整体，而一栋建筑作为一个整体可以被称作“建筑符号”。建筑符号与建筑中的符号有不同的内涵，建筑中的每一部分都不能离开有机整体而独立存在。建筑符号是人们对建筑特征的抽象化和形象化，使这种建筑特征更容易被理解、接受和掌握。

按皮尔斯的符号分类法，建筑符号可以分为以下三类。

1. 建筑的图像符号

建筑的图像符号指建筑的形式和内容之间存在着相似的关系。图 4.1 设计的建筑包含了天圆地方的哲学思想，总平面近似方形，暗喻“地方”，圆形建筑象征“天圆”。中国古代建筑中的“月门”有两层意义，一是在形式上象征着月亮，二是在理念上象征着“财富”和“金钱”；因为“瓶”与“平”同音，因此“瓶门”在建筑含义中有平安的意思，“瓶门”既在功能上满足空间隔绝与方便进出的需求，又在美感上达到和谐统一（图 4.2）。

图 4.1 某景区广场效果图
图片来源：成都新界标旅游规划设计咨询有限公司绘制

（a）“月门”　　（b）“瓶门”

图 4.2　“月门”和“瓶门”

图片来源：成都新界标旅游规划设计咨询有限公司绘制

2. 建筑的指示符号

建筑的指示符号是指建筑形式与内容之间存在着一种实质性的因果关系，如门指示入口，窗与门同样用玻璃制成，但窗是无法通过的。在许多建筑中都存在着指示符号，如面包房店面招牌上的面包与店内销售的货品有因果联系，汽车修理厂的店面招牌与汽车修理有直接关系。

3. 建筑的象征符号

建筑的象征符号代表着建筑形式与内容间的相互联系，但又不具有形象相似的特点，如以玻璃幕墙体现建筑的现代感。古典建筑中的五种柱式的运用，也是一种约定俗成关系。例如，北京四合院建筑格局中体现了中国封建时代保守的小农经济，这种合院式的民居也反映了中国农耕民族的生存状态和文化心态(韩森，1990)。

三、建筑文化元素

建筑文化元素通过瓦、窗、墙、斗拱、屋檐等建筑实体予以表现。例如，江南建筑最突出的特点是临水而筑、粉墙黛瓦、黑白相间，“粉墙黛瓦乡村画”是江南民居的真实写照。因为江南气候湿润，水网密布，故建筑墙底层多为砖墙或大块条石，上层以木材或竹板壁为主，灰瓦、粉墙，小桥流水人家、亭台楼阁就是江南水乡建筑文化符号的代名词。

中国古典建筑有八大建筑文化元素：马头墙、围合式院落庭院、朱红色大门与镂空花窗、坡屋顶、飞檐、四合院、粉墙黛瓦和雕花（石雕、木雕、砖雕）。因此，中式建筑的文化元素主要通过以下方式进行表达：

（1）空间布局。典型的如中轴线对称式布局的北京四合院，圆形或方形布局的福建碉楼，组团式布局的川西林盘农家院落等。

（2）屋顶样式。中式建筑常见的屋顶样式有硬山顶、悬山顶、歇山顶、攒

（cuán）尖顶、庑（wǔ）殿顶，还有重檐歇山顶、重檐庑殿顶、重檐攒尖顶。

（3）建筑雕花。中式建筑有各种雕花，包括木雕、石雕、砖雕。雕花是一种艺术的表达，用图案、花纹来体现地方文化故事，或反映主人的高尚情操和文化修养以及他们的美好愿望。

（4）结构与构件。建筑结构有木结构、砖结构、混合结构（砖石），其中中式古典建筑以木结构，特别是榫卯结构最为普遍。建筑构件包括斗拱、窗花、椽子、望板、脊梁等。不同的建筑结构和构件反映了不同的文化特点。

（5）建筑形式。最基本的是三段式：台基、屋身、屋顶，不同的组合样式构成不同的建筑特点，如徽派建筑的封火墙、陕西的拱形窑洞、广西的干栏式建筑，它们均为当地自然、人文文化的写照。

（6）造景手法。凸显建筑文化元素的表达方式，通过借景框景、迂回曲折、曲径通幽、小中见大、虚实结合、障景添景等手法，以达到凸显，或隐藏某些文化特征的目的。

四、建筑风貌

风貌是由“风”（包括社会风俗和风土人情）与“貌”（包括自然要素、空间要素和形体要素）组成。建筑风貌是城市风貌的核心内容，是城市特色中最为直观的部分。建筑风貌是建筑的物理属性，包括颜色、高度、形态等及其社会人文取向的总和（贾凡，2014）。建筑风貌不是一成不变的，特定的自然条件、历史文化背景下，人们的审美观、生活习惯不同，表现出来的建筑风貌也各不相同。

（一）传统建筑风貌

传统建筑风貌的研究不仅要弘扬地区的历史文化，更重要的是继承本土特色的建筑元素（卢作保，2014），对城市风貌规划和旅游景区规划具有重要的意义。

（二）现代建筑风貌

20世纪的产业革命以及由此引起的社会生产和生活的大变革影响着建筑的发展，工业的发展和城市的扩大对生产性和实用性的建筑需要增加，建筑类型不断增多；工业的发展为建筑业提供了新型的建筑材料，铁材和钢材用于房屋的结构上，钢和水泥的应用使建筑出现飞跃的变化；随着数学和力学的发展，一般建筑结构的内在规律被人们掌握，实际工程所需的计算理论和方法也被整理成为系统的结构科学；现代的房屋建筑更多地被视为一种固定资本或商品，因而与传统建筑相比，在建筑设计、建筑观念及建筑美学等方面也有了较大的区别。

现代建筑文化元素融入传统建筑文化风貌后，建筑整体呈现出统一与协调，建筑物所在地域的文化元素能够在建筑中得以体现，新旧建筑的和谐共存得以实现。

第二节　旅游规划中的建筑文化元素提炼

一、旅游景区建筑选址与布局

旅游景区建筑选址是指在景区建筑建设之前对备选地址进行调查和考证，最终选定最适宜的修建位置。景区建筑选址有时涉及地理文脉，在选址时要遵循相应的原则。例如，整体系统原则，即把环境看作一个整体系统展开相应的建筑活动；因地制宜原则，由于地域差异，各个区域的气候、土质等也会不同，建筑的形式也呈现区域差异。景区建筑应根据环境的客观性，结合自身所处区域的特点，进行选址布局。在景区建筑选址中，改造风水原则即通过人类活动改变自然条件，让自然环境更有利于人类的发展。在被誉为“塞上江南”的宁夏平原，从秦汉起，先民们在这里兴修水利，开创了自流灌溉、无坝引水等水利工程奇迹，这种工程就是对原来风水格局的有利改造（张建涛和刘兴，1998）。

（一）旅游景区建筑的选址

旅游景区建筑选址是旅游景区建设规划中的重要组成部分。与旅游相关的建筑可以分为两类，一类是作为景区旅游资源的建筑，如宗教建筑；另一类是为游客提供服务的建筑，如旅游公共服务建筑、旅游商业街、景区游客中心、旅游集散中心、景区度假酒店。为游客提供服务的建筑如果空间造型独特，装饰上凸显了当地的地域文化，在某种意义上也就变成了旅游资源，这时它就具备了服务和文化的双重功能。

1. 宗教建筑选址

宗教建筑的选址应符合以下条件：建筑应修建在地质条件好的坚实土地上，尽量避免有地质灾害隐患的地基；建筑周围应为河流环绕、植被茂密、水草丰美之地，有农田和牧场；建筑周围的山峰应高低错落，可以阻挡冬季的寒风，也可以使建筑尽可能多地接受自然光线，如果能与山水文脉相呼应，便成为理想之地（周晶和李天，2014）。

2. 旅游公共服务建筑选址

旅游公共服务建筑的选址具有长期性和固定性，选址时要考虑建筑与周边环境的影响关系，以及与所在区域城市或景区规划的遵从关系。因而，在旅游公共建筑的选址过程中，景区的主要交通节点、选址周围的建筑样式、周边环境要素的丰富与否、景区规划的相关要求等因素都需要考虑。

3. 旅游商业街选址

旅游商业街选址时应该将商业街放入所在区域中考虑，区域的社会氛围、交通状况及物流运输影响其未来的发展；其选址还应该考虑商业街的服务对象，不仅应包括游客，还应该包括当地居民；旅游景区中的商业街还应尽可能选址在景区的区位中心。

城市中的旅游商业街可与文化景区比邻，或将文化景区纳入其内，使之成为商业街的组成部分。例如，成都宽窄巷子是清末文化和巴蜀文化融合的商业街，宽窄巷子中的八字粉墙，红檐青瓦，大门前两侧石狮、石鼓和石墩，门楣上的金瓜、佛手、寿字等饰物，屋脊上残存的泥塑兽头等都是巴蜀文化的缩影。当旅游商业街四周具有良好的自然风光时，其选址应该考虑对自然景观的保护和利用，应该从科学和审美两个方面着手，与景区协调，与周围环境相融合，并且符合人们的活动规律。

4. 景区游客中心选址

旅游业发展到一定阶段，游客数量逐渐增多，往往会出现一系列问题：如游客在旅游景区中的游览缺少组织管理、旅游景区周边的自然生态环境破坏严重等。针对这些问题美国最早提出了游客中心的概念，并认为游客中心具有管理、服务、咨询等功能（裴劭喆，2014）。根据《旅游区（点）质量等级的划分与评定》（GB/T 17775—2003），游客中心指旅游区（点）设立的为游客提供信息、咨询、游程安排、讲解、休息等旅游设施和服务功能的专门场所。

游客中心是旅游景区的核心服务接待设施之一，是景区形象展示和对外管理的主要窗口，其选址的合理与否直接影响到其所承载的众多功能能否得到有效发挥（顾朝林等，2003）。因此，游客中心的选址需要注意以下问题：①游客中心的选址要结合景区的地势特点与自然等因素，选址在地质条件好、地势相对平坦的位置；②位置确定后，需要选择符合当地或该景区的建筑类型，使游客中心更具有当地的人文特色，同时游客中心对外的交通联系便利；③充分考虑该地的小气候特点，选择适宜游客休息娱乐、居住的场地；④游客中心建筑能与所在景区的动植物相协调，能和自然融合在一起（樊娟，2012）。

5. 旅游集散中心选址

自 1998 年上海首先建立旅游集散中心且成功运作后，旅游集散中心受到各方关注，旅游集散中心成为我国特色的新型旅游服务业态（黄国群等，2007）。旅游集散中心的功能主要是在整合旅游要素的基础上，搭建旅游销售平台，服务于散客和自主游客。旅游集散中心的作用在于，进一步开发客源市场，提升城市的文明形象和旅游形象，促进旅游业的迅速发展，增加政府税收和企业收入，具有良好的社会效益和经济效益（伍海琳，2011）。

旅游集散中心的选址一般在城市边缘或城市中心，城市的服务对象、服务目的不同，选址地点也就不同（白鸥，2007）。其选址原则如下：①旅游集散中心应布置在游客集中且容易到达的地方；②在选址过程中应当充分考虑旅游的实际需求，符合游客的出行心理，引导其出行；③与旅游客流的主方向一致，减少绕行，但要适当考虑“冷点”旅游景区游客的需要；④应当与所在地区的相关方针、政策及总体规划相适应；⑤将城市乃至所在区域视作一个大系统，旅游集散中心要与其他旅游部门相协调，保证区域空间的整合性；⑥要考虑可持续发展，具有战略眼光（丁艳席，2010；伍海琳，2011）。

旅游集散中心的选址要结合各个城市具体的情况，考虑规模效益、城市整体布局等各方面的因素，可以侧重某个市场目标，也可以采取多集散中心的模式来满足不同客源市场的需求（丁艳席，2010）。

6. 景区度假酒店选址

度假酒店是随着我国改革开放和经济状况的发展变化，旅游业界从国外引入的一个全新的概念。度假酒店是以接待休闲度假游客为主，为休闲度假游客提供住宿、餐饮、娱乐等多种服务功能的酒店。与一般城市酒店位于城市中心区域不同，度假酒店大多建在滨海、山野、林地、峡谷、乡村、古镇、湖泊、温泉等自然或人文景区内或周边区域。度假酒店分为两种类型，一种为旅游区内的度假村形式，其服务由不同的公司分别提供；另一种为度假中心形式，俗称综合性度假酒店，其服务全部由一家公司承担（周云飞，2013）。

景区度假酒店选址策略如下：①选址所在景区应具备相当旅游规模与知名度，景区具有独特的自然生态景观、养生资源、特殊的地域民族特色、悠久的历史人文或宗教文化等吸引游客前往。②选址应为山地景区规划中的可建设用地。例如，在风景名胜区、自然保护区、国家公园、国家地质公园、国家湿地公园、国家水利风景区内选址，需要严格遵守相关景区的管理规定，严禁在禁建区域内进行选址建设。③选址应位于道路通达情况良好，对外联系方便的地方。④选址应避开地质灾害多发区及生态敏感区域；恢复被破坏的自然环境和历史文化环境，是相当困难的，因而酒店的选址尽量选择在已开发用地。⑤选址应为气候变化较小的区域。⑥选址要兼顾景区的保护与度假设施的承载力需要，对于度假酒店，宜选择在具有足够基础服务设施承载力的旅游景点附近，并且控制规模，可以有效保证酒店服务质量与降低运营成本。⑦选址时还应考虑地理文脉的影响（周云飞，2013）。

（二）旅游景区建筑的布局

旅游景区是经过长时间精心建设而成的，旅游景区建筑作为景区现有结构中新的有机组成部分，必须遵循其内在秩序和发展规律。

旅游景区建筑在布局时应考虑周边环境，包括周围地形和地貌特征、河流走向、植被种类及色彩的季相变化特点等。如果附近有水体，旅游景区建筑的布局还要考虑与水体的距离关系，可以选择临水而建或引水入建筑群内。

旅游景区建筑自身也应是一个完整的综合体，应具有完整的功能特性，满足游客各方面的要求，其布局方法如下（张建涛和刘兴，1998）。

1. 有机方法

旅游景区建筑的布局以自然环境要素为源泉，进行模仿、提炼和重组。积极造景，因势利导，建筑与自然“有机匹配”，和谐互依。

有机布局的关键在于利用环境中的自然因素，从环境中受启发，巧借自然资源，因地制宜。其有机方面源于对基地环境的分析和利用，最终达到与环境和谐的效果。建筑对自然的模仿、提炼与重组体现在不同层次上，如中国江西宜春野奢露营地模仿贝类生物形状建设成贝壳帐篷酒店；美国夏威夷某胜地建筑模仿自然生物的形态，分散布置在主体建筑周围；法国某旅行村，不仅整体布局与山体环境相协调，而且建筑单体造型也模仿山体形态，使建筑融入环境中，两者形成有机统一体。

2. 地方性方法

旅游景区建筑的布局以人文环境要素为源泉，进行模仿、提炼和重组，主要表现在对地方材料的应用和乡土民风的体现上。要求建筑顺应环境的文化脉络，对环境的延续不是机械地、僵化地摹写过去，而是人们在传统文化上的一种默契。

人文要素主要表现在当地的风俗习惯、地方材料的应用，以及民居与地形有机结合的形态特征上，同时，还包括建筑风貌上的地方特色。

例如，黄山云谷山庄，建筑选取皖南民居中黛瓦、白墙、马头墙、洞窗等元素，展示了徽州文化的主题特色；印度文化古城果阿的斯达德咖啡膳食公寓酒店，无论室内还是室外，其空间、体形和色彩都借鉴了传统的手法，表现出鲜明的传统主题；意大利撒丁岛哥斯达雷旅馆以当地的风土人情、民居形式及地方材料等为创作源泉，较好地体现了地方特色，使游人尽可能多地体验到当地的历史文化内涵。

3. 主动方法

旅游景区建筑在环境中变“隐匿”为“显露”的处理方法即主动方法。旅游景区建筑可与环境形成对比，去点缀环境、装饰环境，建筑成为环境的主角，使环境的景观效果得以增强。例如，法国巴黎卢浮宫扩建工程和加拿大国家电视塔强化了各自的环境效果。旅游景区建筑的布局，应以尊重和保护景区环境资源为前提（张建涛和刘兴，1998）。

二、旅游景区建筑结构选择

（一）建筑结构概念

结构是指组成整体的各部分的组合和连接的方式以及内部各部分之间的关系，在建筑中主要指建筑物承载部分的主要构造部件之间的关系或连接方式。建筑结构不仅是建筑承载的一种需要，同时也是一种艺术。

建筑结构是指形成一定空间及造型，并具有抵御人为和自然界施加于建筑物的各种作用力，使建筑物得以安全使用的骨架。建筑结构的作用主要是：①必须满足人类对使用空间的要求；②能够抵御自然或人为的作用力，保证建筑物的稳固耐久；③在突发偶然事件和被破坏时，保证整体的稳定性并有被破坏的渐变过程和一定的时间长度，以提供足够的保护支撑和预警疏散时间（姜涌，2011）。景区旅游建筑的结构不仅要满足以上作用，还要能体现或表达某种地方文化元素。

（二）建筑结构分类

1. 按材料分类

建筑结构按材料可分为混凝土结构、砌体结构、钢结构和木结构等，见表 4.1。

表 4.1 按材料的建筑结构分类

结构类型名称	识别特征	应用范围	优点	缺点
混凝土结构	由混凝土和钢筋两种材料组成	除一般工业与民用建筑外，许多特种结构（如水塔、水池、高烟囱等）也用钢筋混凝土建造	节省钢材、就地取材（指占比很大的砂和石料）、耐火耐久、可塑性好（可按需求浇筑成任何形状）、整体性好	自重较大、抗裂性较差
砌体结构	由块体（如砖、石和混凝土砌块）及砂浆经砌筑而成	大量用于居住建筑和多层民用房屋中（如办公楼、教学楼、商店、旅馆等），其中以砖砌体的应用最为广泛	就地取材、成本低	材料强度较低、结构自重大、施工砌筑速度慢、现场作业量大等，且烧砖要占用大量土地

续表

结构类型名称	识别特征	应用范围	优点	缺点
钢结构	以钢材为主制作	主要用于大跨度的建筑屋盖（如体育馆、剧场等）、吊车吨位很大或跨度很大的工业厂房骨架和吊车梁，以及超高层房屋建筑骨架等	质量均匀、强度高、可焊性好，构建截面小、重量轻，制造工艺比较简单，便于工业化施工	钢材易腐蚀、耐火性较差、价格较贵
木结构	以木材为主制作	受自然条件限制，我国木结构仅在山区、林区和农村房屋建筑及古建筑中被采用	制作简单、自重轻、容易加工	木材易燃、易腐、易受虫蛀

资料来源：苏明会和赵亮，2015

2. 按受力和构造特点分类

建筑结构按照受力和构造特点可分为混合结构、排架结构、框架结构、剪力墙结构、框架-剪力墙结构和其他形式的结构，见表 4.2。

表 4.2　按照受力和构造特点的建筑结构分类

结构类型	应用范围	
混合结构	楼盖和屋盖一般采用钢筋混凝土结构构件，而墙体及基础采用砌体结构	
排架结构	主要用于单层工业厂房	
框架结构	现浇钢筋混凝土框架结构广泛用于 6～15 层的多层或高层房屋，如教学楼、实验室、办公楼、医院、商业大厦、高层建筑等	
剪力墙结构	适用于 40 层以下的高层旅馆、住宅等房屋	
框架-剪力墙结构	一般用作办公楼、旅馆、公寓、住宅等民用建筑	
其他形式的结构	薄壳结构	适用于办公楼、酒店、游客中心等许多建筑物
	网架结构	可用作体育馆、影剧院、展览厅、候车厅、体育场看台雨篷、飞机库、双向大柱距车间等建筑的屋盖
	悬索结构	体育建筑、工业车间、文化生活建筑

资料来源：苏明会和赵亮，2015

（三）仿古建筑结构

建筑结构影响建筑的外观风貌，因此，在规划旅游景区时，对建筑结构的选择不仅需要考虑项目地块的地形地貌和地质状况，还要考虑当地的民俗、文化习惯，以及规划中对旅游景区的主题定位和功能区划。一般而言，仿古建筑有以下几种结构形式。

1. 抬梁式

抬梁式又称叠梁式，是在立柱上架梁，梁上又抬梁。其特点是沿着房屋进深方向立柱，柱上架梁，梁上再立瓜柱，其上再施梁，如此叠加数层，每层梁逐步收短，最上层梁上立脊瓜柱，各层梁头和脊瓜柱上安置檩条，从而使屋面荷载由檩到梁再到柱，逐层传递；在平行的梁架之间又有若干横向的枋连接，形成一个整体；两组木构架之间形成的空间即为“间”，一座建筑的间数通常不受限制（丁援，2012）（图 4.3）。

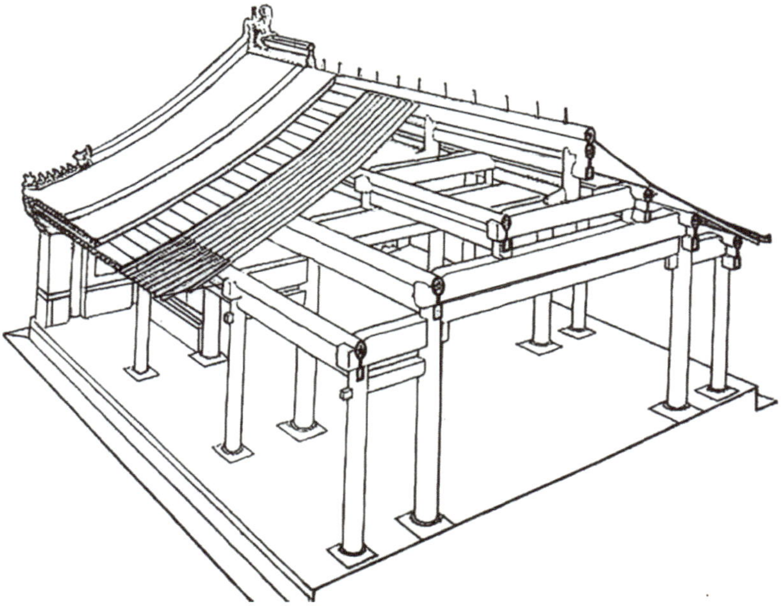

图 4.3　抬梁式

图片来源：刘敦桢，2008

2. 穿斗式

穿斗式又称立贴式，其特点是沿房屋的进深方向按檩数立一排柱，每柱上架一檩，檩上布椽，屋面荷载直接由檩传至柱。每排柱子靠穿透柱身的穿枋横向贯穿起来，成一榀构架。每两榀架构之间使用斗枋和纤子连在一起，形成一间房间的空间构架。斗枋用在檐柱柱头之间，形如抬梁构架中的阑额；多用于汉族民居和较小的建筑物（图 4.4）。

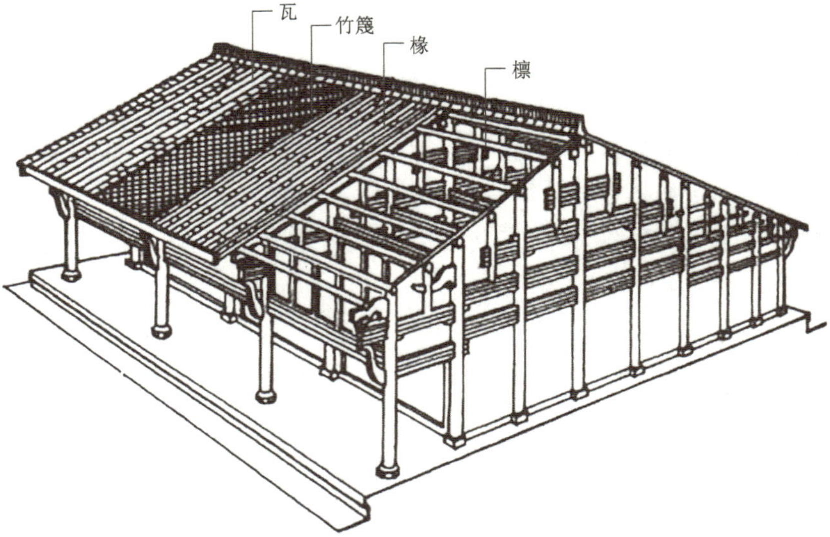

图 4.4 穿斗式
图片来源：刘敦桢，2008

3. 井干式

井干式是以圆木或矩阵、六角形木料平行向上层层叠置，在转角处木料端部交叉咬合，形成房屋四壁，形如古代井上的木围栏，再在左右两侧壁上构成房屋（丁援，2012）（图 4.5）。

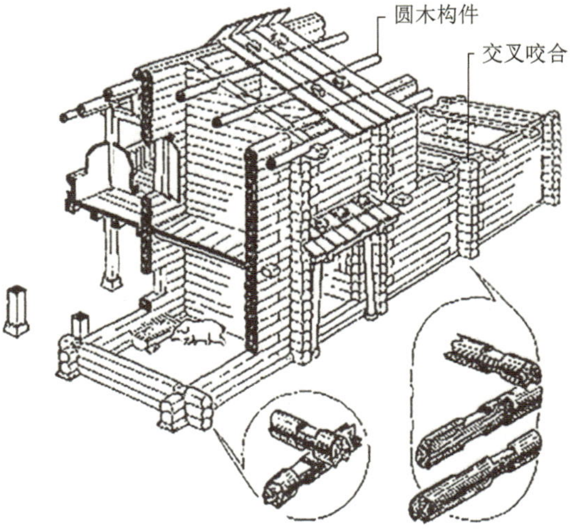

图 4.5 井干式
图片来源：刘敦桢，2008

4. 斗拱

斗拱是我国传统建筑特有的一种结构做法，最早可见于汉代，石阙、陶楼等斗拱在大木结构中起着极为重要的作用，位于柱头和梁枋之间，承上启下，传递屋面梁架荷载；“斗”与“拱”之间以榫卯连接，结合紧密，层层叠叠，遇到地震时榫卯可以伸缩，具有一定弹性，从而保证建筑物的安全，同时斗拱向外跳，使屋檐加长，从而保证主体建筑结构免受雨水的侵蚀，同时也使建筑的造型更加优美、壮观（丁援，2012）（图 4.6）。

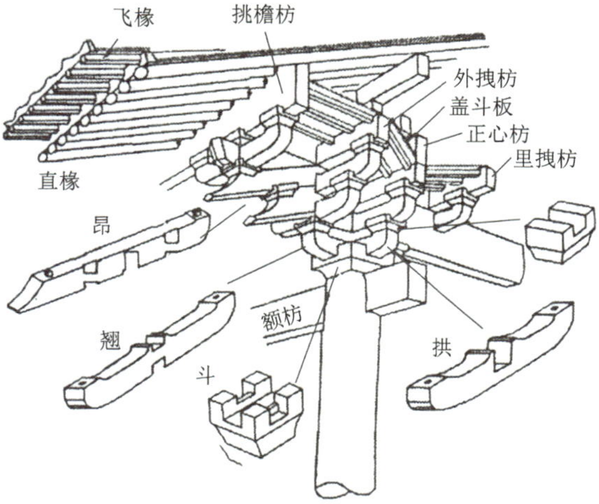

图 4.6　斗拱的基本构造
图片来源：刘敦桢，2008

（四）结构构件选择

旅游景区中“人人是风景、处处是景观”，特别是游客食、宿的地方，建筑就成为刺激游客神经的视觉景观，而建筑体给人印象最深的就是屋顶的形态、墙体的形状及门和窗花的样式，因此，旅游规划特别是修建性详细规划及建筑的方案设计中对建筑体结构样式和结构构件的选择就显得尤为重要（苏明会和赵亮，2015）。

1. 屋顶

屋顶是房屋最上层覆盖的外围保护结构，其主要功能是抵御自然界的风霜雨雪、太阳辐射、气温变化和外界的其他不利因素，以使屋顶覆盖下的空间有一个良好的使用环境。另外，屋顶在艺术造型上的作用也是不可低估的，如何处理好屋顶的形式与细部也是一项重要内容（裴刚等，2011）。

郝峻弘等（2015）按照屋顶的形态与结构将屋顶分为以下两种类型。

平屋顶，通常是指排水坡度小于 5%的屋顶，常采用坡度为 2%～3%。

这是目前应用最广泛的一种屋顶形式，大量的民用建筑采用与楼板层基本类同的结构形式。平屋顶的形式包括：挑檐、女儿墙、挑檐女儿墙、盝（盒）顶（图 4.7）。

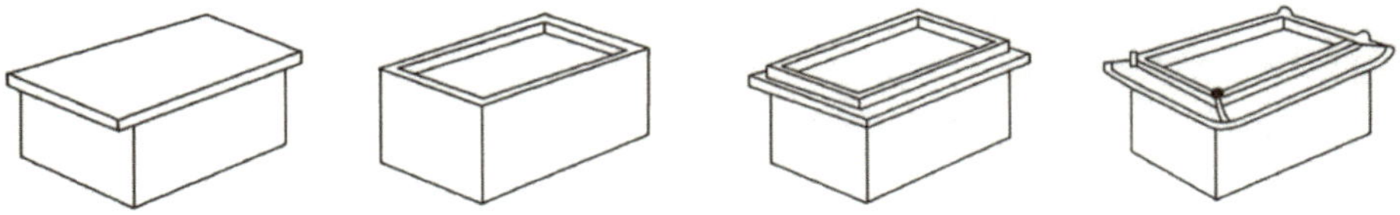

（a）挑檐　（b）女儿墙　（c）挑檐女儿墙　（d）盝（盒）顶

图 4.7　平屋顶的形式

图片来源：刘敦桢，2008

坡屋顶，通常是指屋面坡度大于 10%的屋顶，坡屋顶是我国传统的建筑屋顶形式，有着悠久的历史，现在的建筑在考虑到景观环境或建筑风格的要求时，也会采用坡屋顶。坡屋顶常见形式包括：单坡顶、出山两坡顶、悬山两坡顶、四坡顶、卷棚顶、庑殿顶、歇山顶、圆攒尖顶（图 4.8）。

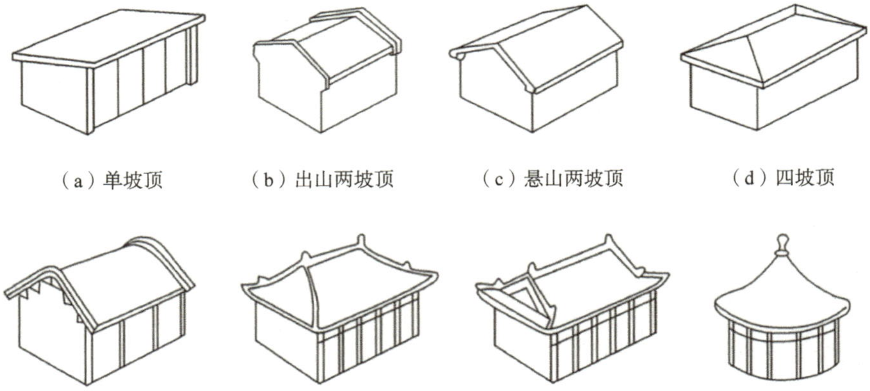

（a）单坡顶　（b）出山两坡顶　（c）悬山两坡顶　（d）四坡顶

（e）卷棚顶　（f）庑殿顶　（g）歇山顶　（h）圆攒尖顶

图 4.8　坡屋顶的形式

图片来源：刘敦桢，2008

随着科学技术的发展，除上述屋顶外还出现了许多新型的屋顶结构形式，如拱结构、薄壳结构、悬索结构、网架结构屋顶等。这类屋顶多用于有较大跨度的公共建筑。

楼庆西（2009）认为，汉代以后的建筑，常见的房屋屋顶可分为以下几种形式。

硬山顶。这是一种两面坡的屋顶，前后两面斜坡，在屋顶正中最高处相交成脊。屋顶左右两头是直立的墙，称为山墙，山墙直砌到顶与两面坡的屋顶相交，把屋顶木框架的檩子封包在墙内侧。北京四合院住宅的砖房中多用硬山顶

（图 4.9）。

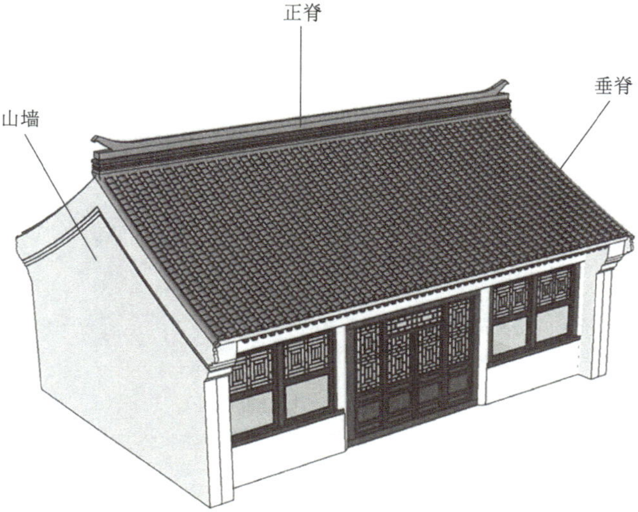

图 4.9　硬山顶

图片来源：成都新界标旅游规划设计咨询有限公司绘制

悬山顶。也是前后两面坡，上面一条屋脊，左右是山墙砌到顶。但其与硬山顶的区别在于，山墙与屋顶并不相连，而是屋顶两端挑出山墙之外，即屋顶木构架的上下几层檩子都延长而伸出山墙外悬在半空中，所以称为悬山顶。普通房屋常采用这种屋顶形式（图 4.10）。

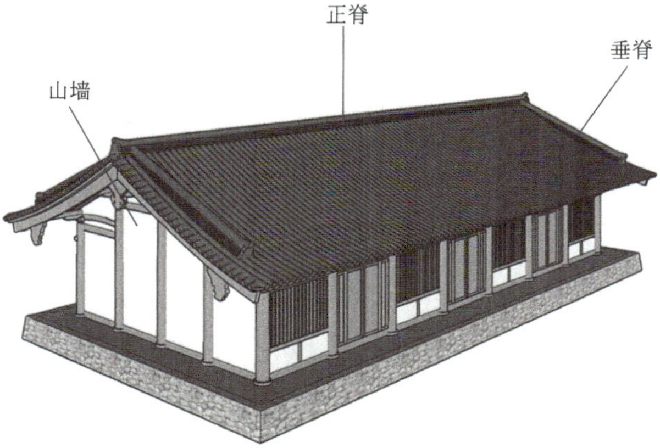

图 4.10　悬山顶

图片来源：成都新界标旅游规划设计咨询有限公司绘制

庑殿顶。就是四面坡的屋顶，屋顶分作前后左右四面斜坡，前后两坡面相交而成正面的屋脊，称正脊；左右两坡面与前后两坡面相交而成斜向的四条屋脊，称垂脊；屋顶上共有四个坡面，五条脊，因此庑殿顶也称“四阿顶”或“五脊殿”（图 4.11）。

图 4.11　庑殿顶

图片来源：成都新界标旅游规划设计咨询有限公司绘制

歇山顶。一般分为上下两个部分，上面为悬山式屋顶，下面为庑殿式屋顶，好像一座悬山屋顶套在庑殿顶之上，整座屋顶共有正面的一条“正脊”，两边的前后四条垂直方向的“垂脊”，四角斜向的四条“戗脊”，共计九条脊，因为歇山顶构造比较复杂，它所形成的外貌形象也比较复杂（图 4.12）。

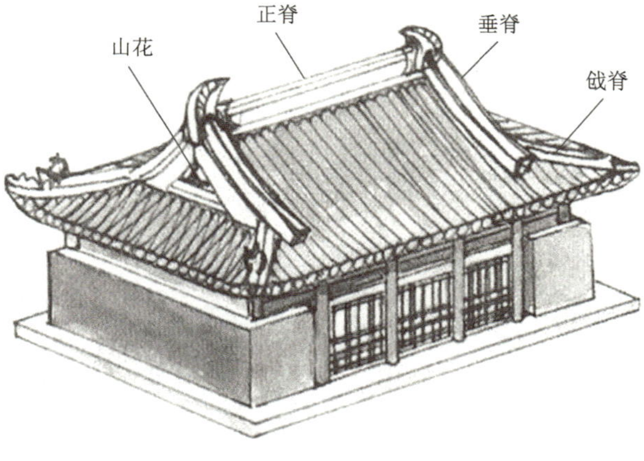

图 4.12　歇山顶

图片来源：刘敦桢，2008

攒尖顶。适用于平面呈正方、正圆或正多边形的建筑，它们的屋顶采用多面坡形，各个坡面由四周向中心举高，成为最高处的一个尖端，故称为攒尖顶。这种屋顶作用于四方、圆形或多角的亭子上，常出现在园林中，但有时也被用于大型殿、阁的顶上（图 4.13）。

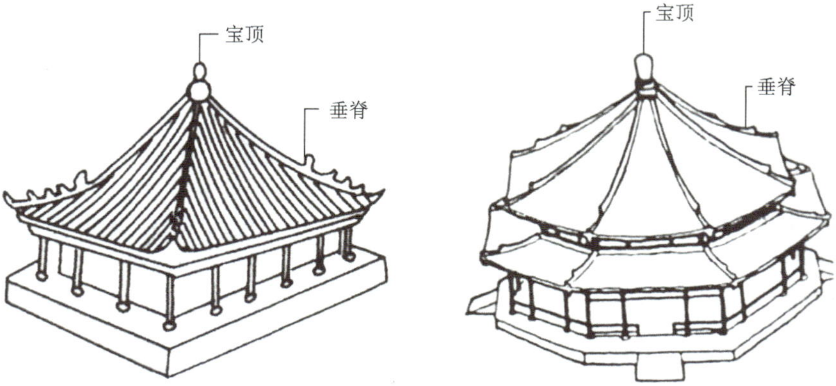

（a）四角攒尖顶　　　　（b）八角攒尖顶

图 4.13　四角攒尖顶与八角攒尖顶

图片来源：刘敦桢，2008

圆拱顶。由于中国古建筑用木结构框架，所以圆形拱顶很少。在新疆地区的清真寺（图 4.14），伊斯兰教陵墓可以见到用砖拱结构建造这类穹形屋顶。除此之外，在内蒙古和新疆以游牧为业的地区，牧民居住的毡房也是一种圆拱形穹顶，用木料做骨架，在外面包以羊毛毡而成。

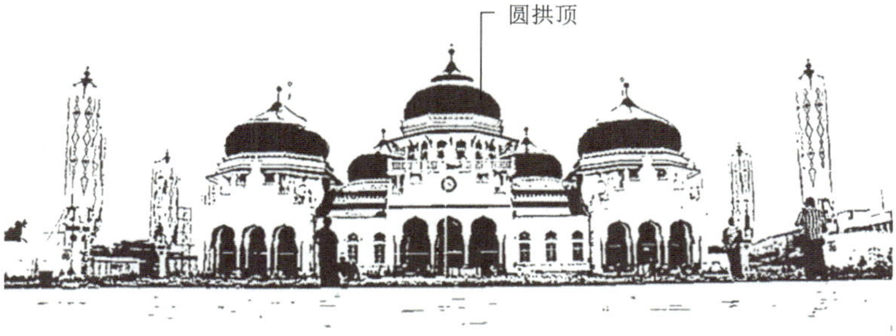

图 4.14　亚齐清真寺

图片来源：刘敦桢，2008

拱形屋顶。这种屋顶形式流行于西北地区的黄土地带，以窑洞为代表。在西北干燥少雨地区，黄土高坡崖壁上挖的窑洞成为既经济又实用的住房，窑洞的顶部皆为半圆的拱形（图 4.15）。

2. 阳台

阳台是与楼房各房间相连并设有栏杆的室外小平台，是居住建筑中用以联系室内外空间和改善居住条件的重要组成部分（裴刚等，2011）。阳台按照使用要求的不同可分为生活阳台和服务阳台；根据阳台与建筑物的关系可以分为挑（凸）阳台、凹阳台（回廊）和半挑半凹阳台（图 4.16）；按阳台在外墙上所处的位置不同可以分为中间阳台和转角阳台（姜涌，2011）。

图 4.15 窑洞

图片来源：刘敦桢，2008

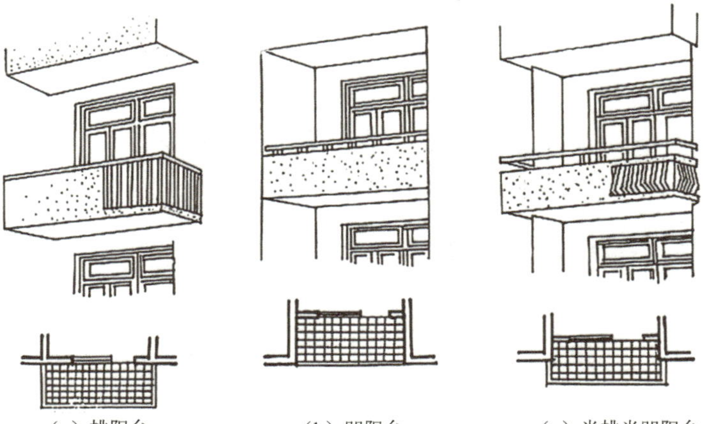

图 4.16 阳台

3 雨篷

雨篷位于建筑物出入口处外门的上部，起到遮挡风雨和太阳辐射、保护大门免受雨水侵害、丰富建筑立面等作用。雨篷的形式多种多样，依建筑的风格、当地气候状况而定。根据材质的不同可分为钢筋混凝土雨篷和钢结构雨篷（郝峻弘等，2015）。根据雨篷支撑的不同，有悬挑板式、悬挑梁板式、吊挂式三种基本类型（姜涌，2011）。

4. 墙体

墙体有很多分类方法，表 4.3 中的分类为基本分类。除此，还有其他的分类方法， 如按建筑材料分类，有夯土墙、土坯墙、砖墙、石墙、砌块墙、混凝土墙、玻璃幕墙、木墙、竹墙等；按功能用途分类，有承重墙、隔断墙、填充墙、隔声墙、屏蔽墙、挡土墙、女儿墙、封火墙等，其中女儿墙和封火墙是两种典型的按功能分类的墙体。

表 4.3　墙体类型

分类依据		类别	描述
按墙所处位置及方向等分类	位置	外墙	位于房屋四周，也称为外围护墙
		内墙	位于房屋内部，主要起分隔内部空间的作用，因此也被称为隔墙
	方向	纵墙	沿建筑物长轴方向布置的墙
		横墙	沿建筑物短轴方向布置的墙，外横墙俗称为山墙
	与门窗的关系	窗间墙	平面上窗洞口之间的墙体
		窗下墙	立面上上下窗洞口之间的墙体
按受力情况分类		承重墙	直接承受楼板以及屋顶传下来的荷载的墙体
		非承重墙	起分隔和围护作用，分为自承重墙和隔墙
按裁量及构造方式分类		实体墙	由单一材料组成的实心墙，如普通黏土砖、实体砌块墙、钢筋混凝土墙等
		空心墙	由单一材料组成的具有内部空腔的墙体，如空斗砖墙、空心砌块墙、空心板材墙等
		组合墙	由两种以上的材料组合而成的复合墙体，也称复合墙
按施工方法分类		块材墙	用砂浆等胶结材料将砖、石等块材组砌而成
		版筑墙	是在现场支立模板，在模板中灌浇凝固或压紧而成的整体化墙体
		板材墙	是预先制成墙板，在施工现场安装而成的墙

女儿墙在古代叫“女墙”，包含窥视之义，是仿照女子“睥睨”之形态，在城墙上筑起的墙垛，后来便演变成一种建筑专用术语，是建筑物屋顶四周围起的矮墙，主要作用除维护安全外，还可以当作施工的防水压砖作收头用，以避免防水层渗水或是屋顶雨水漫流。

封火墙是中国传统民居聚落的一种以防火为目的的墙体建筑。也称为防火墙或“风火墙”。在封火墙出现之前，人们注意到火灾通常是自下而上地顺着房柱向上蔓延，因此封火墙的最初形态是在可燃的木质墙壁、构件上涂抹灰泥，以此来提高木质构件的防火性能，后来才出现了把木柱砌于砖墙之内的立贴式（即穿斗式）山墙——封火墙。在传统村落中，以家为单位、以围墙相连建造封火墙，能够十分有效地防范火患（梁思成，2011）。

封火墙种类繁多，徽派建筑封火墙因形状酷似马头，称为马头墙。闽派福州建筑因墙体作流线形状似马鞍，称为马鞍墙。粤派岭南建筑山墙作镬耳状，称为镬耳墙（表 4.4）。

表 4.4 封火墙类别

类别	描述	图示
马头墙	高低错落，是中国南方徽派建筑常用格式，也是徽派建筑的重要造型特色，因形状酷似马头，故称为马头墙	
马鞍墙	流行于福州地区建筑风格，有别于马头墙。注重上部轮廓线的变化，墙体随着木屋架的起伏做流线型，翘角伸出宅外，状似马鞍，故称马鞍墙	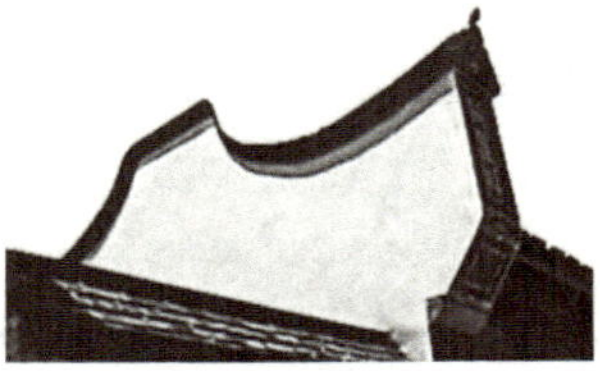
镬耳墙	是岭南民居建筑特色，因在屋面之上砌筑有锅耳状的硬山墙，故称为镬耳墙	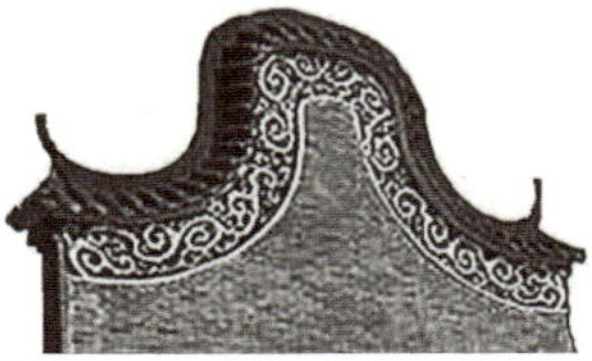

5. 门窗

门窗除按材料和功能进行分类（表 4.5）外，还可按门窗的开启方式分类：按照门的开启方式主要有平开门、推拉门、弹簧门、自关门、折叠门、转门（旋转门）、卷帘门、升降门（上翻门）、伸缩门等；按照窗的开启方式主要有平开窗、立转窗、推拉窗、悬窗、固定窗、百叶窗等。

表 4.5 门窗类别

分类依据	类型	描述
按材料分类	木门窗	采用木材为主要材料制作主要门窗框并结合玻璃、木板、胶合板等制成的门窗
	型材门窗	采用金属型加工制作框料的门窗
	玻璃门窗	玻璃经过钢化、贴膜等高强度化、安全化处理后，可以替代金属框料的结构制成通透性极强的全玻璃门窗
	复合门窗	利用多种材料的特性复合而成的框料制成的门窗

续表

分类依据	类型	描述
按功能分类	防盗门窗	一般采用金属材料和防盗五金制成
	防火门窗	根据不同的消防要求设置，门窗的透明部分采用防火玻璃制成
	隔声门窗	用于需要隔绝不同空间之间声波传递的门窗
	其他特种门窗	如密闭门窗、防辐射门窗、抗冲击波门窗

三、旅游景区建筑材质选择

不同的材质具有不同的颜色、形状和特征，旅游景区中的建筑可利用其不同的材质，展示不同的主题思想。

（一）木材

木材是旅游景区建筑工程的主要原料之一，具有许多优良的功能（表 4.6）：质轻而强度高、有较高的弹性和韧性；导热性低；具有良好的装饰性、易加工；在干燥的空气中或长期置于水中有很高的耐久性等。木材的缺点是：构造不均匀；各向异性；容易吸收或散发水分，导致尺寸、形状及强度的变化，甚至引起裂缝或翘曲；保护不善，容易腐蚀虫蛀；天生缺陷较多，影响材质；耐火性差，容易燃烧等（李亚杰和方坤河，2009）。但木材的颜色与自然环境接近，因此，在山区的旅游景区建设中多用于外观装饰，以体现自然山水特色。

表 4.6　木材的分类和特点

种类	特点	用途	树种
针叶树	树叶细长呈针状，树干直而高大，木质较软，易加工；强度较高，表观密度小，膨胀变形小	建筑工程中主要使用的树种，多用于承重构件（模板脚手架）、门窗等	松树、杉树、柏树等
阔叶树	树叶宽大呈片状，大多为落叶树；树干通直部分较短，木质较硬，加工较困难；表观密度较大，易于胀缩、翘曲、裂缝	常用作内部装饰，较次要的承重构件和胶合板等	榆树、桦树、水曲柳等

资料来源：李书进，2010

（二）烧土材料

1. 砌块

采用小型块状件堆砌成自承重的建筑部件，并用砂浆等黏结材料结合为整体的结构称为砌块结构。利用砌块结构建成的建筑或构筑物及其单元称为砌体，砌块结构的构造单元称为砌块或砌体材料，以砖、石、混凝土砌块为代表，常见的还有土坯砖、红砖、灰砖、多孔砖、空心砖、石块等。砌体是指将砖、石、砌块等小型块状构建单元，由各种砂浆等胶结料，按照一定的规律和方式黏结叠砌而成的整体。

2. 陶瓷砖

陶瓷是指由黏土成型、干燥后，在窑内高温烧制而成的物品。一般把“陶瓷”分为陶和瓷两大类。陶器是指胎体没有致密烧结的黏土和瓷石制品。其中，烧结程度较高、烧结程度较好的那一部分称为“硬陶”，施釉的那部分称为“釉陶”。相对来说，经过高温焙烧、胎体已完全烧结、在器物表面已形成玻璃质釉的黏土或瓷石制品称为“瓷器”。

陶瓷砖是以陶土或瓷土为原料，经压制、焙烧而成，可用于墙面和地面的饰面，因此被称为墙地砖或面砖。陶瓷砖具有优良的耐热性、耐久性、耐水性、耐磨性及耐酸碱性，是一种优良的近乎免维护的永久性装饰材料，对建筑物的结构体也有较好的保护作用。陶瓷的资源分布广，加工难度不高，色彩和质感丰富，是目前应用较为广泛的旅游景区建筑装饰材料。

（三）石材

石材是采自地壳的天然岩石，经开采、切割、磨光等物理加工得到的建筑材料。石材具有经久耐用、材质丰富、装饰效果端庄华丽、施工便捷、资源丰富等特点，特别是干挂施工技术的发展和成熟，使得石材饰面已经成为中高档建筑，特别是旅游景区建筑的首选材料。

（四）混凝土

经过自身的物理和化学作用，能够由可塑性的浆体变成坚硬固体，并具有胶结能力，可将粒状材料或块状材料黏结为一个整体，具有一定力学强度的物质统称为胶凝材料。混凝土是用胶凝材料将粗细骨料胶结成整体的复合固体材料的总称，它是由粗骨料、细骨料、水泥和水胶混合而成，经过凝结和硬化后形成的类似岩石的材料。

（五）金属

在建筑中应用的金属材料主要有建筑钢材、不锈钢和铝合金。尤其是建筑钢材，其作为结构材料，具有优异的力学性质，可进行冷弯、焊接、铆接等加工，施工便捷，耐寒耐湿，在高寒地区的景区建筑工程中得以广泛应用。

（六）玻璃

玻璃是用含有石英的砂子、石灰石、纯碱等混合后，在高温下熔化成型、冷却后制成的质地硬而脆的透明物体。玻璃性脆而透明，具有透光、透视、隔声、绝热及装饰作用，化学性能稳定，但脆而易碎，受力不均或遇冷热不均时都易破裂。目前一些景区广泛使用深加工的玻璃打造玻璃桥、玻璃栈道、玻璃屋等游览设施。

四、旅游景区建筑装饰选择

（一）装饰概述

装饰作为一种图形文化始终伴随在人类周围，装饰渗透进人类生活的方方面面。装饰通过装饰图案进行表征“被装饰物”的性格和属性，装饰图案又不能脱离装饰而单独存在。装饰图案有多种分类方法，按图案的装饰空间可分为平面图案和立体图案，建筑上多用立体图案；按图案的具体用途可分为实用品装饰图案和纯装饰图案，生活中实用性的物品一般用实用品装饰图案，无实用价值起点缀和美化环境的一般用纯装饰图案，如带有象征意义的瑞兽、怪兽、植物装饰及门厅的装饰屏风等（梁雯，2010）；按图案的素材可分为风景图案、动物图案、人物图案、几何图案、建筑图案；按图案的构成形式还可分为单独纹样、连续纹样和适合纹样，单独纹样没有外轮廓及骨骼限制，可单独处理，自由运用。连续纹样是以一个基本单位纹样为“装饰母题”，按照一定的格式，有规律地重复循环排列，构成无限连续性的装饰图案。

装饰图案可用于生活的各个方面，其中建筑装饰是非常重要的一个方面。建筑装饰是为保护建筑物的主体结构，完善建筑物的物理性能、使用功能和美化建筑物，采用装饰装修材料或饰物对建筑物的内外表面及空间进行的各种处理过程。

建筑装饰通常出现在建筑的边缘或构件的交接处，装饰的出现正是为了突出或掩饰这些构造；建筑装饰还具有边框的作用，划分室内与室外的同时，为人们的视觉体验增加一个层次；装饰与建筑的关系是再现与本体的关系，即建筑和装饰的关系属于结构和饰面之间的关系，装饰有助于强化建筑的形式、再现形式的地位和潜在价值。建筑装饰实际上是一个转化方式，即从植物、动物、人、几何图形、文字中吸收各种元素，通过材料处理、调整色彩、修改比例等手段，将这些元素融入建筑中，建筑通过这样的处理便成为视觉文化的一种表现。同时，建筑装饰也可以传达观念和思想，但建筑装饰最主要的功能还是使人愉悦。

传统的装饰分类见表 4.7。

表 4.7 传统的装饰的分类

分类依据原则	类别	说明
装饰表面的覆盖形式*	线性分布装饰	在线性分布装饰中，装饰母题是有节奏地在一条线上分布，用以构成边界或界线
	满布装饰	在满布装饰中，装饰单元是两组或多组的交叉线性系统，用以覆盖宽阔的表面
	放射分布装饰	放射分布装饰是装饰单元以一个中心呈放射状布局
构成装饰的主要内容和方法	造型装饰	造型装饰是通过对表面各种凹凸处理，通过光影形成的明暗效果
	色彩装饰	色彩装饰是依靠色彩产生效果
设计的依据和原则	通用性装饰	通用性装饰是指可将几何图案用于装饰任何“被装饰物”的装饰形态
	自然性装饰**	自然性装饰包括所有从自然中获得的、经过改造或未经改造的装饰形态
	通用-自然性装饰	通用-自然性装饰是从自然中提取元素，进行抽象、删减的改造，或者依据习惯和惯例使用的装饰
被应用的物体	建筑装饰	建筑装饰是为保护建筑物的主体结构、完善建筑物的物理性能、使用功能和美化建筑物，采用装饰装修材料或饰物对建筑物的内外表面及空间进行的各种处理过程
	产品装饰	产品装饰是采用装饰材料或饰物对某种产品的内外表面进行处理的过程
	家具装饰	家具装饰则是采用装饰材料或饰物对家具的内外表面进行处理的过程
装饰与结构的关系	结构装饰	结构装饰属于结构的一部分，是从结构出发，在结构系统上叠加的装饰，如柱头、檐口等
	非结构装饰	非结构装饰是指加在完成建造的结构之上的装饰，如壁画、壁纸等

* 每种方式又可以分为连续装饰和不连续装饰

** 特别说明，若自然性装饰被当成一种装饰母题以固定的方式应用时，则将其视为通用性装饰

（二）景区建筑装饰造型

在旅游景区建筑中，造型装饰是一门艺术，是可供游客欣赏的艺术作品，正是由于旅游景区建筑不同于普通的家居式建筑，建筑造型装饰需要新、奇、精，要让游客产生情感的共鸣，使得游客久久不愿离开。

1. 造型与造型艺术

狭义的造型是指三维的形体，区别于平面的二维形状；广义的造型是指艺术语境中各种可视元素组合在一起形成的整体，以及它们的组合方式。造型艺术是指艺术家使用各种可见的创意手法，通过视觉和触觉的传播途径，再现人们生活中的事物或者根据人们纯粹的想象虚构，表达自己对世间万物的感受和丰富的想

象力，使人们在视觉上、触觉上或者是心理上产生愉悦和共鸣。

2. 造型装饰形式

（1）雕刻：根据不同的材料及雕刻工艺，可以将雕刻分为木雕、石雕和砖雕。

影响雕刻造型装饰的因素多样，技法的娴熟程度、时代的审美追求和流行趋势、雕刻的内容及使用的部位等，都决定着雕刻的最后面貌。从技术角度上来说，影响雕刻造型装饰最主要的因素是凹凸的变化，以及形成的光影效果。光影是形成高雕、高浮雕、圆浮雕、透雕等视觉效果的最本质的因素。

（2）模型造型装饰：通过模具来加工制造是古代建筑中的一类造型装饰。模具造型装饰种类众多，主要包括屋面、墙面、地面的砖瓦材料装饰。正是因为模具可以反复使用，这种经济的装饰方法通常用来装饰批量生产的建筑构件。除了以陶土、砖类为材料的造型装饰外，很多金属装饰构件也是由模具翻制而来的。

（3）堆砌造型装饰：西方古代砖石建筑的建造方式与编织有很多相似之处，都是以简单的重复为基础，创造有规律的图案效果，因此建筑装饰中，形成一类按照一定顺序的简单变化而构成的装饰形式。不同于平面图案，这种装饰会使建筑表面呈现出微妙的光影变化。

（4）现代工艺造型装饰：新型材料的出现将带来新的装饰风格。新艺术运动独特的装饰形式就是现代技术和材料的一种回应。由于计算机技术的介入，以及计算机数字控制（computer number control，CNC）、激光切割等技术的发展，当代制作工艺发生了革命性的变化，造型装饰呈现出从未有过的多重形态。

3. 造型装饰在建筑中的应用

（1）建筑边缘。建筑中的屋顶、檐部的细节和台基等建筑的外轮廓部位，这些显著的轮廓线会告诉人们它们止于何处，这些部位又常常是重要的结构和建筑构件的交接部分，将造型装饰加在这些部位上，可以帮助限定和明确其建筑边缘。装饰的作用在建筑的屋顶部位表现得尤为突出。

例如，中国古建筑中的花罩是一种空灵而富有诗意的象征性装饰隔断，是明清时期传统居住建筑划分内部空间的重要艺术手段。用花罩分隔的空间隔而不断，使建筑空间层次丰富、虽隔犹通。花罩的棂条拼镶图案主要取直线或方形组合而成的图案，图案灵秀端雅，虚实对比适度，视觉效果工整大方又玲珑明秀。

（2）造型形状。造型装饰在建筑中的应用还具有对重点部位的强调作用。在建筑物中加入装饰造型，使需要强调的部位用三维形态加以凸显，同时该形体在光照下形成阴影，从而区别于其他部分或与其他部分形成对比，形成视觉的集中。

例如，门的造型，如式样、大小、屋顶形式、油漆颜色、装饰物件等，有严格的等级区别，代表户主的身份地位。金柱大门多为王公贵族和官僚阶层所拥有；如意门则多为商贾及有钱人所拥有。

抱鼓石是汉族传统民居，特别是四合院的大门底部位于宅门入口、形似圆鼓的两块人工雕琢的石制构件，就属于门枕石的一种。抱鼓石是礼制建筑等级的符号象征，也是“非贵即富”的门第符号，抱鼓石绝不脱离它主人背后的政治、经济基础而独立存在。

影壁是北京四合院与大门配套的装饰性、标志性极强的一种砖砌建筑。其主要作用在于遮挡大门内外杂乱、呆板的墙面和景物，美化大门的出入口。

藻井是常见于汉族宫殿，坛庙建筑中的室内顶棚的独特装饰部分。一般做成向上隆起的井状，有方形、多边形或圆形凹面，周围饰以各种花藻井纹、雕刻和彩绘。藻井多用在宫殿、寺庙中的宝座、佛坛上方最重要部位。

（3）表面和纹理。通过造型装饰产生表面纹理，同时拥有视觉和触觉感受，这是与平面色彩装饰的最大区别（图 4.17）。

（a）

（b）

图 4.17　建筑中造型装饰的纹理效果

（三）景区建筑装饰色彩

1. 色彩的装饰类型

建筑色彩装饰是指以色彩为主要元素的建筑装饰方法，即在建筑中使用带有颜色的材料，或用颜料覆盖建筑的结构材料，使建筑带有明显的色彩系统和色彩倾向，从而对人的视觉感受形成影响。建筑中色彩效果的形成主要依赖于不同材料的颜色，不同材料在建筑中使用的位置、施工方法，以及不同的处理手段。这些都是影响色彩装饰形态的重要因素。

（1）彩色涂料。中国传统建筑中的土坯墙或夯土墙经常施以色彩。墙的抹面层和着色层的主要工艺是：首先用粗泥将高低坑洼填平，稍干后用中泥抹平；再干后用细泥抹平；最后罩一层掺有颜料的石灰泥，石灰泥中掺有麻刀，避免抹面层的开裂或起皮剥落。石灰泥常有红、青、黄几种颜色。西方古典建筑墙面的抹灰和着色同样是将颜料加入灰浆中，所不同的是在灰浆中加入了大理石颗粒。旅游景区中儿童游乐区的建筑需要欢快、明亮的颜色，彩色涂料用量较多。

（2）木构架油饰。油饰工艺，是对砌体结构建筑进行施色的工艺，随着社会发展而产生。在古代建筑工艺中被称为油作。由于木材具有容易开裂、生虫、腐烂等特性，对木构架建筑进行加工处理，可以达到防腐和防虫的目的。一般旅游景区的木质建筑，包括木质防护栏、木栈道、木屋等均需要油饰加工处理，既防腐又起到了美化作用。

（3）色彩与装饰材料。在建筑装饰中，天然材料本身也是构成色彩装饰的重要元素，色彩装饰材料与建筑材料不同，没有任何结构功能，是附加在建筑主体结构上的装饰材料。在古代建筑中常用的色彩装饰材料有石材、木材、马赛克瓷砖、彩色玻璃，以及贵金属和织物等。

（4）光与色彩。哥特式建筑中玻璃装饰是最早的玻璃画与光相结合的建筑色彩装饰，通过光线和色彩的运用创造出令人惊叹的室内效果。在现代社会，电力的使用和灯光照明的出现为建筑乃至城市带来了任何一个年代都无法比拟的色彩装饰效果。尤其是20世纪末后，发光二极管（light emitting diode，LED）技术的推广使得建筑的色彩装饰发生了一次革命性的变化。

2. 色彩装饰在建筑中的作用

（1）建筑群的色彩。建筑色彩创造的整体风格所产生的视觉效果完全能够超越建筑群体本身风貌所产生的效果。例如，希腊爱琴海的部分小岛上的白色建筑给旅游者留下极为深刻的印象，这种色彩所产生的视觉效果已经超越小岛上建筑本身。白色房子主要集中在爱琴海部分小岛上，房子周围都被刷上“白漆”。传统的“白漆”实际上不是“油漆”，一般为石灰水或白色涂料（whitewash），易得而便宜，并且该材料还具有消毒功能，因此在小岛上被广泛使用。另外，白色房子的屋顶被建设为平顶，很容易吸收热量，因此所有建筑被涂上白颜色来反射太阳的热量，而蓝色圆顶主要用于教堂等公共建筑。

（2）建筑立面中的色彩。色彩装饰在建筑物的应用中，最常见的形式就是通过不同色彩织锦的色相、明暗等对比，在视觉上强调建筑的结构特征。在不同结构体系建筑中的色彩装饰构成原则和布局方法截然不同。例如，木质结构建筑中，屋顶与木构件的颜色有区别，不同木构件之间有区别。

建筑色彩装饰的运用原则之一就是配合造型装饰进一步突出立面中的开口构件。在建筑的立面中，建筑还起到了划分墙面，使表面形成图案或其他新的视觉效果的作用，通过使用光、色彩和虚拟结构来代替原本真实的结构。例如，内蒙古呼和浩特市清真大寺的建筑，其建筑立面使用了多种色彩和图案，通过色彩与图案彰显了伊斯兰文化，这种具有浓郁宗教色彩的建筑群体，成为穆斯林举行礼拜、举办宗教教育和宣教等活动的中心场所（图 4.18）。

图 4.18 内蒙古呼和浩特市清真大寺
图片来源：杨国良拍摄

中国古代往往把色彩单一化，以色相作为基本的色系。色彩的社会伦理化是中国古代色彩的文化意义之一，它给每种色彩染上等级性，如中国传统官式建筑中采用该色彩规则，以社会等级来区分建筑物中的柱子颜色。《春秋谷梁传注疏》中写道："楹，天子丹，诸侯黝，大夫苍，士黈。"（刘敦桢，2008）即帝王的宫殿用红色的柱子，诸侯的房子用黑色的柱子，一般的官僚则用青色的柱子，更低的百姓则只能用土黄色的柱子（沈福熙，1998）。

3. 色彩与室内空间

（1）墙面的划分与组织。空间中墙面色彩方案的组织通常有两个重要依据：一是室内空间中的结构；二是墙面的高度和人体的关系，尤其是在尺度较大的建筑中，可以使用色彩的分布调整过高的室内空间，从而创造舒适的空间感受。

（2）空间的界定。在同一个空间中色彩基调的一致性是保证空间完整性的主要因素。在空间中使用相同色彩的基调，从而保证空间完整的感官感受的色彩方案仍是当代设计的主要方法。但随着开放空间在现代建筑中的出现，使用色彩进行空间的组织和划分区域成为另一个重要的设计目的。

4. 建筑装饰色彩选择

旅游景区的建筑装饰色彩选择需要遵循以下原则。

（1）与环境协调原则。旅游建筑要保持与周边环境的颜色协调一致，不宜反差过大。有些景区为了过分渲染建筑的主体作用，将装饰色彩的颜色过度凸显化，造成游客视觉的污染。

（2）体现主题特色原则。旅游建筑是旅游景区中重要的文化传播载体，其装饰色彩表达特定的旅游文化和民俗习惯，因此，装饰色彩要与旅游景区的大主题规划定位相符合。

（四）景区建筑装饰图案

传统装饰的概念中，属于图像装饰范畴的主要内容是纹样和图案，但随着建筑的发展，图像艺术也在不断成长和变化，并赋予建筑诸多层次。当今的图像装饰既包括传统意义的装饰纹样和图案内容，同时还包括建筑中具有装饰作用的各种图案艺术形式。

1. 图案纹样分类

（1）几何纹样。几何纹样是以几何（包括简单的点、圆和直线等）为母题而组成的图案纹样，是出现最早、应用最为广泛、应用时间最长的纹样。几何纹样早已存在于早期人类文明的装饰中，如回纹、连珠纹等。回纹又叫回字纹，是指以横竖折绕组成如同“回”字形的一种传统几何装饰纹样。在中国，常用于古建筑、老家具的装饰中。

（2）自然纹样。自然纹样是人们通过观察自然中的现象和事物，并总结和概括这些想象和事物的形象特征发展而来的纹样。根据观察对象可以分为植物纹样、动物纹样、人物纹样，除此之外还有云纹、水纹等类型（图 4.19）。

（a）云纹

（b）水纹

图 4.19　水纹和云纹矢量图

（3）综合纹样。由几何纹样和自然纹样或其他纹样组成的一种较为复杂的纹样，以及一些因地域和文化所产生的不具有普遍性的图案纹样类型称为综合纹样。

2. 图案在建筑中的应用

（1）图案与建筑边缘。古典建筑中，纹样通常使用在建筑的主要边缘之处，如檐口、墙面的转角、形体的交接处等。在这些带有边界性质的建筑部位，因为线性的几何纹样具有形态规则、整齐等结构特征，有利于在视觉上建立建筑边缘的围合感受。因此，边缘装饰图案大多都选择几何纹样或带有几何特征的线性装饰。

（2）图案与建筑。建筑立面由各种建筑构件组成，如梁柱结构建筑中横向的枋和纵向的柱，或堆砌结构中的各种门窗开洞。图案装饰在建筑立面中很重要的一个作用就是将建筑构件进行进一步的划分和组织，使它们被统一在立面当中，形成完整的视觉效果。通过图案装饰，建筑构件被分割为有节奏感的若干区域，从而弱化整个建筑的体量感，避免视觉单调，也有助于观看者理解和解读建筑立面中的各种信息。建筑装饰使用图案进行立面划分的重要原则是依据结构特征。

还有一种情况是在建筑立面中大量使用图案，以突出建筑物的主题文化氛围，产生特别的视觉效果。特别是旅游景区中的建筑物或构筑物，能烘托主题文化氛围，并对旅游者产生吸引力的图案，更是经常运用于建筑立面的装饰中。

（3）图像与空间。在建筑的一些组成部分中会出现体量较大、形状完整的面，如建筑的基部、基座、山墙、室内墙面等。装饰这些面的图像内容丰富、形态复杂，形式更为多样，如故宫和敦煌莫高窟中的壁画。

3. 装饰图案选择

旅游景区建筑的装饰图案也可以很好地表达旅游景区的地方文化和民风民俗特征，如浮云图案表示环境幽雅、自然生态特别良好。旅游景区建筑的装饰图案选择应遵循以下两个基本原则：一是与整个景区的主题形象相统一，景区各区域的建筑装饰图案形成系列风格；二是旅游景区的不同区域可选择不同题材的装饰图案，但需要在景区主题风格原则下选择适宜的图案形式。

（五）景区建筑装饰材料

1. 抹灰

抹灰装饰技术常被运用到建筑中，这既是出于设计的原因，也是出于对墙体保护的考虑。抹灰表面所形成的纹理大多是由材料本身颗粒和颜色自然形成，一些特殊的纹理则是施工工具的使用带来的结果。

（1）刮擦技术。传统刮擦的工艺是在深棕色石膏基底上薄薄地铺一层细腻的白色石膏，根据设计的纹样将这层白色石膏刮掉，暴露出下面的深棕色基层，从而形成一种棕白对比的装饰效果，类似于蚀刻版画技术。

（2）凹槽技术。凹槽技术是在抹灰表面嵌入模板，以创造类似浅浮雕状的表面效果的一种工艺。在最后的一道抹灰之前，把木制模具安装在建筑的表面，完成抹灰之后，移去模具，使模具的形状留在抹灰层的表面。

2. 砖瓦

作为建筑材料，用泥制成的砖瓦具有其他材料所没有的优点：质地柔软、容易加工，并且造价低廉。

3. 木材

木材作为建筑装饰材料，由于其存在受气候影响而腐化、变形的问题，所以在建筑中很少显现出其本身的材料面貌。建筑装饰对于木材的研究是有别于其他建筑材料的，在建筑外装饰中，木材往往被其他材料所覆盖，如织物、油漆、彩绘等。但也有直接用木材作为建筑外装饰材料的，如木雕和包镶木皮装饰。

（1）木雕。木雕是中国古代建筑中长期使用的、应用普遍的装饰做法。清代，木雕技术进一步发展，出现了透雕、镂雕、玲珑雕等多层次的雕刻技法。清代后期，还出现了使用胶或钉接方法将数层雕制品连接在一起，或与其他材料连接在一起的工艺，称为帖雕、嵌雕。

（2）包镶木皮。在唐代等级较高的建筑中，梁、柱等主要构件表面使用包镶木皮的装饰做法，材料一般使用沉香、檀木等具有特殊香气的木料，或用纹理优美的柏木等。

4. 石材

由于石材材料的不同，石材的使用在中国和西方是不同的。中国建筑中石材装饰的部分只集中于建筑的基座部位，采用的加工工艺也是以雕刻为主。中国古代建筑中使用的主要材料有青白石、汉白玉、花岗石、青砂石和花斑石。其中青白石和汉白玉多用于雕刻；花岗石石纹粗糙，多用于台阶、护岸、地面等。中国古代建筑中石材装饰部分量小，位置相对独立，且与建筑主体装饰部分相分隔。使用石材的建筑装饰以石雕为主，常见于须弥座、石栏杆、门鼓、抱鼓石、御道等；独立的石雕制品有石狮子、华表、石碑、石影壁等。

西方建筑中石材是最主要的造型装饰材料，除了雕刻之外还有镶嵌等各种技术工艺。古代西方的工匠掌握着各种加工石材的技术，希腊时期给石材上色是很常见的装饰手法；古罗马时期出现了精致的套刻石材地面，以及利用大理石自身纹理，以对称的形式进行拼贴，产生几何式的图案效果的贴画装饰；拜占庭艺术家将图案保持在同一平面上（没有明显的凹凸变化），这种平面效果使得雕刻具有强烈的装饰效果。

5. 玻璃

彩色玻璃是中世纪教堂中最耀眼的建筑装饰。最早的彩色窗户是采用类似马赛克的小块玻璃拼贴而成，彩色花窗上图像的制作方式是，将彩色玻璃根据需要切割成合适的形状，用铅条将其固定，铅条是构成花窗的主要框架。为了突出玻璃的色彩，铅条的线条粗犷，颜色通常为棕色，与玻璃的鲜艳颜色形成对比。

还有一种彩色玻璃，是在清玻璃或单色玻璃上涂以一种金属氧化物的珐琅颜色，之后进行烧制，使色彩与玻璃成为一体。

6. 马赛克

马赛克，又名锦砖或纸皮砖，是建筑上用于拼成各种装饰图案用的片状小瓷砖。坯料经半干压成形，窑内焙烧成锦砖，泥料中有时用氧化铁等作为着色剂。马赛克主要用于铺地或内墙装饰，也可用于外墙饰面。

7. 琉璃

琉璃是铅釉陶器，以铅、硝为助溶剂的低温釉陶，以少量金属为成色剂。中国古代山西为琉璃的传统手工业地区。

8. 混凝土

混凝土是由胶凝材料、颗粒状集料、水及必须加入的掺合材料按一定比例配制而成的人工材料，其中装饰混凝土是近年来流行于世界主要发达国家的绿色环保地面装饰材料，可广泛应用于旅游景区建筑的装饰中。

9. 塑料

20 世纪 70 年代，塑料开始被应用于建筑装饰中。塑料具有质轻、装饰性好、加工性能好、透明性良好等特性，作为现代新型的建筑材料，它在众多建筑装饰材料中占有重要的地位（刘欣欣，2012）。例如，2010 年建成的台北“环生方舟”，建筑外墙完全由可回收的聚对苯二甲酸乙二酯［poly(ethylene terephthalate), PET］塑料制成的多角形宝特瓶（即塑料瓶）紧密搭建而成，外形像一艘玻璃船，结构稳固，可以抵御地震和台风，而且十分环保。

第三节　建筑文化元素的旅游表达

建筑文化元素的旅游表达，在于如何将传统、现代文化与建筑相结合。特别是中国的传统，包括传统的文化、传统的观念和传统的元素，如何将传统融入现代建筑中，是值得深思的问题。中国的传统体现在精神意识和元素符号两个层面，其中的传统元素主要指现代设计中运用的代表传统意义的一些精神意识继承和某些典型元素符号、造型手法和表现手法（彭辉和宋健，2006）。

设计的需要和情感的再现使得现代设计中大量的传统元素被运用。精神层面的追求通过元素在建筑设计及建造过程中的应用得以实现。建筑文化元素的表达，不是对传统元素的全部复制，也不是对传统元素的彻底改造使用。传统元素在设计作品中大量以造型元素的形式而非造型的自身而出现，或者把传统元素运用现代的手法加以组合，有机地拼在一起（彭辉和宋健，2006）。

一、建筑文化元素旅游表达原则

建筑文化元素的旅游表达要遵循总的原则，即尊重传统，结合现代。文化元素在建筑设计中的运用，是以唤起情感、传达丰富信息为目的的。因此，处理好传统文化元素与现代文化元素，结合传统与现代，才能形成建筑独特的风格，给予观赏者和使用者更多的情感体验。

（一）不做表面文章，注重实际功能

运用在建筑上的元素，不仅是装饰物，它们还体现了设计者或建造者的情感与目的。因此，在建筑物的装饰表现上不宜过于追求外在的东西，去模仿与建筑实际功能没有关系的传统元素，而忽略了元素只是建筑一部分的事实。

（二）正确合理运用文化元素

设计者要在学习传统，了解元素文化背景，正确认知元素表达意义的基础上对元素进行直接利用，或加工重塑，或有机结合现代元素。若设计者未正确运用元素，为表面装饰而将一些元素强加于建筑之上，其结果可能使建筑显得不伦不类，降低观赏者或使用者的情感体验。

（三）协调原则

协调是指和谐一致，配合得当，即正确处理组织内外各种关系，为组织正常运转创造良好的条件和环境，促进组织目标的实现。在建筑文化元素的表达中的协调包括建筑中传统元素与现代元素的协调、元素整体与建筑的协调、建筑与周边环境的协调。

（四）坚持适度原则

无论是传统文化元素的继承还是现代文化元素的使用，都要把握好度。若过

多地将元素符号加载于建筑的设计中，在某种程度上会适得其反，许多元素符号因为本身包含意义的限制，在建筑中过量使用反而显得冗余，影响了其自身所要表达的意义。

二、建筑文化元素旅游表达方法

旅游建筑的创作需要遵循当地的文化特征，以恰当的、与地域及时代相一致的建筑形式，来实现当代地域性建筑创作（王志远，2011）。

（一）传统文化元素的直接运用

在建筑中，某些具体的符号也具有鲜明的传统意味和象征性。在建筑外观所传达的视觉刺激中，其内涵意义一般来自其色彩、大小、地域所带来的视觉感受（刘强等，2012）。这样的文化元素不应被修改或再造，特别是在古建筑的修复中，而是应该“照搬”或“模仿”这些传统文化元素。例如，四川成都平原的单体建筑，其空间形态大多是由天井和檐廊连接而成的院落式空间，建筑形式上以中轴线布局但对称并不十分严格，建筑物的山墙立面色彩多为白墙小青瓦，门窗色彩或与木结构色彩相同或为枣红色，建筑结构以穿斗式木结构为主，也有部分采用抬梁式结构。川西民居建筑中的这些传统文化元素在很多旅游景区建筑、农家乐、民宿等建筑物中得以体现。图 4.20 为四川省郫都区多利农庄的民居建筑，白墙青瓦，门窗枣红色装饰，阁楼开窗现露台、底楼推门见院落的围合空间显现出当地人的闲情雅致。

图 4.20　四川省郫都区多利农庄

图片来源：杨国良拍摄

（二）传统文化元素的间接运用

对传统文化元素的间接应用是指将传统的元素经过提取或者以其他方式呈现出来。美国田纳西州的孟菲斯动物园入口——动物大道（Avenue of Animals）就是一个典型案例。动物大道是进入孟菲斯动物园的主要入口，由杰弗里(B.Jeffery）于 1990 年设计，这些混凝土的动物雕塑排列为两行，其构想源于埃及的狮身人面像。古埃及的孟菲斯城中，通往庙宇的大道上立着 12 只雄狮，孟菲斯动物园的入口正是仿造这个古老的城市而设计的。孟菲斯动物园入口前面的广场上放置了 12 尊动物雕塑，包括 6 种动物，入口的建筑表面被代表着各种动物的象形字装饰。

在此设计中，设计师借鉴了古埃及城市孟菲斯中的元素，雕塑选用的材料不是传统的石材，而是现代常用的建筑材料，这就是对传统元素的一种间接运用的形式。

若尔盖县下热尔村商业街区的设计中也充分利用了传统的藏族游牧文化元素。下热尔村位于著名景区花湖景区的入口东侧，紧邻 213 国道，是从若尔盖县城至花湖景区的必经之地。因此，设计时秉承了游牧民族风情和安多藏区特色，在商业户型设计中融合了“帐篷顶”“安多崩空结构”“藏式窗头”“藏式华顶”“转经筒”“风马彩旗”“车轮”等元素，并结合空间组合要素设计出错落有致的特色风情商业街，让游客体会到浓郁的藏族风情（图 4.21）。

图 4.21　若尔盖县下热尔村商业街

图片来源：成都新界标旅游规划设计咨询有限公司绘制

（三）传统文化元素与现代文化元素的创新应用

大唐芙蓉园中有很多表现佛教文化的现代雕塑小品，雕塑设计者用佛的手形来表现佛教文化，称之为手印，这些手印雕塑错落有致地摆放在园中东南部的山峦区，其造型生动，借用象征的表现手法，利用地形的高低起伏，诠释了宗教文化，神秘中带有现代文化和现代艺术的气息（刘曼，2014）。

传统文化元素与现代文化元素并不只是出现在同一空间、同一时间里。无论是传统的，还是现代的元素，二者的结合总会让人觉得眼前一亮。例如，2010 年上海世界博览会的中国馆在外观设计上采用了“东方之冠”的设计理念，利用斗拱形式作为建筑的主体，同时五十六根横梁上大下小，这种设计美观而有深意，象征着我国五十六个民族一家亲的传统理念，设计上不仅有现代文化元素，而且还大量采用了传统文化元素，使传统与现代达到了有机统一，是我国现代建筑中极为成功的经典建筑作品之一。

（四）东西文化元素结合运用

将东方文化元素与西方文化元素、传统文化元素和现代空间进行结合，已经成为现代建筑设计发展与创新过程中最高效的途径。著名建筑设计师贝聿铭在设计建筑作品时，将传统和现代进行了有机融合。例如，贝聿铭所设计的北京香山饭店就充分运用了中国传统建筑中“虚”的符号——院落。贝聿铭运用简洁质朴的手法，同时结合西方国家先进的技术与工艺，让整个建筑环境空间蕴含浓烈的中国情调。这种设计手法统一了传统庭院和现代建筑的设计思维，使得东方神韵与西方美感两者间得到了有机融合（黄淑娜，2013）。

第四节　建筑文化元素旅游表达案例

一、标志性建筑

（一）标志性建筑概况

对于城市、地域而言，“标志性”应该被理解为一个地域或城镇的标识符、象征和代号，如商品和企业的徽标，是地域特征特别是该区域的历史文化特征的抽象、浓缩和升华（蓝力民，2013）。

建筑能否成为一个标志，不由他人意志决定，不由建筑的高度、体量、形式、投资决定，它是在群众意识中慢慢形成并被潜移默化认可的。标志性建筑不仅意味着建筑形式上的引人瞩目，也意味着建筑所承载的某种功能得到社会的认可。例如，北京的国贸中心是北京改革开放的见证，也是中央商务区（CBD）的核心，因而成为北京标志性建筑之一（吴晨，2004）。

标志性建筑最本源的作用是地标，要成为一处地标意味着建设中要追求建筑的“特异性”。然而，现代建筑的标志性更多的是表现建筑精神层面的新意，这是标志性建筑的发展趋势之一，即建筑的精神性。另外我们更关注建筑的生态性，即对生态资源的尊重、对生态技术的利用和对生态环境的营造（吴晨，2004）。例如，由意大利著名建筑设计师斯特法诺·博埃里（Stefano Boeri）设计的名为“垂直森林”的绿色建筑，正在改变人们传统的设计理念，以一种全新的方式去呈现都市建筑。成都环球中心由新世纪环球、新世纪当代艺术、广场三部分构成，是一个集会展、旅游、商务、休闲、娱乐等功能于一体的超大城市综合体项目。无论是从建筑体量，还是从功能的综合性来看，成都环球中心无疑都是成都的重要标志性建筑（图 4.22）。

图 4.22 成都环球中心
图片来源：杨国良拍摄

四川九寨沟县甲勿海景区大门和广场的设计思想来源于白马藏族的男女帽子。大门的左右两侧是管理房，有实用功能，且外观形似藏族同胞的沙嘎帽。沙嘎帽用白羊毛毡做成，以其独特的装饰和造型展示了白马藏族服饰文化的个性。沙嘎帽的形状如带花边的圆盘，帽檐为波折状，帽子的一边插白色的雄鸡翎，极富装饰意味。白马藏族无论男女都头戴羊毛制作的白色毡帽。男士一般插一根短而粗的鸡毛，显示出刚强；姑娘则选择一到三根弯弯的、柔柔的鸡毛插在帽子上，衬托出柔美。据此，甲勿海景区的大门设计思路即源于此。左右两侧管理房用㑇舞头像和白马藏族的腰带予以连接，其中白马㑇舞又称十二相面具舞，是白马藏族祭祀和过节时跳的一种神秘的面具舞。㑇舞既有祭祀性质又是喜庆节日时人们的娱乐庆祝方式，在舞蹈中既有鬼神元素又有动物神灵元素。广场则用图腾柱的形式反映白马民俗文化，由此构成甲勿海景区的标志性建筑（图 4.23）。

图 4.23 九寨沟甲勿海景区大门和广场
图片来源：成都新界标旅游规划设计咨询有限公司绘制

（二）案例分析——苏州博物馆新馆

1. 苏州博物馆新馆概况

苏州博物馆新馆位于苏州古城东北街和齐门路道路交叉口东北角，总建筑面积为 19 000 平方米。新馆北邻拙政园，是在忠王府原址上进行局部拆除后重建的。苏州博物馆新馆作为苏州市“十五”期间重点建设项目，邀请了著名的美籍华裔建筑师贝聿铭主持设计。

在规划布局上，苏州博物馆新馆巧妙地借助水面，将拙政园和忠王府连通，成为其建筑风格的延伸。新馆建筑群坐北朝南，被分为三个部分：其一为中央部，包括入口、中央大厅和主庭院；其二为西部，是博物馆主展区；其三为东部，是博物馆次展区和行政办公区。这种以中轴线对称的东、中、西三线布局，和东侧的忠王府格局相互映衬，十分和谐。新馆与拙政园的建筑环境也浑然一体，相互借景、相互辉映，符合历史建筑环境要求，又保持其自身的独立性。用中轴线和园林庭园空间将苏州博物馆新馆与忠王府连接起来，使整个布局浑然一体，完美和谐（陈薇，2004）。

苏州博物馆新馆正门对面的步行街南侧，为休闲空间河畔小广场。小广场两侧按“修旧如旧”原则重建了沿街古建筑，古色古香，成为集书画、工艺、茶楼、小吃等于一体的公众服务配套区。

2. 苏州博物馆新馆设计风格

苏州博物馆新馆的设计延续了传统的苏州建筑风格，把博物馆置于院落之间，使建筑物与其周围环境相协调。博物馆的主庭院是北侧毗邻的拙政园建筑风格的延伸（陈薇，2004）。

苏州博物馆新馆庭院分隔为较小的独立展区，景观设计上体现了新的思路，即每个花园突出一个主题，把传统的苏州园林设计思想不断挖掘提炼并引导形成未来中国园林建筑发展的新方向。

为了与苏州传统的城市机理相融合，苏州博物馆新馆采用白色粉墙作为建筑的主色调。同时，为避免整个建筑千篇一律，设计者用大量灰色的花岗岩取代了灰色小青瓦坡顶，以追求色彩协调和更好的纹理。苏州博物馆屋顶设计的灵感来源于苏州传统的坡顶景观——飞檐翘角与细致入微的建筑细部。新的屋顶已被重新诠释，并演变成一种新的几何效果。玻璃屋顶将与石屋顶相互映衬，使自然光进入活动区域和博物馆的展区，为参观者提供方向指引，并让参观者感到心旷神怡。玻璃屋顶和石屋顶的构造理念源于传统的屋面系统设计思路，只是传统的木梁和木椽构架系统被现代的开放式钢结构、木作和涂料组成的顶棚系统所取代。金属遮阳片和怀旧的木作构架在玻璃屋顶之下被广泛使用，以便控制和过滤进入展区的太阳光线（陈薇，2004；陈敬等，2015）。

苏州博物馆新馆建筑与创新的园艺设计互相依托，整个区域由一个主庭院和若干小的内庭院构成，以主庭院为中心，小庭院围绕四周布局。最为独特的是中轴线上的北部庭院，不仅可使游客透过大堂玻璃一睹江南水景特色，而且庭院隔北墙直接衔接拙政园的补园，新旧庭园融为一体，堪称珠联璧合。

主庭院东、南、西三面由苏州博物馆新馆建筑围合而成，北面与拙政园相邻，约占新馆面积的 1/5。这是一座仿古典园林式的创意山水园，由铺满鹅卵石的池塘、片石假山、直曲小桥、八角凉亭、竹林等组成，既不同于苏州传统园林，又展现了中国传统元素。山水园紧邻拙政园之补园，水景始于北墙西北角，仿佛由拙政园西引水而出；北墙之下为独创的片石假山。这种“以壁为纸，以石为绘”，别具一格的山水组合景观，呈现出清晰的倒影轮廓和剪影效果，看起来与北侧的拙政园一脉相连，新旧园景融为一体（陈敬等，2015；徐强和张飞雁，2011）。

东北街河北侧 1～2 层的商业建筑布局也贯穿了新旧建筑延续的理念，如苏州博物馆新馆入口广场和东北街河直接相连，吴门画派博物馆与民族博物馆展区相衔接，位于补园南端、行政办公区北端的原忠王府西侧的张宅“小姐楼”保留不动，作为饭店和茶楼使用。另外，新址内唯一值得保留的挺拔玉兰树也经贝聿铭设计，恰到好处地置于前院东南角。

3. 苏州博物馆新馆中的文化元素

（1）造型布局。

片石假山——片石假山是现代山水园林景观设计中的一种创意手法。假山是园林式建筑中不可缺少的元素之一，如何将假山设计得不落俗套而又有新意，苏州博物馆新馆的设计者贝聿铭机智地借用了传统元素。贝聿铭认为传统苏州园林的假山已经做到了极致，要想超越更是难上加难，只能另辟蹊径。传统水墨画给了他灵感，他将假山作为一幅水墨画作品的主题元素，景观材料仍然是石头，但已经不是仅仅表现假山那么简单了，将石头嵌入水池中，墙壁上倒映出一幅立体的水墨画，将原本平面的意象生动地展现在人们眼前。这面墙也成为苏州博物馆新馆的点睛之笔，体现了传统元素与现代理念的成功结合（傅晓霞，2010）。

叠落山墙——叠落山墙又称马头墙，特点是两侧山墙高出屋面，随屋顶的斜坡而呈阶梯形。苏州博物馆新馆的墙体设计采用了传统马头墙的样式，组成错落有致的叠落山墙。在屋顶设计上，贝聿铭没有照搬传统民居的屋顶结构，但墙体的结构设计借用了传统马头墙的元素，让这种新型的屋顶创意与传统的马头墙进行结合，既保留了传统的文化符号特征，又做了创意性的抽象变通，追求神似而不是简单地在形式上进行模仿。叠落山墙，高低起伏，错落有致，凸显了景墙画面的层次感。这种起伏的墙面用深灰色的"线条"加以勾画，既有线的柔和，又有明显的体面。大墙面的线条分割可以减少人们对建筑体量的观感，墙体上部的分割使墙面与屋顶形成有机的过渡，对墙体转角延伸至屋顶的勾勒，则起到了突出墙体与屋顶连续性的效果（傅晓霞，2010）。

（2）色彩形式。

粉墙黛瓦——清新雅致的江南之色。

苏州博物馆新馆的设计除了在造型上采用了传统山水画和叠落山墙等元素，在色彩上也大量运用灰色和白色。粉墙黛瓦、黑白相间，加上装饰性的灰色边饰，既具有东方意味的线条美，又体现了西方现代抽象画的平面美。苏州博物馆新馆运用传统色彩并加入了具有现代特征的抽象线条，不完全照搬传统又具有现代创意，这正是苏州博物馆新馆设计的独到之处（陈敬等，2015）。

灰色线条——中国传统的线条之美。

苏州博物馆新馆馆外的装饰除了粉墙黛瓦之外，最明显的就是分割墙体的灰色线条，几乎在每个墙体的转角处都画有这样的线条，将墙面划分成一个一个几何体。这种淡雅的灰色线条不仅起到了划分结构的作用，也体现了中国传统艺术中的线条之美。不管是在古代还是当代，对线条美的强调已经深入国人的骨髓，苏州博物馆新馆的诠释也再次唤起了人们对线条的亲切感（傅晓霞，2010）。

（3）传统文化精神。

虚实结合——中国传统文化的艺术之魂。

苏州博物馆新馆设计中的虚实结合体现在很多方面。例如，贝聿铭在设计中有意缩小了新馆的建筑面积，腾出大量的空间规划庭院和水池，这种空间上的留置让人们很自然地联想到中国画中的"留白"。这种"留白"手法的用意不外乎减少大体量建筑对空间造成的压迫感，使"留白"与建筑物之间形成虚实对照（刘彦鹏，2015）。庭院空间是"虚"，周围建筑是"实"，整个空间在纵轴上形成了开阔的视野空间，周围则以"实"的建筑加以围合。这种虚实相间的空间构景手法和中国画"留白"所创造的空间形态手法是相似的（傅晓霞，2010；朱琳和宋磊，2009）。

隐喻内敛——中国传统精神的人格之美。

苏州博物馆新馆的设计处处可见含蓄内敛的表现方式，从造型、用材、色彩等方面可以看出中国传统文化元素的优雅与和谐。整个建筑的选材尽量与环境相协调，除部分门窗外，墙面和屋顶采用混凝土构筑，但外墙和内墙以纯净的白色为主色调，仅在空间转折处用灰色的线条来勾勒其外形，这实际上凸显了传统文化中的色彩感。同时，深灰色石材的屋面与白墙相配，简单、素雅，这种灰白相间的色调体现了“道法自然”的理念，展现了中国传统文化中的亲近自然、崇尚自然的内敛品质（傅晓霞，2010；朱琳和宋磊，2009）。

二、特色民宿建筑

（一）特色民宿类型

依据民宿与环境的关系可将特色民宿归纳为五大类。

1. 自然环境型民宿

自然环境型民宿是将民宿融入自然森林环境中，如森林人家、庭园景观、花海人家、湖边庄园等。旅游者可在大自然中享受并融入环境（图 4.24）。

图 4.24　四川崇州市五星村民宿

图片来源：杨国良拍摄

2. 传统村庄型民宿

传统村庄型民宿是将传统乡野村庄的农村住宿进行适当改造，民宿周围就是农村景观，如耕种的田野、采摘体验的果园、绿色菜地、观光茶园等。旅游者可体验乡村意境，感受乡野慢生活（图 4.25）。

图 4.25　四川邛崃市天府红谷民宿

图片来源：杨国良拍摄

3. 温泉沐浴型民宿

温泉沐浴型民宿是将温泉置于民宿之中。旅游者来此小住，可享受按摩、温泉疗养、温泉医疗、温泉休闲等服务。旅游者在温泉民宿就如同回到家，可让身心得以放松。

4. 休闲活动型民宿

休闲活动型民宿是将各项休闲体验活动，如捏陶、雕刻、绘画等贯穿于民宿中。旅游者可参加与艺术创作有关的活动，以及徒步登山、垂钓戏水等（图 4.26）。

图 4.26　四川崇州市竹艺村休闲民宿

图片来源：杨国良拍摄

5. 古镇客栈型民宿

古镇客栈型民宿是将古镇内的客栈改造成具有地方文化特色的民居式建筑。由于古镇客栈型民宿置身于古镇中，需要更多地将当地的民俗、文化及百姓生活融入民居建筑中，使游客能够体验到当地的自然风貌、文化特色及生产生活气息，是一种位于古镇内的小型旅游住宿设施。

（二）特色民宿的文化表达

无论是身处自然的森林，还是传统的乡村以及有一定人口密度的乡镇，特色民宿都体现了以下文化内涵。

一是充分融入周围的环境。无论是民宿建筑的外部色彩、材质、形态、风貌，还是民宿建筑的内部软装、布局、功能，以及民宿建筑的选址，都应与环境相协调。与环境格格不入，或者与当地的“地方文化”形成较大反差都不是民宿文化表达的适当方式。

二是必须要有当地居民的参与。民宿是当地民居的旅游功能化产物，在当地民居模式基础上加入适应外地旅游者需求的功能，也可称为当地民居的旅游功能化。值得注意的是，无论功能如何旅游化，民居的基本形态不能变，一定要体现当地的地方特色。

总而言之，民宿的规划设计一定是地方文化的挖掘和凸显，而不是脱离。

三、旅游景观小品

（一）旅游景观小品类型

旅游景观小品是旅游景观中的点睛之笔，一般体量较小、色彩单纯，对空间起点缀作用。小品既具有实用功能，又具有精神功能，分为建筑小品（如雕塑、亭台、楼阁、牌坊等）、生活设施小品（如座椅、电话亭、邮箱、邮筒、垃圾桶等）、道路设施小品（如车站牌、街灯、防护栏、道路标志等）和景观艺术小品（如旅游景区道路节点、景观大道节点的景观）。

（二）旅游景观小品的文化表达

旅游景观小品的设计应遵循以下原则。

1.功能性原则

景观小品不仅具有艺术性，同时还具有实用功能，因此，设计时要考虑到功能因素。在实用上，要满足不同人们的需求，尤其是公共设施的设计，它的功能是最为重要的，要以人为本，满足不同人群的功能需求。

2. 地方性原则

旅游景观小品设计必须具有独特的地方性，它是当地历史文化和自然文脉的反映。例如，阿坝藏族羌族自治州黑水县渔巴渡交叉路口的景观设计就体现了嘉绒藏族的地方文化特色，五色经幡、牦牛角装饰（铜制）、藏族碉楼、白石神是藏族经典文化的展现，卡斯达温舞、冰山彩林符号是黑水县独特的地域文化，如图 4.27 所示。

图 4.27 黑水县渔巴渡交叉路口景观小品（见彩图）
图片来源：成都新界标旅游规划设计咨询有限公司绘制

因此，无论是实用型的景观小品还是艺术化的景观设计，都应是功能特征和地方性文化特征的完美结合，这样才能独具个性化。

参 考 文 献

白鸥. 2007. 城市旅游集散中心发展对策研究[J]. 昆明大学学报, 18(3): 57-59, 64.
陈敬, 王芳, 惠善康. 2015. 传统园林设计手法在苏州博物馆新馆的传承与转译[J]. 华中建筑. 33(9): 26-29.
陈薇. 2004. 苏州博物馆新馆[J]. 世界建筑. (1): 12-15.
丁艳席. 2010. 西安城市旅游集散中心选址模式与规划策略研究[D]. 西安: 西安建筑科技大学硕士学位论文.
丁援. 2012. 一本书读懂中国建筑[M]. 北京: 中华书局.
樊娟. 2012. 湖南旅游景区游客接待中心分析研究[J]. 湖南师范大学学报(自然科学版), (6): 28-29.

傅晓霞. 2010. 中国传统文化符号在苏州博物馆新馆设计中的运用[J]. 艺术百家, (117): 93-95.
顾朝林, 张洪, 徐逸伦, 等. 2003. 旅游规划理论与方法的初步探讨[J]. 地理科学, 23(1): 52-59.
韩森. 1990. 建筑文化中的建筑符号[J]. 南方建筑, (2): 24-28, 42.
郝峻弘, 李文利, 马玉洁, 等. 2015. 房屋建筑学(第2版)[M]. 北京: 清华大学出版社.
黄国群, 陈学光, 徐金发. 2007. 旅游集散中心功能及运作机制研究[J]. 桂林旅游高等专科学校学报, 18(1): 16-19.
黄淑娜. 2013. 论传统文化元素在现代建筑中的运用: 以贝聿铭作品为例[J]. 芒种, (17): 247-248.
贾凡. 2014. 城市建筑风貌管控策略研究: 以株洲市为例[D]. 长沙: 中南大学硕士学位论文.
姜涌. 2011. 建筑构造: 材料, 构法, 节点[M]. 北京: 中国建筑工业出版社.
蓝力民. 2013. 城市标志性景观、标志性建筑与地标概念辨析[J]. 城市问题, (4): 7-10.
李书进. 2010. 建筑材料[M]. 重庆: 重庆大学出版社.
李亚杰, 方坤河. 2009. 建筑材料[M]. 北京: 中国水利水电出版社.
李耀辉. 2015. 建筑文化概论[M]. 西安: 西北大学出版社.
梁雯. 2010. 建筑装饰[M]. 北京: 中国水利水电出版社.
梁思成. 2011. 中国建筑史[M]. 北京: 生活・读书・新知三联书店出版社.
刘敦桢. 2008. 中国古代建筑史[M]. 北京: 中国建筑工业出版社.
刘曼. 2014. 西安唐风园林之传统与现代文化元素的运用与研究[J]. 西安建筑科技大学学报, 33(4): 71-75.
刘强, 张军杰, 张杨. 2012. 传统文化与现代建筑[J]. 华中建筑, 30(2): 12-14.
刘欣欣. 2012. 塑料材料在建筑设计中的应用研究[D]. 北京: 中央美术学院硕士学位论文.
刘彦鹏. 2015. 空纳万境, 虚室生白: 论苏州博物馆中的“留白”意韵[J]. 装饰, (3): 126-127.
楼庆西. 2009. 中国传统建筑装饰艺术: 屋顶艺术[M]. 北京: 中国建筑工业出版社.
卢作保. 2014. 江淮地区传统建筑风貌浅析[J]. 城市建设理论研究, (24): 1485-1486.
裴刚, 沈粤, 扈媛, 等. 2011. 房屋建筑学[M]. 广州: 华南理工大学出版社.
裴劭喆. 2014. 遗址展示地的游客服务中心设计研究[D]. 北京: 北京建筑大学硕士学位论文.
沈福熙. 1998. 中国传统建筑中的色彩[J]. 南方建筑. (2): 3-6.
苏明会, 赵亮. 2015. 建筑结构[M]. 北京: 北京大学出版社.
彭辉, 宋健. 2006. 传统元素在设计中的情感表达以及表现原则[J]. 科教文汇, (10): 187.
王志远. 2011. 试论建筑创作的现代性与文化表达: 以长沙市居住小区建筑为例[J]. 建筑与环境, 5(3): 138-140.
伍海琳. 2011. 城市旅游集散中心选址与规划布局研究: 以长沙为例[J]. 湖南行政学院学报, (3): 50-52.
吴晨. 2004. 标志性建筑的精神与生态特征[J]. 建筑学报, (11): 72-74.
徐强, 张飞雁. 2011. 解读苏州博物馆新馆新馆的空间艺术[J]. 作家, (14): 261-262.
张建涛, 刘兴. 1998. 风景区旅游接待建筑布局的原则和方法[J]. 新建筑, (4): 16-18.

周晶, 李天. 2014. 解读宗教建筑[M]. 西安: 西安交通大学出版社.
周云飞. 2013. 山地风景区特色度假酒店建筑设计研究: 以神农架、武当山系列度假酒店项目为例[D]. 重庆: 重庆大学硕士学位论文.
朱琳, 宋磊. 2009. 当代建筑景观设计中的文化传承与创新: 解读贝聿铭先生的苏州博物馆新馆新馆设计理念[J]. 安徽农业科学, 37(10): 4752-4754.

第五章 旅游规划中服饰文化的元素表达

第一节　服饰与旅游

一、服饰文化的概念

服饰指人类的服装和饰品，是人类特有的劳动成果，它是物质文明和精神文明的结晶。早在蒙昧、野蛮的原始社会，人类已经开始以野兽皮毛和树叶遮羞，经历了几十万年改造自然的艰难历程，终于进入文明时代，兽皮、树叶也进化为遮身暖体的服饰。爱美是人的天性，服饰除了遮身暖体，也渐渐成为人类展示自我风采的重要途径，这使得服饰的种类越来越丰富多样，形成了今天多姿多彩的服饰文化。狭义的服饰文化即服装文化和饰品文化，而广义的服饰文化则包含，在漫长的历史长河中，人们沉淀于服饰里的生活习俗、宗教观念、审美情趣、色彩爱好和文化心态等，也包括习俗的传承、各国各民族的文化交流、工艺技术的发展和服饰材料的更新等。

服饰文化内容丰富多样，包括帽文化、服装文化、鞋文化和饰品文化这类物质元素，也包括纺织、印染、刺绣、缝纫、玉器打磨、金银雕刻等工艺文化和服饰穿着等礼仪文化这类精神元素（图 5.1）。这些构成元素都是民俗文化、宗教文化、历史文化、生产文化、聚落文化等的信息载体，蕴含着丰富的文化内涵（伍巍，2000）。

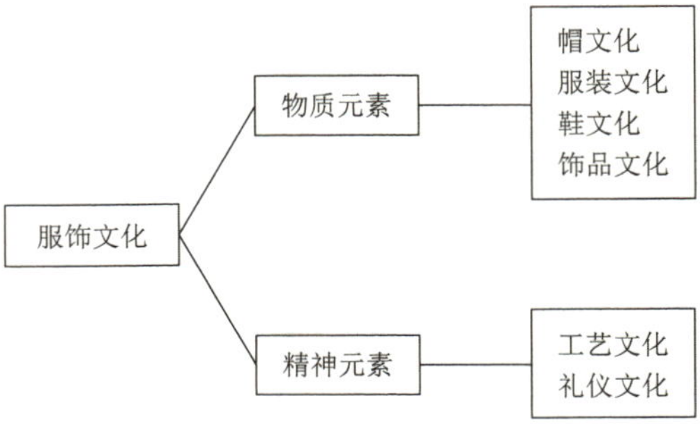

图 5.1 服饰文化元素的构成

二、服饰文化与旅游的关系

服饰体现着人文精神，是关于人体本身的一种旅游元素，古往今来在不同区域形成了内涵深厚的服饰历史文化，形式丰富多样，是一项重要的人文旅游资源。对于文明社会中的人来说，服饰同饮食一样是最重要、最基本的生活需求，是人们经常关心的事物，风格迥异、文化内涵丰富、具有特殊功能的服饰对人们有着强大的吸引力。将服饰文化与旅游结合也有必要性，从旅游的角度来说，开发服饰文化，可以适应文化旅游热的要求。当前旅游业的发展不再只是简单的观光和度假，旅游者需要感受和体验异质文化，服饰文化开发能为旅游者带来更深入的精神感受，而且将丰富旅游业的产品形式，提供新的发展动力，具有很高的旅游价值。从服饰文化的角度来说，全球化带来的冲击，政治、经济、社会、科技等现代文化的趋同化发展，使得包括服饰文化在内的地方民俗受到冲击，民族服饰没人穿、服饰工艺无人继承，面临着消失的危险。旅游活动强调异质特征，注重地域特色文化的发扬，对传统服饰文化的传承和保护有促进作用。

第二节 旅游规划中服饰文化元素提炼

一、服饰文化类型

（一）帽文化

帽，即帽子，指戴在头上起保护、装饰作用的制品，属服饰的一种。帽子按款式特点可分为鸭舌帽、贝雷帽、京式帽、钟形帽、青年帽、三角尖帽、披巾帽、前进帽等；按用途可分为太阳帽、雨帽、安全帽、礼帽、睡帽、旅游帽等；按材料可分为皮帽、毡帽、草帽、毛呢帽、竹斗笠等；按使用对象可分为男帽、女帽、童帽、警帽、军帽、情侣帽、水手帽、牛仔帽、护士帽、博士帽等。

中国冠帽文化源远流长，它不仅是中华服饰文明的重要组成部分，还是世界服饰文化宝库中的一颗璀璨明珠。在古代，人们用麻和丝制的头巾包头或扎发髻，为方便军队作战，头巾变为带有四个角的“幞头”，后来，“幞头”又演变为乌纱帽和头盔。成语“衣冠楚楚”“冠冕堂皇”等里面的“冠”和“冕”指的就是帽子，“冠”象征着权力、荣誉和奖励，汉代的冠已经发展到十几种，供不同场合不同身份的人使用；冕，是指皇帝专用的帽子，君主即位也称“加冕”（毛昊，1994）。

在西方，帽子也有悠久的历史，并且被视为权力和地位的象征。早期的罗马，帽子是自由合法公民的标志，中世纪欧洲，在神权的压制下，人的个性受到束缚，各阶层帽子的造型和风格各自形成了比较单一的固定模式（张强伟，2013）。根据帽子的材质和色彩可以明显区分出宗教祭祀阶层、贵族阶层和平民阶层，破产者佩戴黄色帽子，国王佩戴金制皇冠，囚犯戴纸帽子，公民佩戴暗色帽子（薛璐，2008）。帽子，对英国人来说不仅是一种文化、一种礼节，而且是一门生活艺术，英国不论男女老少，都有佩戴帽子的习惯。英国人出门参加社交活动会佩戴帽子，包括参加生日聚会、参加婚礼、听歌剧、看划船等，不同的帽子、不同的佩戴方式都代表着不同的社会身份甚至生活经历（林子涵，2012）。英国男士有脱帽施礼以示恭敬的习俗，在用餐时，帽子也要脱下挂到一边的墙上，不能放到餐座上。

（二）服装文化

服装分类繁多，很难找到确切的标准，常见的是按穿着性别的不同分为男装、女装和中性服装；按穿着组合的不同分为整件装、套装、外套、背心、裙和裤；按用途的不同分为社交服、日常服、职业服、运动服、室内服和舞台服；按穿戴部位的不同分为体服、首服和足服；按穿着时间的不同分为春装、夏装、秋装、冬装和日装、晚装；按服装面料与工艺制作分为棉服、丝绸服、毛皮服、呢绒服、羽绒服、中式服、西式服、刺绣服、针织服等。服装是人类独有的文化现象，服装的发展史也是人类文明发展的体现。服装是由人工制造成形的物质产品，因而它具有实用功能、认知功能和审美功能（文铭，1997），实用主要体现在保暖、防护等方面，认知则主要表现在对着装者自我、职业、民族、性格、兴趣爱好的认知，审美则主要是指服装穿着在人身上产生的美感和艺术感受。

人类用服装保护自己以免受到自然的侵害，同时，服装也成为人类展现个人风采必不可少的渠道，正是人类对自然的改造和对自身的完善，成就了今天服装文化的辉煌灿烂。中国有着丰富的服装文化，从服装的历史发展来看主要体现在历代统治阶级的服装的变迁上，从地域和民族来看主要体现在各具特色的少数民族服装上。古代龙袍是皇帝专用的袍，袍上绣有精致龙纹，盘领、右衽为鲜艳的明黄色，黄色为皇室专用色，臣民不得僭服黄色。少数民族服装在特定的自然环境和社会生活中形成，带有鲜明的民族色彩，造型、款式、色彩、材料和服饰都与该民族的生活方式和风俗习惯有关（图 5.2）。

图 5.2　四川省阿坝藏族羌族自治州金川县藏族服装

图片来源：杨国良拍摄

（三）鞋文化

最早的鞋出现在原始社会时期，人们把兽皮、树叶等包裹在脚上，利于在高低不平的土地上行走。鞋能在恶劣的环境下保护脚不受伤害，也随着服装一起，成为人们生活中必不可少的一部分。不同用途的鞋的产生体现着人们适应自然的智慧。早期的欧洲城市无排水系统，路面经常积水且脏乱，人们为了防止弄脏袜子和裤腿，于是将鞋跟增高，鞋跟增高的鞋子逐渐演变为今天的高跟鞋。荷兰雨季长，地面潮湿，冬季气温低，人们将木头凿空，在木头里填上保暖松软物，这种防潮、防泥、保暖、安全的荷兰木鞋是荷兰四宝之一，现在在荷兰的乡下仍较流行。同样在海洋性气候的日本，面对常年多雨、空气潮湿、路面泥泞的环境，日本人为了防雨防水，大多会穿鞋底较高的木屐，由于鞋底经常沾有泥，日本人也有了进屋脱鞋的习惯。

在古代中国，鞋是鞋、屐、履、靴的统称，人们在不同的场合要穿不同的鞋。鞋，指通常人们穿的布鞋、棉鞋、拖鞋、凉鞋等。屐指木底鞋，唐代诗人李白在《梦游天姥吟留别》中写道“脚着谢公屐，身登青云梯”，这里的“谢公屐”指东晋诗人谢灵运发明的木底鞋，屐底有齿，上山时用前齿，下山时用后齿，是理想的登山鞋。履多指用丝、麻、葛制成的单底鞋，即草鞋。靴则是北方游牧民族传入的高到踝骨以上的长筒靴，其保温性强，便于在泥土、沼泽中行走和骑马。

（四）饰品文化

服饰里的饰品，指服装配饰，是按佩戴部位分类的装饰品，可分为头饰、肩饰、颈饰、手饰、腰饰、脚饰和佩戴饰（宋婉萍，2012），见表 5.1。

表 5.1　服装配饰的分类

分类	说明	示意
头饰	用在头部及面部的装饰，如帽子、头花、发簪、耳坠、面纱、面具、眼镜等	
肩饰	丝巾、披肩等	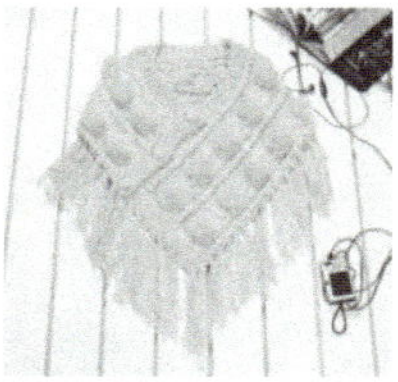
颈饰	颈部佩戴的装饰，项链、围巾等	
手饰	手套、手链、手镯、戒指、手表、指甲饰等	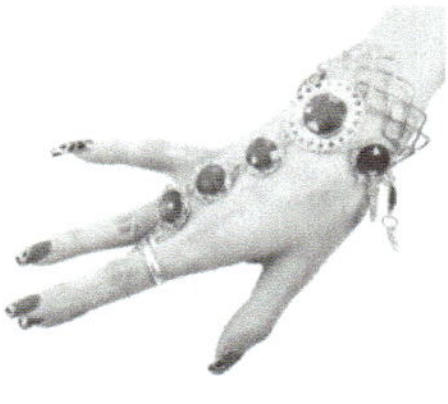

续表

分类	说明	示意
腰饰	腰带、皮带、腰刀等	
脚饰	脚链、袜子等	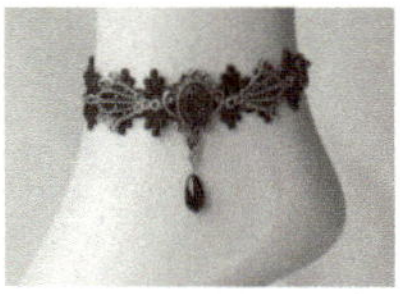
佩戴饰	服装上和随身携带的装饰品，如围裙、玉佩、包、胸针等	

（五）工艺文化

服饰手工艺制作是最古老、最传统，也是持续时间最长的一种生产方式，但自工业革命以来，作为一种农业时代的落后产物，它逐渐被遗弃，到了信息化社会的今天，传统服饰手工艺以其创造性、个性化、高情感、富有传统文化内涵等优秀特质，重新回到了我们的生活中（魏晓军，2005）。纺和织是两道传统的布匹生产工艺，纺是指将葛、麻、棉、丝等纤维捻合成纱的过程，一开始人们用的材料主要是植物纤维，采集合适植物后进行剥取、浸泡、煮炼等，获得极细的纤维。后来蚕丝被发现，人们将蚕茧用热水浸煮后抽取丝，一个蚕茧可抽取 800～1000 米长的丝。织即将纱缕织成布匹，“纤纤擢素手，札札弄机杼”即描述汉代的织女，杼是织布机上的梭子，织布机一开始只能织造平纹织物，春秋战国时已经能织出几何形图案，以后织布机不断发展，布匹花纹逐渐丰富、逼真。刺绣是用绣针牵引彩线在布匹上刺扎花纹的工艺，主要有苏绣、湘绣、蜀绣和粤绣四大门类，刺绣技法繁多，主要包括错针绣、乱针绣、网绣、满地绣、锁丝、纳丝、纳锦、平金、影金、盘金、铺绒、刮绒、戳纱、洒线、挑花等。此外还有染色、缝制、饰品制作等工艺，它们都是劳动人民勤劳和智慧的结晶。

（六）礼仪文化

中华民族是礼仪之邦，礼是儒家五常——仁义礼智信之一，贯穿于中华伦理的发展中。在封建社会中，言行举止都在礼的规范下进行，周代时将礼划分为五类：吉礼、宾礼、嘉礼、凶礼和军礼，与其相适应，各有不同的服饰（高春明，2002）。吉服是行祭祀之礼时所穿的服饰，是服制中最为贵重的，周代有一套完整祭祀服制，等级森严，周天子有六冕，每一冕都有不同的祭祀对象，服饰有十二种图案，被称为“十二章”，每一图案均有含义。宾服是朝觐天子，诸侯、官员上朝议政、公务时所穿的服饰，即朝服、官服，历朝历代根据官阶制定等级森严的朝服，以颜色、图案、配饰进行区别。嘉服是在饮宴婚冠、节庆活动、会友、帝后登基册封等喜事、庆贺时所穿的服饰，如古代男子 20 岁，女子 15 岁时被视为成人，分别举行冠礼和笄礼，梳成年人的发型，穿成年人的衣服。凶服是有人逝世时治丧者所穿的衣服，周代时分为五服，多以麻布所制，故又有“披麻戴孝”之说。军服即戎装，与军事相关的战甲、头盔等，起到保护士兵、提升士气作用。这些中国的传统服饰礼仪到了现代可以取其精华，去其糟粕，仍有许多值得推崇的地方。

二、服饰文化元素的旅游特征

尹光华（2008）认为服饰是一个流动着的，有着分明时代性、民族地域性、风俗性及艺术性的综合文化现象。杨玉蓉和邹君（2006）概括出中国传统服饰文化具有四大特征：历史悠久，文化内涵深厚；观赏性强；多样性和异质性；艺术性。在旅游景区的规划中，需要提炼服饰文化的基本特征，将这些特征应用于旅游景区的建筑、景观小品、公共服务设施等的设计之中。笔者认为具有旅游表达价值的服饰文化元素具有时空性、民族性、艺术性的特征。

（一）时空性

服饰文化有时间和空间两方面的特性。从时间上来看，经过了漫长的历史演变，从最初粗糙的树叶、兽皮到现今做工精致的现代服饰，各类服饰文化元素作为人类精神文化和物质文化的载体，在几千年的发展中产生了难以计数的丰富样式。例如，我国服饰样式的演变：黄帝时期人们着上衣下裳，周朝变化为深衣，魏晋南北朝则流行少数民族胡服，唐朝女性形成以裙、衫、帔三件组成的唐装，清朝男性多着长衫。从空间上来看，自然环境和人文环境的差异，即使在同一时代，世界各自然带、各国、各民族的服饰也存在明显差别，服饰文化元素的多样性主要体现在不同的款式、面料、色彩、花纹、图案、工艺等方面。19 世纪初期，欧洲浪漫主义风格的服饰出现，男装重视曲线效果，强调肩胸宽、收腰的造型外观，以衬衫、西服背心、礼服式上衣为上装，长裤为下装，女装强调细腰、大袖和夸张的裙摆，肩部设计不断扩张。清朝时，满族服饰轮廓呈长方形，马鞍领，不收腰，衫不外露，衣袖短窄，造型完整严谨，呈封闭式盒状体。现代服装主要为简洁、舒适、穿着方便的衣、裤和裙。

（二）民族性

服饰的民族性主要表现如下：首先，各民族的服饰千差万别、各具特色，甚至可以轻松地通过服饰辨识出民族，如朝鲜族崇尚白色服饰，以示洁净、朴素，有白衣民族之称；苗族服饰异常华丽，银饰、苗绣、蜡染是苗族服饰的主要特色；等等。其次，服饰的民族性体现在各个民族的服饰的形成和发展与本民族的历史文化密切相关，是一部生动的民族史，体现着民族的政治、经济、社会生活等方方面面。龙和凤是汉族的图腾，封建社会只能供皇室使用，是绝对权力的代表，各个等级的人也有不同的服饰规定，普通百姓因只能着素衣，被称为“布衣”，直到封建束缚被打破，龙和凤的图案才在汉民族中被广泛使用。服饰的民族性还体现在民族之间的服饰融合，民族之间会互相吸收和借鉴，原因常常是地缘关系、征伐战争、交流通商等，如为方便作战，战国时期赵武灵王提出并推行的服装改革，即废止上衣下裳制，推行胡服。

（三）艺术性

服饰从设计师的设计、制作的各个流程，到成品的穿着都饱含艺术气息，表达着人们的爱美之心和审美需求。服饰设计需要从色彩、绘画、图案、人的体型等方面综合把握，是多种艺术的综合，服饰的演化过程中，各个时代的审美情趣都得到体现和传承。在制作过程中，各种手工艺技术，如刺绣、染色等，为服饰添加了美轮美奂的元素。如何穿着搭配也是一门实用的艺术，如“红配绿”在中国一般属于搭配中的低级错误，衣装、裤装和配饰的色彩、风格、主题等协调一致才是一次成功的搭配。

服饰文化元素的时空性、民族性、艺术性特征在旅游景区规划中可用于以下几个方面：一是旅游服务人员、景区经营管理人员的服饰设计；二是一些旅游活动的体验区，供游客租赁来参与体验活动或用于摄影；三是抽取帽子、服装、鞋子、饰品等服饰文化的特征要素进行旅游景观小品的设计。例如，以阿坝藏族羌族自治州九寨沟县白马女性服饰中的“鱼骨牌”和“㑇舞面具”为素材，设计旅游节点的景观休息设施，该节点分两个部分，一部分为休息座椅，满足游客休息需求的同时展示白马藏族“㑇舞”文化，另一部分为屏风造型，屏风上部为白马女性服饰“鱼骨牌”形状的放大，屏风中央穿插镂空人形，旨在增强功能性与趣味性（图 5.3）。

图 5.3　旅游景观设计中的服饰文化元素艺术性特征运用
图片来源：成都新界标旅游规划设计咨询有限公司绘制

三、服饰文化元素的旅游价值

（一）旅游商品价值

服饰是人们的生活必需品，本身具有遮羞、御寒、保暖、遮阳、防风、保护皮肤、装饰美化等诸多实用功能，特色服饰有别于现代工厂化、标准化、流水线上的成衣，它有着丰富的文化内涵，特色的外观与风格，精致、实用、美观等优点。游客不仅可以购买旅游服饰，还能以租借的形式身着特色服饰摄影留念。此外，经营特种旅游还需要购买专业的旅游服饰供游客在特殊环境中使用。在旅游服务业中，工作人员身着当地的特色服饰也能为旅游地营造气氛。

（二）人文资源价值

服饰是文化的载体，是物质文明与精神文明的结晶，透露着其自身的历史文化、政治、风俗、经济等。服饰的演化发展，既和自然地理环境、生产方式、生产力等客观因素有关，更取决于其历史文化、风俗礼仪、宗教信仰等人文环境因素的积淀和刻画，蕴藏着丰富的文化内涵，是重要的文化旅游资源（唐雪琼，2002）。

（三）审美观赏价值

爱美之心人皆有之，旅游活动是一种较普通物质消费更高级的精神消费，审美观赏是旅游活动中的重要内容。服饰的艺术性使其具有审美和观赏价值，体现在精美的工艺，独特的风格、图案，外观的线条，布料的色彩及装饰变化等方方面面。

第三节 服饰文化元素的旅游表达

一、服饰文化元素旅游表达原则

服饰文化元素的旅游表达即在旅游开发规划的过程中，立足地脉与文脉，根据一定的主题文化理念对服饰旅游资源的文化元素进行挖掘、整合和创新，将服饰文化资源中具有的文化信息符号充分展示在实体旅游规划和旅游环境氛围营造之中。服饰文化的旅游规划除了要坚持旅游规划市场为导向、资源为基础、产品为核心、促销为杠杆、管理为保障、人才为依托、生态和环境保护为前提的总原则外（麻益兵，2008），还需要结合自身实际，才能科学合理。

（一）保护为先，逐步开发

服饰属于民族共同经济生活、共同历史文化中的重要部分，是一个民族的标志性辨识物。旅游活动促进了各民族、各地域人们的交流，现代文明给传统文化带来了一定程度上的冲击，多样性消融、文化趋同现象普遍，保护传统服饰文化，有利于民族的长盛不衰、屹立不倒。服饰文化的规划开发中，首先需要整合旅游地的服饰文化作为开发的基础，传统服饰手工技艺可以以体验旅游的形式传承下去，开发过程中，不能过度迎合消费市场，改变服饰文化中的基础性元素，如有些旅游表演中，将原本庄重严肃的服饰应用到低俗的表演中，对服饰文化造成了很大的伤害。同时应从深度和广度上循序渐进地开发，不能盲目求大求快。

（二）因地制宜，突出特色

结合服饰文化的特点，开发具有地域特色的服饰文化。服饰文化不是单一、孤立的，它是整个地域文化系统中的重要组成部分。例如，著名的大理白族头饰，其垂下的穗穗代表大理下关的“风”；帽子中间一般都是绣着美丽的花朵，象征着上关的“花”；顶部白色的帽檐，象征苍山上的“雪”；帽子从上方俯瞰，整体形状是月牙状，象征着“月”，整体突出大理四绝：“风花雪月”，特色明显。

（三）传统与现代、静态与动态结合

旅游进入大众时代，“旅游+”“互联网+”思维已经显现出其优势，传统服饰文化还需与现代化技术、思维结合，在保护与传承服饰文化内涵的情况下，开发更多、更丰富的服饰样式。静态的服饰文化展示如博物馆展览，形式过于单一，若结合更多的动态体验，如苗族、蒙古族举办的服饰文化节，服饰制作体验等游客参与的活动，将有利于服饰文化的深度开发。

（四）市场前瞻，主次结合

加拿大旅游学家 R.W.Butler 提出的旅游地生命周期理论认为：任何一个旅游地的发展过程一般都包括探查、参与、发展、巩固、停滞和衰落或复苏 6 个阶段。市场中的消费者和潜在消费者是决定旅游地产生、发展和消亡的最重要的客观因素，市场需求论证是决定开发可行性的决定性因素，服饰文化旅游资源的市场有其局限性，服饰文化主题的旅游开发同样需要考虑主次、兼顾市场，如通过节事凸显服饰主题，或是将服饰融入民族文化其他主题中进行开发。

二、服饰文化元素旅游表达方法

（一）服饰工艺品设计

服饰工艺品即以服饰的饰品、服装、帽子、鞋及其图案、色彩、造型等元素为基础，设计的具有美学艺术价值的工艺品。服饰工艺品类型多样，不仅具有收藏价值，也可穿戴在人们身上，具有明显的实用价值。

服饰工艺品的设计应遵循“三化”原则，第一是文化特色化，即服饰工艺品外观图案、颜色、形状或包装盒的设计要体现一定的地域特色或民族文化特色；第二是艺术化，服饰工艺品虽然讲究适用，但它首先是艺术品，其设计要有艺术性，给人以艺术欣赏的价值；第三是袖珍化，为使产品便于携带和存储，设计时尽量小型化。

（二）服装设计

服装设计是一个总称，根据不同的工作内容及工作性质可以分为服装造型设计、结构设计、工艺设计等。服装设计属于工艺美术范畴，是实用性和艺术性相结合的一种艺术形式。设计意指计划、构思、设立方案，也含有意象、作图、造型之意，而服装设计的定义就是解决人们穿着生活体系中诸问题的富有创造性的计划及创作行为。它是一门涉及领域极广的边缘学科，与文学、艺术、历史、哲

学、宗教、美学、心理学、生理学及人体工学等社会科学和自然科学密切相关。作为一门综合性的艺术，服装设计具有一般实用艺术的共性，但在内容与形式及表达手段上又具有自身的特性。服装设计过程即根据设计对象的要求进行构思，并绘制出效果图和平面图，再根据图纸进行制作，达到完成设计的全过程。

服装设计总体上要体现文化特色，服装是生活元素的展示，更是艺术文化的体现，应遵循以下五个基本原则。

协调原则——设计服装时，往往以各要素协调为手段，达到统一的目的。服装的部分与整体间各要素包括质料、色彩、线条等的安排，应有一致性。如果这些要素的变化太多，差异较大，则会破坏一致的效果。形成协调最常用的方法就是重复，如重复使用相同的色彩、线条等，就可以造成统一的特色。

凸显原则——虽然设计中注重统一的原则，但是过分统一的结果，往往使设计趋于平淡，最好能使某一部分特别醒目，以造成设计上的视角凸显中心。这种重点部位的设计，可以利用色彩的对照（如黑色洋装系上红色腰带）、质料的搭配（如毛呢大衣配以毛皮领子）、线条的安排（如洋装上自领口至底边的开口）、剪裁的特色（如肩轭布及公主线的设计）及饰物的使用（如黑色丝绒旗袍上佩戴金色项链）等达到设计效果。

平衡原则——使设计具有稳定、静止的感觉，即符合平衡的原则。平衡可分对称平衡和非对称平衡，前者是以人体中心为想象线，左右两部分完全对称。后者是感觉上的平衡，也就是衣服左右、上下部分设计虽不一样，但有平衡的感觉。

比例原则——比例是指服装各部分间大小的搭配，如口袋与衣身大小的关系、衣领的宽窄等都应适当。黄金分割的比例，多适用于衣服的设计，同时也要注意饰物、附件大小的设计。

韵律原则——韵律指规律的反复，使其产生柔和感。例如，色彩由深而浅，形状由大而小的层次韵律，线条、色彩等具规则性的反复，衣物上飘带飘垂的韵律，都是设计上常用的手法。

（三）服饰演艺活动

服饰演艺本指以展示特定服装为目的的T形舞台演艺活动。用在旅游表达上，可以编排以服饰文化展示为内容的节庆活动。特别是民族地区，民族服饰内容丰富，绚丽多彩，是各民族优秀历史文化的重要积淀。每一个民族的服饰都体现出族群面貌和形象标志，同时随着民族的迁徙、聚居和繁衍，服饰又是区别于其他族群自我认同的标志。少数民族服饰，风格独特，文化内涵深刻。由于各民族所居住地区的不同，经济生活和文化类型的差异，少数民族服饰无论质地、纺织、色彩、款式、制作、工艺、装饰等都具鲜明的特色、浓郁的地域特征和独特的审美情趣。

民族地区随着旅游业的发展，旅游者的需求越来越多元化，传统的观光型、大众化的旅游已不能满足人们对于文化旅游的需求，旅游者的需求逐渐转向追求个性化、体验化、情感化、休闲化及原始化的旅游体验。民族服饰演艺正好填补了旅游者对服饰个性文化的体验需求，通过观看和欣赏，从中体验民族服饰的文化特色。

（四）服饰氛围营造

旅游的环境营造包括良好的主体建筑、配套设施和背景营造，以及旅游地域所独有的人文环境、自然风光等所体现的环境气氛。人的服饰文化是人文环境中的重要组成部分，特别是民族地区的服饰文化，更是旅游者渴求体验的对象。例如，旅游者到了内蒙古的蒙古族聚居区，穿上蒙古族的长袍，佩戴上蒙古族的腰带和皮靴，就能体验到蒙古族的生活，服饰成了氛围营造的先行者。

第四节　苗族银饰服饰文化元素表达

截至 2019 年 10 月 28 日，中国・凤凰苗族银饰服饰文化节已经成功举办了七届，文化节以苗族银饰、服饰为主题，充分展示民族文化元素，对弘扬服饰文化、推进文化旅游起到了巨大作用。苗族服饰华丽精美，既是中华文化中的一朵奇葩，也是历史文化的瑰宝，银饰、苗绣、蜡染是苗族服饰的主要特色。苗家刺绣以神秘色彩和图案彰显出独特的魅力。苗族银饰品种多样、造型奇美、工艺精巧，以大为美，以重为美，以多为美。蜡染有蝴蝶纹、鱼鸟纹、龙纹、旋涡纹、花草植物纹、铜鼓纹和星辰山川纹七大种类，精美异常。苗族服饰文化节分为开幕式、盛装巡游、银饰服饰展览、“最美苗家姑娘”活动选拔、摄影大赛、闭幕式六大部分。

开幕式节目采用地区选拔的方式挑选优秀节目进行表演，各个参赛队伍的节目以银饰服饰为题材，体现浓郁的少数民族风格、鲜明的地域特色和强烈的时代气息，为整个文化节造势，扩大影响力。

盛装巡游分为不同的方队按路线进行巡游表演，不仅有苗族传统的银饰、服饰展示，还有大量的民俗文化展示，如花鼓、唢呐、土狮、腰鼓、祭祀礼仪等多种富含民族特色的方队，提升整个文化节的参与度，充分展示苗族文化。

银饰服饰展览，推广苗族银饰、服饰及工艺产品。

“最美苗家姑娘”活动选拔熟悉苗族历史文化、具有一定的表演功底和相关才艺的苗族姑娘作为苗族文化交流传播的形象使者。

在整个文化节过程中的摄影照片还能参加摄影大赛，提高游客的参与度，利于文化节的宣传推广。

闭幕式大型晚会通过苗族歌曲、舞蹈表演、服饰演艺等方式全方位传播苗族文化。

参考文献

高春明. 2002. 中国服饰[M]. 上海: 上海外语教育出版社.

林子涵. 2012. 英伦帽子文化[J]. 考试·高中文科, (9): 10.

麻益兵. 2008. 民俗文化的现代旅游表达[M]. 北京: 北京大学出版社.

毛昊. 1994. 帽子文化[J]. 世界文化, (4): 42.

宋婉萍. 2012. 服装配饰初探[J]. 大众文艺, (13): 79-80.

唐雪琼. 2002. 云南少数民族服饰文化资源的旅游价值及开发策略[J]. 中山大学学报论丛, 22(6): 50-53.

魏晓君. 2005. 试论传统服饰手工艺的再生和发展[D]. 苏州: 苏州大学硕士学位论文.

文铭. 1997. 服装文化与文明[J]. 道德与文明, (3): 41-42.

伍巍. 2000. 服装文化的本质和要素[J]. 株洲工学院学报, 14(3): 24-25, 27.

薛璐. 2008. 帽子漫谈[J]. 中国纤检, (12): 66-67.

杨玉蓉, 邹君. 2006. 中国传统服饰文化的旅游价值及其开发初探[J]. 衡阳师范学院学报, 27(3): 143-146.

尹光华. 2008. 旅游文化[M]. 北京: 高等教育出版社.

张强伟. 2013. 帽子文化研究综述[J]. 赤峰学院学报, 34(2): 19-21.

第六章

旅游规划中饮食文化的元素表达

第一节　饮食文化与旅游

一、饮食文化

古代经、史、子、集中有大量饮食相关的记载。经部中，汉代《周礼》、《仪礼》对当时的饮食礼仪和习俗进行介绍；史部中，从汉代起历代正史皆撰有《食货志》；子部中有大量食疗、养生相关的饮食记载，如唐代孟诜撰写，张鼎增补改编的《食疗本草》，元代饮膳太医忽思慧所撰《饮膳正要》；集部则是一些有关饮食的诗词记载。到了近现代孙中山先生在《建国方略》中写道："夫悦目之画，悦耳之音，皆为美术；而悦口之味，何独不然？是烹调者，亦美术之一道也"。其后蔡元培、林语堂、鲁迅等文化名人都表达饮食也属于文化的范畴，饮食作为文化得到认可，知识分子开始以文化的视角对其进行科学研究，著作论文涌现，大学也开设饮食相关专业。《中国饮食文化史》（赵荣光，2006）一书中，将饮食文化概括为食物原料开发利用、食品制作和饮食消费过程中的技术、科学、艺术，以及饮食为基础的习俗、传统、思想和哲学，即由人们食生产和食生活的方式、过程、功能等结构组合而成的全部食事的综合。茶文化、酒文化、食品文化和饮食民俗文化是中国饮食文化的重要组成部分，也是传统饮食文化研究的重点，食品科技和中外饮食的交流等方面研究已成为饮食文化研究的新热点。

赵荣光（2006）总结了中国饮食文化的"四大理论"和"五大特征"。其中，四大理论为食医合一、饮食养生、本味主张、孔孟食道。

（1）食医合一又称饮食疗疾，指选择不同功效的食物进行搭配或作为药引用于治疗疾病。饮食疗疾，缘来已久，远古时代就有"神农尝百草，以辨药食之性味”的传说，《神农本草经》、唐代药王孙思邈的《千金要方》、明代李时珍的《本草纲目》等医药专著对药膳、常用食物的药性都有一定的研究。饮食疗疾本身也属于中医，有“药食同源”“寓医于食”的说法。

（2）饮食养生，指根据人的体质、年龄、性别及地理环境等的差异，选择适宜的饮食调节人体脏腑功能，滋养气血津液，预防疾病的养生保健方法（谢定源，2008）。

（3）本味主张，即注重原料的天然味性，讲求食物的隽美之味，味觉分类如图 6.1 所示（赵荣光，2006）。

味
- 味感——舌对食物的滋味感觉
- 触感——口腔对食物的触觉
- 嗅感——鼻腔对食物挥发气味的嗅觉

图 6.1　味觉分类

（4）孔孟食道，即孔子、孟子的饮食观点、思想及其实践。孔子的食道在《论语·乡党》中有讲述，以“食不厌精，脍不厌细”为其精髓。孟子继承和尊崇孔子的食道，在《孟子》中深化为食志（非其道，则一箪食不可受于人；如其道，则舜受尧之天下，不以为泰）—食功（士无事而食，不可也）—食德（鱼，我所欲也；熊掌，亦我所欲也，二者不可得兼，舍鱼而取熊掌者也。生，亦我所欲也；义，亦我所欲也，二者不可得兼，舍生而取义者也）的系统化理论。

人文地理学把具有相同文化的地理区域称为文化圈，赵荣光（2006）根据这一理论提出了饮食文化圈的概念：饮食文化圈是由于不同地域、民族、习俗、信仰等原因，历史地形成的具有独特风格的饮食文化区域。并将我国划分为十二大饮食文化圈，为饮食文化理论做出了巨大贡献。

二、饮食文化与旅游的关系

饮食蕴含着丰富的地方文化，“食”是旅游六大基本要素之一，贯穿整个旅游活动，饮食产品可观赏，饮食活动可体验，并且可延伸为休闲、康养等较高端旅游产品，且饮食与旅游在地域性、审美性、参与性三大方面互相联系，饮食文化是重要的文化旅游资源。

饮食文化可以与旅游活动相结合，从饮食原料文化、面点小吃文化、菜肴文化、酒文化、茶文化、饮食器具文化、饮食民俗文化等方面进行结合。饮食原料方面，有机蔬菜、水果、粗粮、药膳等都是旅游者喜爱的食品；特色面点、地方小吃、特色菜肴的开发为旅游者提供良好的食材，同时，一些特色食品的制作工艺还可供游客参观体验；饮酒、喝茶，酒礼、茶艺茶道为旅游者提供愉悦的游乐体验，传统节庆、婚嫁餐饮成为旅游过程中的新亮点。

第二节　旅游规划中的饮食文化元素提炼

一、食文化元素

（一）食文化史

1. 蒙昧时代：原始社会

我们的先祖由南方猿人发展为现代人，历经了数百万年的原始社会，食物在推动我们区别于动物发展的过程中起到了极其重要的作用。这一时期，人类在探索果腹的道路上蒙昧无知，每一小步都花费数万年的时间，但又都是人类食物史上起决定性作用的转变。

食素到食肉。人类没有锋利的爪、牙，也没有现代先进的工具，在残酷的大自然中，处于弱势。《庄子·盗跖》载："古者禽兽多而人少，于是民皆巢居以避之。昼拾橡栗，暮栖木上，故命之曰'有巢氏之民'"。描述了原始人类的一种生活方式：白天采集果实，晚上住在树上躲避野兽。但植物、果实在严寒时期较为匮乏，食物来源减少，先民们在饥饿迫使下不得不以鸟兽之肉作为补充。《礼记·礼运》载："未有火化，食草木之实，鸟兽之肉，饮其血，茹其毛"。没有尖牙利齿和捕食动物的消化系统，在没有火时，动物尸体对他们来说并不是美味佳肴，但是肉食具有更多脂肪、蛋白质等营养，为人体骨骼、大脑的发育提供所必需的材料。

采集、捕猎到种植、畜牧。我国大约在 1 万年前进入新石器时代，其三大特征之一即出现了农业和养畜业。北方黄河中下游、海河、辽河流域出现了以粟、黍为主的旱作农业，如半坡遗址和大汶口遗址。南方长江中下游开始种植水稻，是稻作农业的起源地，如河姆渡遗址。南北两大流域都开始蓄养猪、狗、牛、羊等牲畜。由简单地从大自然采集、捕猎到自己种植、蓄养，人们的食物来源逐渐相对稳定。

生食到熟食。北京人是中国先民中懂得使用天然火和控制性用火的群体之一，天然火是雷击、火山等自然形成的火，他们已能收集和控制这些火，并通过晚上轮流看守来保存火种。《礼含文嘉》中记载着发明用火的圣人——燧人氏。"燧人始钻木取火，炮生为熟，令人无复腹疾，有异于禽兽"（邵万宽，2016）。

火的发现使人们摆脱了“茹毛饮血”的自然饮食境遇，进入熟食时代。火带给了人们饮食方式的改变，他们用烤、烧和借助石头石烘、石烹处理生食，但动植物混合杂食、主食和副食无明显区别的状态并没有从根本上改变（谢定源，2008）。

火烹到陶烹。新石器时代陶器应烹饪的需要而发明，“耕而作陶”，先民们不再“炮生为熟”，有了煮、蒸等更多的烹饪方式，以及陶罐、陶鼎等烹饪工具，陶烹成为原始烹饪的最高阶段。

2. 萌芽时期：夏商周

这一时期人们的“食”开始脱离单纯的果腹充饥，其文化色彩逐渐显现和丰富，进入萌芽期，表现为以下方面。

食物来源丰富和烹饪技术大发展。农业在夏、商、周三代向精耕细作的传统农业过度，统称“五谷”的粮食作物稻、稷、黍、麦、菽等在这一时期已经有广泛的种植，蔬菜有韭、葱、姜、笋、藕、芸、芹、菱等，果实有桃、李、杏、梨、梅、橘等。《诗经》记述了大量蔬菜、瓜果及女子采摘的场面，如《国风·王风·采葛》：“彼采葛兮，一日不见，如三月兮！彼采萧兮，一日不见，如三秋兮！彼采艾兮！一日不见，如三岁兮！”葛、萧、艾都是可以食用的植物。畜牧业也初具规模，我们称之为“六畜”的马、牛、羊、鸡、犬、豕已被驯养。

食物理论产生。这一时期经过不断的经验积累，许多烹调方法和食物特性都已提到理论的高度来总结。《吕氏春秋·本味》关于烹调有“凡味之本，水最为始”，“必以甘酸苦辛咸，先后多少，其齐甚微，皆有自起”等烹饪技巧理论，《庄子·养生主》则记述了擅于解牛的庖丁。《周礼》将食物的特性和医疗相结合，提出“凡和，春多酸，夏多苦，秋多辛，冬多咸，调以滑甘”等食疗方法。

食政结合。首先是统治阶级将食物与祭祀礼乐结合，如《周礼》记载“王日一举，鼎十有二，物皆有俎，以乐侑食”，以音乐、歌舞渲染气氛，增进食欲，展示威仪与礼节。另外通过食物“别君臣，名贵贱”，食物及其器具的数量、种类和座次等都体现了人在社会中的阶层和地位。据记载，周人列鼎而食，天子用九鼎八簋，诸侯用七鼎六簋，大夫用五鼎四簋，元士用三鼎二簋。九鼎成为王权至高无上、国家统一昌盛的象征，在这一时期被奉为国家政权的传国之宝。另外还有伊尹“以鼎调羹”“调和五味”比喻治理天下和老子“治大国如烹小鲜”的治国理论。

3. 初步发展期：秦汉

秦朝建立了统一的中央集权制国家，《礼记·中庸》中记载“车同轨、书同文、行同伦”，有利于食文化的交流和发展；汉初采取了休养生息的政策，重视农业，减免赋税劳役，普及铁制农具、牛耕，兴建水利设施，农业生产得到很大发展，大大提高了粮食的生产量。

农业、畜牧业规模扩大，蓄养牛、马、羊、猪的大户随处可见，瓜果、谷物种植等培育出更多的品种，出现规模巨大的地主庄园、贵族园林。汉淮南王刘安发明了豆腐，汉朝对西域的控制和张骞出使西域使得胡葱、胡蒜、苜蓿、地瓜、葡萄、石榴、蚕豆等大量西域食物传入中原。面食也在这一时期兴起，用于粉碎米、麦、豆的旋转石磨、石臼和水碓在汉代大量普及，除了过去的粒食外，人们又多了面食，汉代将其统称为“饼”，根据做法和形态不同分为“烧饼”“烙饼”“蒸饼”“汤饼”等。

食物的丰富还促进了餐制的变化。先秦时，人们与“日出而作，日落而息”的劳作制度和当时食源不充足相适应，一日食两餐，朝食称“饔”和晚食称“飧”。到了秦汉时期，这一情况有所改变，汉代在中午加一餐称为“饷”，《说文》：“饷，昼食也”。皇帝按照礼制食四餐，《白虎通·礼乐》载：“平旦食，少阳之始也；昼食，太阳之始也；餔食，少阴之始也；暮食，太阴之始也。”诸侯、贵族和官员实行三餐制，随着食物的丰富，这种餐制逐渐在普通百姓中确定。

4. 全面发展期：魏晋隋唐

魏晋时期，粮食结构有所变化，主要粮食品种有粟（谷子、小米）、稻、小麦、大麦、大黍、粱、大豆。到了隋唐时期，劳动力的丰富和生产力的发展使得南方长江中下游水稻产量剧增，北方人带来的旱地农业技术使得小麦在南方也广泛种植，稻、麦、粟成为最主要的粮食作物，大黍、粱、大豆逐渐由主粮转化为副食（邵万宽，2016）。

食物交流带来原料的丰富和进餐方式的变化。魏晋南北朝的战乱促进了南北方人民的交流及农耕民族和游牧民族的交流；隋唐实行开放、包容、吸收的对外策略，加强了和周边国家、民族的交流。荞麦、茄子、莴苣、菠菜、西瓜等都已在本土种植，交趾国（今天的越南）的不乃羹、于阗法全蒸羊等菜肴也有传入，西域的“胡食”在这一时期广受欢迎，如毕罗、烧饼、胡饼等。游牧民族“羌煮貊炙”的饮食方式，对人们从魏晋以前的分食制（席地而坐，一人身前一个低矮食案放置食物，用餐者跪坐单独进食）向合食制过渡起到了革命性作用，适合两脚垂坐的餐桌、座椅迅速发展，人们的进餐方式发生巨大变化，合餐制从此成为中国固定的进餐方式。

此外，道教“餐霞饮露，得道成仙”和佛教“不杀生”的思想，使得素食可以完全脱离荤腥，形成独特食俗。

饮食作为一门基本的学科在魏晋时期已基本确立，到隋唐时期饮食的一些分支——食疗、茶学等已基本形成（徐兴海，2008）。曹操的《四时食制》是我国历史上第一部独立、专门的饮食学著作。随后，大量研究饮食的著作涌现，如饮食、烹饪方面有崔浩的《食经》，韦巨源的《烧尾食单》；食疗方面有孙思邈的

《千金要方》，孟诜的《食疗本草》；饮茶方面有陆羽的《茶经》；饮食发展史方面有《北堂书钞》《艺文类聚》。

5. 成熟时期：宋元明清

食物原料更丰富。南洋的番薯，发源于美洲的玉米传入中国，这些高产的作物成为主粮的补充，促进了人口的发展，花生、土豆、辣椒、番茄等也纷纷传入，提供了更多的食材。

市井饮食业空前繁荣。社会经济总体向前发展，物质基础更加坚实，人口的流动和民族间的交流、融合促进了饮食文化的交流，饮食业随商业不断发展。隋唐时，“坊”和“市”分区，“坊”是住宅区，“市”则是商业区，饮食业在“市”中已具有规模。宋朝时饮食业突破传统的“坊市”制度，各行各业开始遍布于城内外主要街面，还打破“日中为市，日落散市”的时间限定，夜市盛行（徐兴海，2008）。北宋张择端的《清明上河图》描绘的鳞次栉比的店铺中即有很多是饮食业。两宋时的酒楼装饰讲究，珠帘绣额，灯烛晃耀，廊庑掩映，张挂名画书法，配以屏风，颇为雅洁，酒楼的烹饪技术甚至超出宫廷，《东京梦华录》记载：“集四海之珍奇，皆归市易；会寰区之异味，悉在庖厨”。当时还出现了包办筵席，为客户完成办筵席的全部流程，这在临安被称为“四司六局”。元代战乱持久，市井饮食业有所萎缩，只保留在大都等少数大城市。明清两代人口激增，大中城市星罗棋布，为市井饮食文化的发展提供了场所和物质条件，各地均大力发展有自己地域特色的食品，各类名肴名点大多定型，流传至今（王学泰，2006）。

食物理论成熟。封建社会在这一时期达到顶峰，各类文化步入总结阶段，食物理论研究深入，著述不胜枚举。宋代以吴氏《吴氏中馈录》、林洪《山家清供》为代表；元代宫廷太医勿思慧著有《饮膳正要》，集食疗理论之大成，注重阐述各种饮食的性味和补益；到了明代食物理论更加丰富，李时珍的《本草纲目》是古代最完备的药物学专著，其中关于食疗理论的研究，还集中体现了中国食品文化“药食同源”的特点，《宋氏养生部》《饮馔服食笺》则汇集了明代民间饮食；到了清代，食物理论从食疗保健、烹饪原料、烹饪技术、烹饪工艺、烹饪器具等一直到饮食消费形成完备体系。

（二）炊具、餐具

原始人类利用火以后，炊具和餐具才逐渐产生。一开始使用天然的石块、石板对食物进行烘、烤，直到陶制器皿的使用，人们才有了真正的炊具和餐具，并为后世金属器皿提供了范式。用于实现烹、煮、炒、蒸等手段将食物原料烹饪、加工为食物的器具即为炊具，炊具的发展决定着烹饪的方式。餐具则是用于储食、盛食和进食的器皿。

1. 炊具

“釜”“鼎”“鬲”“甑”等是原始的炊具，陶釜在新石器时代中期由陶罐中分化产生，釜广口、鼓腹、圆底，“釜底抽薪”则表明其用途扩大。商周时期炊具发展为青铜器，魏晋时期以瓷器为主，而汉代出现了金银器，秦汉以后则以铁器为主（邵万宽，2016）。陶鼎有三足，用于煮肉食，负载大，到了青铜时代，鼎成为贵族专用的器具，多在礼仪场合使用，继而“问鼎中原”成为国家政权的象征，鼎有圆形也有方形，后来周朝灭亡“礼崩乐坏”，秦汉以后鼎甚至变为香炉退出饮食领域。鬲用于煮粥，圆口束颈，有三足而中空，有利于加热，战国时逐渐消亡。甑是底面有孔用来蒸饭的器具，置于釜、鬲上配合使用。新石器时代人们在地面挖出土坑，直接在土坑内或其上悬挂器具进行烹饪，后世发展为今天农村仍广泛使用的土或砖垒砌而成的灶，商周秦汉继承发展出铜、铁灶，较小的、可移动的即衍生为炉，秦汉开始，灶成为烹饪活动的中心，绝大多数炊具须与灶结合才能进行烹饪（谢定源，2008），灶的产生使得厨房从居室中独立出来。

2. 餐具

盘、碗在我国餐具中形态普通而固定，历久不衰，从新石器时代的陶制发展为铜、漆木、瓷、金银制，配合各类图纹，流行至今。箸在安阳殷墟商代晚期的墓葬中就有发现，《礼记》有：“羹之有菜者用梜”和“饭黍毋以箸”的记载，说明先民很早就用竹、木制作的箸夹取羹中的菜或者用于搅拌等，以后一直作为中华民族独有的餐具沿用至今，并且蕴含着深厚文化。其他还有如将葫芦剖为两瓣而成的瓢；古代也用刀，一般为长条状，末端有刃口，用于叉肉取食；从炊具中捞取食物的称勺，现今又可分为汤勺和炒勺，舀汤入口的小勺称为匙。

新石器时代的餐具主要有杯、钵、壶等，夏商周时代的餐具新增了角、爵、枓、勺等，春秋战国时期出现了斗、瓒、刀、削、签等餐具，秦汉时期有勺、碗、盏、盘等，魏晋南北朝时期大量出现瓷器餐具，隋唐五代时期陶瓷餐具飞跃发展，宋代以后的餐具向精美的陶器、瓷器、漆器和玉器方向发展（傅小平，2006）。

（三）食品及其艺术

1. 食品

主食、菜品和副食小吃是我们的主要食品。

主食即餐桌上的主要食物，我国南方主食大米、北方主食小麦的格局与魏晋南北朝时水稻和小麦的广泛种植有密切联系。水稻适应性强、产量高，稻米营养丰富、色香味俱全，在长江中下游普遍种植，隋唐时总产量就已超过粟，成为南方主食并向北方输出。粟原本是北方的主食，直到魏晋时期北方人口流动频繁，麦的种植范围开始扩大，加上石磨、臼碓等加工方法的普及使得其由粒食转为面食，口感得到极大改善，隋唐时小麦逐渐超过粟成为北方主食。

菜系即一定区域内，由于气候、地理、历史、物产及饮食风俗的不同，经过漫长历史演变而形成的一整套成体系的烹饪技艺和风味。在周朝时，南北风味的分野就已初见端倪：北方风味以黄河中下游流域为中心，以陆产的牛、羊、鸡、犬、豕为主材，注重烧烤煮烩、鲜咸、汤汁醇浓的烹饪方法；南方风味以长江中下游为中心，人们喜爱用鱼鲜加上蔬菜瓜果来烹饪，崇尚蒸、酿、煨、炖（徐兴海，2008）。唐宋时，南食、北食各自形成体系，繁华的城市成为百物聚散之地，原料丰富且带有地方特色，繁荣的饮食业提高了烹饪技术，风味菜系开始显现。明清时，鲁菜、川菜、粤菜、淮扬菜成为最具影响力的四大菜系，清末，浙菜、闽菜、湘菜、徽菜四大新地方菜系分化形成，共同组成八大菜系，此外东北菜、冀菜、豫菜、鄂菜、本帮菜、客家菜、赣菜、京菜、清真菜等菜系也具有较大影响力。

副食小吃是在选料、口味、技艺上具有特定风格特色的食品，体现人们不再停留于一日三餐吃饱的层次，突出反映当地的物质文化及社会生活风貌，是一个地区不可或缺的重要特色。我国各地的小吃极为丰富，基本从各个省到市县都有自己独特的小吃，徐珂所辑《清稗类钞》中记载了中国最先出现的四大小吃群，南京夫子庙秦淮小吃（始于明洪武年间）、上海城隍庙小吃（始于明永乐年间）、苏州玄妙观小吃（始于明弘治年间）和长沙火宫殿小吃（始于清乾隆年间），在后来被称为中国四大小吃[①]。在物质生活越来越丰富的今天，小吃群也越来越多，几乎每个城市都有小吃群，如成都锦里小吃群、沙县小吃、北京王府井小吃等。

2. 食品艺术

烹饪随着物质生产的发展和社会生活的进步，以养生食治和五味调和为最高境界，越来越具有审美性质，直至发展成为实用与审美并重的各种花色造型菜点及丰盛华丽的筵席，表现为集肴馔本身的色、形、香、味、滋与筵席的组合和配置，融和着绘画的色彩搭配、构图，文学的命名、咏赞，雕塑的造型，园林的天人合一、诗情画意思想等艺术形式。

（四）食文化元素提炼

在旅游规划中有时需要提取食文化元素，如某烹饪高等专科学校创建 3A 级

① 四大小吃. https://baike.so.com/doc/6569836-6783598.html[2019-12-25].

旅游景区的设计中，其校园休闲景观小品就充分运用了餐具、厨师服饰等文化元素（图 6.2）。食文化元素应用得当，可提升旅游景区的文化品质和形象。

图 6.2　旅游景观小品设计中的食文化元素运用
图片来源：成都新界标旅游规划设计咨询有限公司绘制

二、茶文化元素

（一）茶史

国人饮茶的历史相当久远。周代以前，茶叶因为药用而受到关注。古代人类直接含嚼茶树鲜叶汲取茶汁，随着人类生产工艺的进步，生嚼茶叶的习惯转变为煎服，煎煮而成的茶滋味浓郁，口味与功效更好，这是茶作为饮料的开端。秦汉时，茶叶的简单加工已经开始出现。鲜叶用木棒捣成饼状茶团，再晒干或烘干以存放；饮用时，先将茶团捣碎放入壶中，再注入开水饮用。西汉辞赋家王褒的《僮约》有“武阳买茶”的记载，《三国志》中有“以茶代酒”的记载。

茶兴于唐而盛于宋，并催生了著名的茶马古道。唐代，饮茶蔚然成风，饮茶方式有较大之进步，为改善茶叶苦涩味，开始加入薄荷、盐、红枣调味，对茶和水的选择、烹煮方式以及饮茶环境和茶的质量也越来越讲究，逐渐形成了茶道。第一部论茶专著《茶经》中，茶仙陆羽对茶之采摘、加工、煮饮、器具做了系统详细的论述。

宋代，茶叶多制成团茶、饼茶，茶品日益丰富，品茶日益考究，逐渐重视茶叶原有的色、香、味，调味品逐渐减少，烹饮过程逐渐简化，民间流行“斗茶”，又称“茗战”，受到文人的喜爱，流行于各阶层，使饮茶之风的更盛。

明清时，制茶工艺的革新，团茶、饼茶已较多改进为散茶，烹茶方法由原来的煎煮为主逐渐转为冲泡，发展至今，茶品更加丰富，器具更加精致。

（二）茶具与茶道

1. 器具

饮茶之初，并没有专门的器具，随着唐朝饮茶风气的盛行，煮茶、饮茶的专门器具逐渐形成，陆羽在《茶经》中，总结阐述了烧水、盛水、滤水、盛茶等各种用途的20余种专门器具。唐代以前，人们煮茶直接用餐具釜，唐代煮茶用镬，民间以陶瓷茶碗为主,而皇室贵族多用金属茶具和当时稀有的秘色瓷及琉璃茶具。宋代煮茶器发展为有柄有嘴的铫，用小茶碗和茶托组成的茶盏饮茶。明代饮茶方式转变为冲泡，人们追求茶汤色的赏心悦目，白色瓷碗开始流行，宜兴的紫砂陶壶以其紫砂土的特异性能深受茶人喜爱。清代的茶具无论是种类和形式，基本上没有突破明代的规范。近代铝茶壶广泛使用，饮茶器具名目更多，包括瓷制盖碗、脱胎漆茶具、竹编茶具、玻璃茶具、金属茶具等。

2. 茶水

好茶配好水才能相得益彰，水品极为重要。陆羽认为好水需远离市井，亲近自然、少污染，且重活水、恶死水，他认为山中乳泉、石池漫流为上，远离人的江中清流为佳。唐代张又新的《煎茶水记》中记载陆羽曾列出了天下二十大名水，如庐山康王谷水帘水、扬子江南零水等，加深了人们对茶艺中水的作用的重视。欧阳修著有《大明水记》，文天祥认为“扬子江心第一泉”，徐霞客认为云南安宁碧玉泉“实为第一”，此外，趵突泉、北京玉泉、四川玉液泉都有“天下第一”的称号，源清、水甘、品活是其共同的特点。

3. 茶道

茶道是以茶文化为核心，通过儒、释、道和人的生活体现出来的中国传统思想文化，以高雅深沉、博大精深为基调，宁静和谐、淡泊旷达、清思养生、自然朴素为共同特征。茶道内涵丰富，流派众多，发挥空间大，既有宗教色彩又与社会生活息息相关，如茶学专家庄晚芳提出“廉、美、和、敬”的茶德，即廉俭有德，美真康乐，和诚处世，敬爱为人①；程启坤和姚国坤（1990）提出“理、敬、清、融”的茶道精神等。

（三）茶馆与茶俗

1. 茶馆

茶馆也称茶坊、茶肆、茶铺、茶摊，唐代时就已出现，当时称为茗铺。宋代

① 参见《著名茶学家庄晚芳提出的中国茶德》，茶网，www.zgchawang.com/culture/show-26094.html。

称为茶肆，茶肆内设花架，安排奇松异槐等装饰环境，营造氛围。明代始称茶馆，馆内环境精致讲究。到了清代，茶馆成为大众娱乐场所，人们在此休息娱乐、买卖、闻讯议事，茶馆还有说书、相声。我国有四大茶馆流派：川派茶馆以成都为代表，盛行盖碗茶，茶馆内最具代表性的摆设是竹靠椅、小方桌，“三件头”即盖碗、紫铜壶和老虎灶；粤派茶馆以广州茶馆为代表，多称为茶楼，楼上为茶馆，楼下卖小吃茶点，典型特点是“茶中有饭，饭中有茶”，餐饮结合；京派茶馆具有多样性的特点，既有环境优雅的高档茶楼、茶馆，也有大众化的以大碗茶为主要特征的街头茶棚，明清以来，就有闻名遐迩的大茶馆、清茶馆、书茶馆、茶饭馆和所谓的野茶馆、棋茶馆，更有为数众多的季节性茶棚；杭派茶馆以“西湖双绝”——龙井茶、虎跑水为天然优势。

2. 茶俗

茶与文化、民俗也有千丝万缕的联系。唐代李白、杜甫、白居易等许多诗人的诗句中都有茶的身影。宋代苏轼、陆游、范仲淹、王安石等都喜爱以茶会友，抒怀寄兴，作品里也言及茶事。唐代顾况和宋代吴淑分别做了《茶赋》，盛赞茶之功效。古典小说《三国演义》《红楼梦》《西游记》《金瓶梅》等，其中都有描写茶事。还有一些楹联、匾额，将其置于茶馆之中，凸显文化氛围，美化环境，如“坐请坐请上坐，茶敬茶敬香茶”，北京万和楼茶社的“茶亦醉人何必酒，书能香我不须花”。在广大的采茶省份，还有采茶歌、采茶舞、采茶灯以及由此发展而成的地方采茶戏。

开门七件事，柴米油盐酱醋茶，是家庭必需品。客来敬茶，招待客人先泡上一碗茶，婚嫁时向长辈敬茶，生日茶，满月茶，广东喝工夫茶，四川喝盖碗茶，北方喝大碗茶等习俗丰富着人们的生活，和谐着人际关系，净化着人们的心灵。

（四）茶文化元素提炼

中国是茶的故乡，茶文化源远流长。中国茶文化融合了儒、道、佛诸家的思想精髓，尤其将儒家的清醒、达观、热情、亲和与包容表现得淋漓尽致。茶文化在四川已经被演变成独具巴蜀特色的“茶馆文化”。茶馆除了休闲之外，也是重要的社交和文化娱乐场所。在旅游景区，如果茶馆设有川剧“玩友”坐唱，或设有四川扬琴、评书、清音、金钱板等演出活动，可以为外来旅游者增加文化体验，游客可以边饮茶、边欣赏具有浓郁地方特色的曲艺节目。因此，有些文化旅游景区在规划时将茶文化融入其中，既可增加娱乐项目，也可提升景区的文化形象。

三、酒文化元素

（一）酒史

酒称呼众多，有杜康：杜康是古代高粱酒的创始人，后世将杜康作为酒的代称，曹操《短歌行》有言："何以解忧，唯有杜康"；汉代焦延寿在《易林·坎之兑》中描述为"酒为欢伯，除忧来乐"，酒能消忧解愁，给人们带来欢乐，故又称之为欢伯。此外，还有杯中物、金波、壶觞、壶中物、酌、酤、醑、醍醐等说法，这些名字大都由一些典故、文学作品演绎而成，或者根据酒的味道、颜色、功用及酿造方法等而定，是酒文化的一大特色。

我国有悠久酿酒历史，大汶口、仰韶遗址出土的酒具等资料表明酒的出现可以追溯到新石器时代中期以前。先秦史官所著的《世本》记载："仪狄始作酒醪，变五味；少康作秫酒"。仪狄是传说中大禹时代的人，醪是糯米经发酵而成的，相当于现在的醪糟，其液体接近于酒；少康（一说杜康）是夏朝第五代君主，秫是高粱，即少康造出高粱酒。此外还有晋代江统在《酒诰》中记载："酒之所兴，肇自上皇，或云仪狄，一曰杜康。有饭不尽，委之空桑，积郁成味，久蓄气芳，本出于此，不由奇方"。魏晋南北朝是酒的大发展时期，制酒工艺改进，品种增多，度数提高，当时贾思勰所著的《齐民要术》记载了制曲的方法和酿酒的方法，这一时期的风流人物——阮籍、刘伶、陶渊明等都是酒历史上的名人。唐代酒业发达，还从西域引进了葡萄酒。以往的酒度数不高，用蒸馏法制酒能提高其酒精度，蒸馏酒在宋代已经出现。明清时是酒文化的总结时期，制曲和酿酒技术大大超越从前，酒肆的社交功能不断发展，逐渐成为今天的酒店。

（二）酒器具

"兰陵美酒郁金香，玉碗盛来琥珀光"；"葡萄美酒夜光杯，欲饮琵琶马上催"，在爱酒之人看来美酒还需和美器搭配。酒器根据制作材料可分为陶制酒器、青铜酒器、瓷制酒器、漆制酒器以及用一些特殊材料、贵重金属制作的高档酒器，它们各在不同的历史时期盛行，构成了丰富的酒器文化。

在古代，一器多用是很普遍的，最早的专用酒具起源于何时，很难定论。早在新石器时代，陶制酒器就已出现，这在龙山文化、大汶口文化等一些遗址中都有发现。陶制酒器可分为红陶、白陶、黑陶、彩陶等，有罐、瓮、盂、碗、杯等，一直到商周时期都广泛使用。随着社会的发展和人们审美意识的提高，陶制酒器的造型不断增多，如从实际生活中取材的猪、虎、鸡、船等，有的陶器上还有彩色的花纹和精美的图案，富有艺术性。据《殷周青铜器通论》（容庚和张维持，1958）记载，青铜酒器在商周时期盛行，现已发现的最早的铜制酒器为夏代晚期的二里头文化时期的爵。商周青铜酒器种类繁多，按用途分为煮酒器、盛酒器、饮酒器、储酒器和礼器，具体有尊、壶、卮、皿、鉴、斛、觥、瓮、瓿等，造型更加生动细致，随着周代灭亡，礼崩乐坏，青铜酒器逐渐消失。唐宋以来，瓷制酒器盛行，宋代官窑、汝窑、哥窑等名窑的瓷器艺术质量极高。到了明清时，我国古代瓷制酒器发展到鼎盛时期，明代的瓷制酒器以青花、斗彩、祭红酒器最有特色，清代的瓷制酒器具有特色的有珐琅彩、素三彩、青花玲珑瓷等。

（三）酒俗

饮酒有很多文化习俗，主要表现在以下几个方面。

1. 传统酒礼

如主人和宾客一起饮酒时要相互跪拜，晚辈在长辈面前饮酒，叫侍饮，长辈命晚辈饮酒晚辈方可举杯，且晚辈不可先于长辈饮完。酒宴上，主人向客人敬酒，客人要回敬主人，客人之间也可敬酒，但敬酒时须起身而立。

2. 节日饮酒习俗

中国传统每逢重大节日都会饮酒庆贺，如春节除夕夜饮“年酒”，端午节饮“菖蒲酒”，重阳节饮“菊花酒”。一些少数民族也有各自的饮酒习俗。

3. 婚宴饮酒习俗

男女在订婚仪式上摆酒席喝“会亲酒”，表示婚事已成定局。结婚时设婚宴酒。结婚第二天新婚夫妇回娘家，探望长辈，娘家置宴席款待，俗称“回门酒”。结婚后小孩出生百日喝“满月酒”等。

4. 寿宴酒等习俗

为老人祝寿，一般在50岁以上整十生日，称为大寿，由子女或孙辈出面举办寿宴，邀请亲朋好友参加酒席。

四、饮食民俗文化元素

（一）节日饮食

1. 春节饮食文化

春节是我国最富有特色也最重要的传统节日，一家人围坐团圆自然也少不了春节的特色饮食，如年糕、饺子、春卷、元宵（元宵为元宵节即正月十五时食用，这里也划归春节的范围内）等。中国民间有在腊八节喝腊八粥的习俗。但早期腊祭的日期并不固定，规定在每年冬至后的第三个戌日举行，并将这个日子称为“腊日”。将“腊日”定为每年的“腊月初八”始于南北朝时期。“腊”，本是一种祭礼的名称，夏朝称“清祀”，殷商称“嘉平”，周朝时改称“腊”。“腊”是从“猎”字演变而来，故“腊”“猎”相通。因为一岁之终，农作物已收晒完毕，农闲了，人们便到野外猎取禽兽，用来祭祖先、敬百神，以祈福求寿、避灾迎祥，称之为“腊祭”。春节吃年糕，“义取年胜年，籍以祈岁稔”寓意万事如意年年高。按照我国古代计时法，晚上 11 时到第二天凌晨 1 时为子时。“交子”即新年与旧年相交的时刻。饺子就意味着更岁交子，过春节吃饺子被认为是大吉大利。另外饺子形状像元宝，包饺子意味着包住福运，吃饺子象征生活富裕。春节时必备的鱼，象征年年有余。至于元宵，元宵节也称“上元节”，也被寄予了团圆相思之意，由此元宵节也是我国古代才子佳人寻求意中人的一个良机。此外，除夕晚上的年夜饭开餐前讲究敬酒助词，恭贺新年，礼节寓于其中。

2. 端午节饮食文化

端午节在每年的农历五月初五，又称端阳节、午日节、五月节等。端午节起源是纪念我国伟大的爱国主义诗人屈原，屈原投江而死，百姓为防止他的尸体被鱼儿咬食而向江中投饭团，后因怕饭团被蛟龙所食而用楝树叶包饭，外缠彩丝，发展成粽子，而后也就逐渐形成了端午节食粽子赛龙舟的习俗。除此以外民间还有纪念伍子胥说、纪念孝女曹娥说、夏至说、恶日禁忌说等说法。

端午节的象征性饮食当然是粽子和雄黄酒，除此以外还有打糕和煎堆等。“粽子”古称“角黍”，有文字记载的粽子见于晋周处的《风土记》；而流传有序，历史最悠久的粽子则是西安的蜂蜜凉粽子，载于唐代韦巨源《烧尾食单》。如今的粽子更是多种多样。现今各地的粽子，一般都用箬壳包糯米，但内含的花色则根据各地特产和风俗而定，著名的有桂圆粽、肉粽、水晶粽、莲蓉粽、蜜饯粽、板栗粽、辣粽、酸菜粽、火腿粽、咸蛋粽等。

端午饮雄黄酒的习俗在长江流域地区极为盛行，在白娘子与许仙的凄美爱情传说中也可见一斑。古语说“饮了雄黄酒，病魔都远走”，雄黄酒不仅对身体有药理作用，同时，饮酒习俗也寄托了人们对未来美好生活的一种期许。

3. 中秋节饮食文化

每年农历八月十五月圆之时为中秋节，其又称八月节、拜月节、团圆节等，是中国的传统文化节日。中秋节的传统习俗有祭祀、拜月、赏月、观潮、猜谜、食月饼、饮桂花酒等。中秋节也有吃团圆饭一说，一家人在餐桌前其乐融融，餐后共同赏月、分食月饼，亲情融融，喜悦重重，与家人团聚是幸福的事，这也是中国传统儒家礼教文化影响的结果。

4. 冬至饮食文化

冬至是中国农历中一个重要的节气，也是中华民族的一个传统节日，俗称冬节、长至节、亚岁等。这一天北半球被照射到的阳光最少，也是北半球白日最短的一天，理所当然也是北半球极其寒冷的一天。在冬至这天北方有吃饺子的习俗，而南方则是吃汤圆，无论是热热的水饺还是汤圆都寓意驱除寒冷。冬至是节气与节日的结合，作为传统节日自然与祭祀活动无法分离，西周起便有冬至的祭祀活动，而后代的史书如《后汉书》记载："冬至前后，君子安身静体，百官绝事。"还要挑选"能之士"，鼓瑟吹笙，奏"黄钟之律"，以示庆贺，这些都表明了礼在冬至节日中的作用。中国的传统文化大多寄予团圆之意，而冬至也逐渐发展为一家人团聚一起吃饺子、汤圆等御寒的传统风俗。

中国传统节日各具特色的饮食文化中，礼制寄寓其间，从某种程度上说，礼制伴随着中国社会的发展并深深地影响着我们现在的诸多思想，在这种礼制思想影响下的饮食文化也代表着中国人谦虚、内敛、礼仪至上的特点，彰显着中国礼仪之邦的内涵。

（二）礼仪饮食

1. 待客

在我国的宴饮礼俗中，十分注意处理主人、陪客和来宾的关系，遵循一些必要的原则，如客不压宾，宾不压主。主、客、宾三者都各得其位，互敬互让，是传统宴席的基本要求，特别在安排席位时尤其重要。

在古代的宴席上，有上、下座之分，并规定上座为尊长者之位，下座为卑下者之位，无座而立者位最卑。汉代时期，宴席以东向坐为上，南、北、西等方位地位依次递减。在有名的《鸿门宴》故事里，当时的项王（项羽）、项伯东向坐，亚父范增南向坐，沛公北向坐，张良西向坐。从这个座次上就可以推断出当时各人地位的高低来，即东向为尊的位置非王者项羽和长者项伯莫属，南向的王者之师范增次之，北向和西向的刘、张二人屈居最后。在现代，我国虽省略了很多传统礼俗中的繁文缛节，但还是极其讲求座次之礼。在座次上，一般以右为尊，以面对门稍靠右的位置为上座或主座。在位置上要考虑主、宾、客三方。首先以主人为中心，坐在对着门口的正中央主位上；主座的对面是主任助理，即第一陪客。其次是将第一主宾安排在主人右手旁的位置上，余下的人则依右尊左次的顺序找到各自的位置。首席者入座前仍要再三推让，以示谦让。

现代的聚餐会饮也演变成了一幕幕的礼仪活剧。迎宾的宴饮称为"接风""洗尘"，送客的宴席称为"饯行"。宴饮之礼无论迎送都离不开酒品，"无酒不成礼仪"。宴席上饮酒有许多礼节，客人需待主人举杯劝饮之后，方可饮用。所谓：

“与人同饮，莫先举觞”。客人如果要表达对主人的盛情款待的谢意，也可在宴饮的中间举杯向主人敬酒。在进食过程中，同样先有主人执筷劝食，客人方可动筷。所谓：“与人共食，慎莫先当”。

2. 祭祀

据《礼记·礼运》记载：“夫礼之初，始诸饮食。”而最早出现的食礼，又与远古的祭神仪式直接相关。不少食俗是从原始信仰崇拜或现代人为宗教的某些仪式演变而来的。像蒙古族尚白，以白马奶为贵；高山族造船后举行“抛舟”盛典，宴请工匠和村民；水族供奉司雨的“霞神”完毕后大伙才能分享祭品；还有和尚们过“浴佛节”，穆斯林过“斋月”，广州商人正月请“春酒”，厨师八月十三朝拜“詹王”等食俗的出现，皆源于此（谢定源，2008）。

绝大多数传统节日都是在古老祭祀仪式的基础上发展起来的，这些伴随着祭神、祭祖及节日饮食而逐渐形成一种习俗的食物，都带有一种深厚的民俗情感。例如，春节吃饺子，正月十五吃元宵，端午节吃粽子，中秋节吃月饼，等等。它们为后来中华民族饮食文化的发展奠定了坚实的基础。节日食品的献祭、馈赠与分享，构成了中国节日物质生活的重要传统，体现着中国人处理天人关系与社会关系的表达方式。

第三节 饮食文化元素的旅游表达

一、食文化元素旅游表达

（一）美食文化节

美食文化节即以美食文化交流为主题开展的节事活动。就其影响力而言，有全国性的，如中国美食节，从2000年在杭州举办首届以来，先后在重庆、广州、西安、青岛、上海、天津等城市举办共计19届。还有区域性的，如岭南美食文化节；市县域的，如重庆火锅节、南京美食节等。因主题不同，又有小吃文化节、火锅美食文化节、清真美食文化节，以及各种菜系的美食文化节等。成功的美食文化节能在短时间吸引大量游客，对塑造地方旅游形象有巨大作用。

（二）美食地标

地标即地理标志，有政治地标、文化地标、商业地标、产业地标等，各个城市皆有其地标，如北京的政治文化地标天安门、人民大会堂，商业地标西单、王府井等。美食地标即以美食为主题的地理标志处，是美食的产业聚集地，如成都锦里、西安回民街、上海城隍庙、南京夫子庙等。美食地标是城市旅游中的重要旅游资源，体现着城市的美食文化，是城市形象的一大代表。

（三）用餐环境

环境对人们心理的影响显而易见，我国传统饮食文化历来重视用餐环境，天子贵族用餐时宴乐结合，有乐师、舞女助兴；文人雅士用餐喜好亭台楼阁，其间吟诗作对，即兴创作。现代旅游活动中的用餐环境可从以下三个方面营造。

1. 烹制过程的观赏、参与

从观赏活动的角度出发，可选取烹饪活动中美观、稀奇的内容进行现场制作展示。参与性的项目可结合食材的采集、加工、烹制过程设计，如采摘、捕猎、垂钓、打年糕、磨豆腐、烧烤等，让游客积极参与到整个烹制过程中。

2. 用餐过程的文化娱乐

与西方人就餐喜欢保持安静不同，中国人就餐喜欢热闹，因此，在用餐前或用餐过程中加入娱乐性节目，如变脸、魔术表演、吹拉弹唱、即兴书画等，可使用餐者在就餐过程中获得额外的愉悦感，提高餐馆的用餐率。

3. 用餐环境的氛围营造

随着经济的发展，人们对就餐环境的选择越来越重视，其把就餐环境当作家庭和工作场所之外的“第三空间”，是个人消遣、社交聚会的好去处。那么，良好的就餐环境对顾客会产生哪些影响呢？首先，独特的环境设计能引起顾客的注意和好奇，比如主题餐厅，通过独特的设计和文化氛围营造，能引起客人的好奇，从而达到吸引顾客的作用。其次，为顾客营造某种共鸣。任何氛围都能为顾客创造某种独特的感觉，这种感觉随着餐厅内部装修和外部环境的不同，都会对顾客产生不同的心理作用。

二、茶文化元素旅游表达

茶文化是一个集茶思想、茶精神、茶哲学、茶道、茶工艺、茶礼仪、茶文学等于一体的综合文化系统。茶文化元素种类繁多，表现形式也各有不同，如茶文化元素中茶叶与民间刺绣艺术和剪纸艺术的结合，以茶叶为装饰背景设计刺绣和剪纸作品；茶文化元素在泥塑设计中的运用，借助泥塑将中国传统茶文化中的茶艺表演形象生动地展现出来，以便更多的人认识到中国传统茶艺表演文化；其他如茶文化元素在茶具、茶楼设计中的应用，特别是茶楼的装修设计，包括茶楼窗花、木梁、家具的选材，茶楼的摆设布局，运用中国茶文化元素来整合空间营造意境，从氛围、意境、情景、视角感受上用茶元素进行表达。

三、酒文化元素旅游表达

酒文化是指酒在生产、销售、消费过程中所产生的物质文化和精神文化的总和。酒文化包括酒的制法、品法、作用、历史等酒文化现象。既有酒自身的物质特征，也有品酒所形成的精神内涵，是制酒和饮酒活动过程中形成的特定文化形态。

酒文化元素可以通过融入景观小品、建筑物、公共设施、琴棋书画等各种艺术品予以展示。例如，酒文化雕塑、酒文化器具、酒文化公共设施、酒文化书画、酒文化服饰等，这些都是酒文化元素的具体表达。

第四节　旅游餐饮空间设计

一、餐饮空间设计

餐饮空间设计需要品牌定位和形象定位，如李良超设计的深圳市西乡天虹的某能量餐厅以农场为背景，以自然、健康为理念，对其餐饮空间进行了很好的定位。

1. 品牌定位

该能量餐厅，是一家以“健康·美味”为企业核心理念的“正能量”新派融合菜餐饮连锁品牌店，餐厅所有的食材来源于指定基地。

第一，农场到厨房的健康就餐模式。该能量餐厅的理念最早是由一群“迈卡”车友提出的，他们为解决自身小团体的用餐安全开创了从“农场到厨房”的纯天然健康就餐模式。

第二，以自然为设计元素。餐厅所有的食材源自固定基地供给，无农药、无转基因、无污染、不使用激素和添加剂。

2. 形象定位

运用原木为设计主元素，展示原木的天然文化特色，构建自然建筑空间的原始组合，创造属于主题文化特色餐饮空间的舒适度和自由度。

二、主题饭店设计

主题饭店如何突显主题文化？一般通过环境设计、氛围营造及设施文化等予以展示。

1. 特色主题定位

特色主题文化是主题饭店成功的关键。所选主题的标准是能够让顾客获得欢乐、知识和刺激，同时要考虑到饭店的规模档次、地域环境及主题化的难度。对于饭店主题的确定，首先要根据饭店所处的地理位置、经济发展水平、交通条件及市场消费能力来确定饭店的目标客源市场,同时需要考虑当地的历史文化底蕴、新兴且需求旺盛的消费趋势及目标客源市场的普遍偏好等,拟定待选的饭店主题；在此基础上，饭店的规模和经济实力是最终确定主题的关键因素，因为表现不同的主题所需要的成本和环境空间有所差异。一般来说，规模较小的饭店比较容易确定主题，其客源市场小，因此主题的受众面无须太大，但如果饭店规模很大，就面临众口难调的问题，饭店主题的受众面若是达不到市场规模，饭店的投资便得不到足够的回报。饭店主题选材方面，历史、文化、城市、自然、神话、童话故事等都可以成为饭店借以发挥的主题。

2. 主题文化元素的表达

主题文化元素可以通过饭店的建筑风格、装饰装修，包括装修色彩、布局、陈设展品及家具家居等予以表达。主题的展示可以是整体性的，也就是对整个主题饭店进行表达；也可以是局部展示，仅对客房、餐厅、院落等进行主题化装修。主题可以是一个，也可以是多个，但必须成体系。

（1）整体性表达。主题文化的整体性表达主要体现在环境、外观和主体功能上。饭店的大门、主体建筑、院落广场等是游客进入饭店的第一印象区，在建设和规划上需要展示其主题文化和地方特色。例如，长隆饭店的大门入口处设计大象雕塑以体现原始森林的意境感，饭店中心建一个规模庞大的动物岛，放养白虎、火烈鸟等珍奇动物，不同客房的阳台、自助餐厅或大堂，透过巨型落地玻璃都可近距离欣赏室外的雨林植被和珍稀动物。长隆饭店从入口处开始，就采用庞大的雕塑和大规模的园林造景来营造原始森林的主题氛围，使其很快映入游客心中，从而形成主题化的体验印象。

（2）局部性展示。次主题的处理是对饭店的外部环境、大堂、客房、餐厅等进行主题化的铺陈，让人处处感受饭店的主题氛围。次主题是在大主题概念之下作为局部理念的一种表现形式，是主题展示的第二印象区，其装修既需要服从于大主题的整体氛围，又需要独特新奇的创意和展现形式，使游客处处体验惊喜。长隆饭店的次主题处理也堪为经典，特别是帕图斯红酒雪茄吧，以猫为主题，内设的VIP包房是一个个披着茅草的圆形屋子，屋内抬头就可通过玻璃屋顶直望天空；孔雀廊酒吧向着动物岛的一边，中央是12个垂吊而下的鸟笼，可以通过玻璃窗观看动物的一举一动。次主题是大主题概念的重要组成部分，是为大主题服务的，同时它也能自成一体，作为相对独立的空间存在。

（3）深层次突显。主题的深化与传递指将主题所代表的文化内涵渗透到饭店的方方面面，从硬件到软件，强调系统性和整体性。该阶段的主题展示从饭店的地理环境、建筑外观、内部环境和氛围逐渐细化到客用物品、各种餐饮产品、商品，并通过饭店的经营活动如员工服务、艺术品装饰等将饭店主题传递给顾客，满足客人的"心理期待"，从而刺激兴奋的持续，使顾客满足、愉悦。主题的深化主要是微观层面的表现形式,具体讲就是客人在饭店看到和感受到的种种细节。长隆饭店在宏观的森林草原氛围下，也将这种主题细化到饭店的每一个角落。例如，饭店廊道及餐厅的墙壁和屋顶上随处可见逼真的长颈鹿和鳄鱼标本，还有白色的羊头骨骼装饰，就连地毯和壁毯都采用斑马和豹皮条纹。装饰选材方面，室内大都采用天然的石料和木料，地面大部分采用铺石，石缝间用黑色鹅卵石填充，还大量采用粗犷的木头作为结构件和装饰件,各处的细节都传递着强烈的自然感。正是这些细节的表现，使得原始森林的主题更加饱满逼真，将森林的原始情趣更加深刻地传递给顾客。

参考文献

程启坤，姚国坤. 1990. 从传统饮茶风俗谈中国茶德. 中国茶叶, 6: 14.

傅小平. 2006. 中国古代餐具研究[J]. 西南民族大学学报（人文社科版），180（8）: 199-207.

容庚，张维持. 1958. 殷周青铜器通论[M]. 北京：科学出版社.

邵万宽. 2016. 中国饮食文化史[M]. 北京：中国旅游出版社.

王学泰. 2006. 中国饮食文化史[M]. 桂林：广西师范大学出版社.

谢定源. 2008. 中国饮食文化[M]. 杭州：浙江大学出版社.

徐兴海. 2008. 食品文化概论[M]. 南京：东南大学出版社.

赵荣光. 2006. 中国饮食文化史[M]. 上海：上海人民出版社.

第七章

旅游规划中旅游商品的文化元素表达

第一节　旅游商品的概念

何谓旅游商品？目前国内外学者对于这一概念的界定没有达成统一的认识。笔者通过查阅诸多学者发表的文献发现，目前对于旅游商品概念认识的分歧主要集中在以下几个方面。

一、广义和狭义旅游商品

曾有学者将旅游商品的概念从广义和狭义进行界定。广义的旅游商品概念包括以服务形式存在的消费。持这种观点的研究者有田里（1994）、刘敦荣（2002）和王克坚（1992）等。狭义的旅游商品概念是指游客在旅游活动过程中购买、消费的物质形态的商品。持这种观点的研究者有苗学玲（2004）、王大悟和魏小安（2000）、顾维舟（1990）、樊姝玉等（1999）、周武忠（2014）等。

二、旅游商品的购买时间和空间

陶汉军和林南枝（1994）、李艳（2001）、陈胜容（2006）、郭鲁芳和吴儒练（2008）等研究者认为旅游商品是旅游者在旅游准备阶段和旅游过程中购买的一切实物商品。张文祥（1992）、田伦（1998）、张文敏（2000）等研究者认为旅游商品只是指旅游者在旅游活动过程中购买的实物商品。

三、旅游商品的日常生活属性

消费者为开展旅游在客源地购买的物品（特别是日常生活用品）是否应纳入旅游商品这一概念，不同研究者也有着不同的看法。王晖（2008）、黄郁成等（2005）对旅游商品概念的界定就把旅游必需品排除在外，李艳（2001）、刘敦荣（2002）、蒋冰华（2005）等研究者认为旅游商品应包含日常生活用品。

四、旅游商品的消费主体

旅游商品与一般商品的区别在于购买者还是商品本身，多数学者认为旅游者购买的商品就是旅游商品。只有个别研究者，如张文敏（2000）认为旅游商品是针对旅游者设计的，是旅游者为旅游而购买的或在旅游过程中购买的，具有旅游文化内涵的实物商品。同一种商品既可以是旅游商品，也可以不是旅游商品，关键在于消费主体是否为旅游者以及是否为旅游的消费目的。

五、旅游商品的购买动机

根据世界旅游组织的规定：旅游购物支出指“为旅行准备的以及为旅行中（不包括食品、饮料和服务）消费品所做的所有支付。其中包括购买衣服、工具、纪念品、珠宝、报纸、书籍、音像资料、美容及个人物品、药品等，但是不包括任何一类游客为商业目的所做的购买及为了转卖而做的购买，也不包括游客代表他们的雇主在商务旅游时的购买”。由此可见，世界旅游组织也把商业目的排除在外。吴必虎（2001）对旅游商品也进行了分析和界定，他认为：旅游商品不可用于商业目的。他指出：消费者的旅游购物支出应当是用于为旅游做准备或者在旅游途中购买物品（不包括服务和餐饮的花费）的消费。

通过对比分析多数学者的观点，笔者对旅游商品概念提出以下几点认识。首先，旅游商品的购买者是出于愉悦而前往异地并短暂停留的旅游者，如果购买者是本地居民，那么这些商品就是普通的生活用品、工艺品等。旅游商品应排除日常生活用品。因为旅游商品它不再是单纯的商品，是旅游行业中“食、住、行、游、购、娱”中的购，不再包括维持日常生活与活动的必需品。其次，购买时间应该从旅游活动准备阶段开始计算，在准备阶段和旅游活动过程中所购买的商品都属于旅游商品。再次，购买的动机要排除商业性目的，因为旅游的本质是寻求愉悦，如果是出于商业营利的动机那就不能称其为旅游。最后，旅游商品是以实物形态存在的，它不包含旅游线路、服务等无形产品。

第二节　旅游商品的特征与类型

一、旅游商品的特征

旅游商品作为商品必然具有与物质商品相同的特点，即具有使用价值，生产的目的是实现交换，供他人和社会消费。但作为旅游商品，它具有不同于物质商品的特点，它具有纪念性、艺术性、实用性、便携性、季节性、地域性与文化性、民族性、旅游关联性等特征。

（一）纪念性

纪念性是旅游商品的一个最基本的属性。旅游者在旅游途中购买商品的一个重要动机就是将自己到过的目的地这个信息通过旅游商品这个载体进行保存，触景生情。现在市场上的旅游纪念品卖得火热，就有这个缘由。

（二）艺术性

艺术性是指人们将传统工艺运用在旅游商品生产的同时，紧密结合本地独特的民俗文化，使人们获得美的意象和美的感受的特性，这是旅游商品本身的美学特征及其独具特色的观赏形象所产生的特性。然而不同类别的旅游商品，其艺术性和文化性的特征也会不一样。例如，以烟台葡萄酒文化为基础，利用酒桶造型制作的 U 盘就具有文化性和艺术性特征（图 7.1）。

图 7.1　烟台葡萄酒桶造型的 U 盘

图片来源：贝广，2011

（三）实用性

旅游商品有自身的使用价值，但与一般商品不同，旅游商品或出于满足旅游活动所需购买，或出于为旅游留念购买（贝广，2011）。因此旅游商品的使用价值可以体现为具体的使用价值和抽象的使用价值，特别是那些具有欣赏纪念性的旅游工艺品表现得更为突出。

（四）便携性

旅游活动大多是一种游客远离客源地前往目的地进行的一种具有“异地性”的活动。由于游客在目的地经过几天的旅游，身心都比较疲惫，且距离客源地较远，如果旅游商品体积过大、重量过重，游客选购此类旅游商品的概率就会很小。因此，旅游商品的结构、重量、体积等设计时要充分考虑旅游者携带、使用和收藏方便。

（五）季节性

旅游有淡旺季，旅游商品同旅游一样，其生产也有着季节性。特别是一些名优土特产品的生产制作有着明显的季节性，如清明果、腊肉等都带着季节的特征，只有到了相应的季节才可以制作和生产这些旅游商品。

（六）地域性与文化性

地域性是旅游商品的灵魂，也是旅游商品最本质的特征。旅游商品与普通商品的最大区别在于它是在旅游地购买的，具有特定旅游地域的文化内涵。“十里不同风，百里不同俗”，一方水土孕育了一方地域文化。旅游的价值一方面在于游乐，另一方面在于地域文化的探寻、发现与体验，旅游商品作为旅游活动中的物质沉淀，能够引起游客对旅游地域的回忆和纪念。旅游商品的地域性又包含在很多相关方面，如自然地理因素、历史传统因素、社会文化因素、人文景点景区因素、地方经济比较因素等，不同旅游地的旅游商品应该反映不同旅游地域的文化特色，并不断地宣传旅游地方特色。例如，北京的全聚德烤鸭，景德镇的陶瓷制品，都是当地城市的代名词，无一不体现了其地域文化。

（七）民族性

中国是一个多民族的国家，少数民族聚居的地方不断被旅游开发，旅游已经影响他们的生活，同时少数民族地区的居民也会将属于他们的工艺、文化等用于制作属于他们本族的旅游商品。例如，蒙古族的弓箭，苗族的银饰品，朝鲜族的服饰，等等。这些旅游商品是不同民族文化的体现，说明旅游商品具有民族性。

（八）旅游关联性

结合旅游商品的定义我们可以看出旅游商品是旅游活动中购买的对象，因此旅游关联性也是旅游商品的特性之一，在旅游活动中我们购买的任何商品包括工艺品和旅游装备等都是因为它们的购买是由旅游活动引起的，它们体现了“旅游”的价值，一件普通的地方性商品在景点被游客购买，因而它的属性就变成旅游商品，自身的价值也比普通的同类商品高出很多。同一件商品，在常住地和在旅游地购买的价格可能相差很多，原因就在于旅游地赋予了商品的旅游相关性，转化属性的商品会因为融合了游客的旅游体验而提升价值。

二、旅游商品的类型

旅游商品分类是指根据一定目的，为满足旅游商品经营管理、旅游商品市场监督和旅游者选购的需要，选择适当的分类标志或特征，将旅游商品集合科学地、系统地逐次划分为若干概括范围更小、特征更趋一致的部分，直到划分成最小的单元的过程（钟志平，2005）。

随着社会科技的发展，旅游商品呈现出飞速发展的趋势，传统旅游商品和新旅游商品不断涌现，旅游商品的品种和结构也不断丰富和变化。为了更好地生产和经营旅游商品，有必要对旅游商品进行分类。由于学术界对旅游商品的定义不同，对于旅游商品的分类也有不同的说法。按使用者不同可以分为自用商品和他用商品；按购买习惯划分可以分为旅游日常用品、旅游选购品和旅游专门品；按商品的功能和动机可以分为旅游纪念品、地方特色食品、工艺美术品和手工艺品、旅游文化用品、旅游户外用品和旅游高科技产品等；按地域范围分类可以分为区域性旅游商品、全国性旅游商品、国际性旅游商品等。苗学玲（2004）将旅游商品划分为旅游前购买的商品，旅游中购买的旅游纪念品（旅游印刷品、旅游工艺品、土特产、其他）、旅游用品、免税商品（图 7.2）。周武忠（2014）将旅游商品划分为旅游纪念品、旅游工业品、旅游工艺品、旅游用品、土特产品和其他。本书针对前面旅游商品的定义并结合前面两种分类方法，将旅游商品按功能属性划分为旅游工业品、旅游纪念品、土特产品、旅游专门品和免税商品五类。

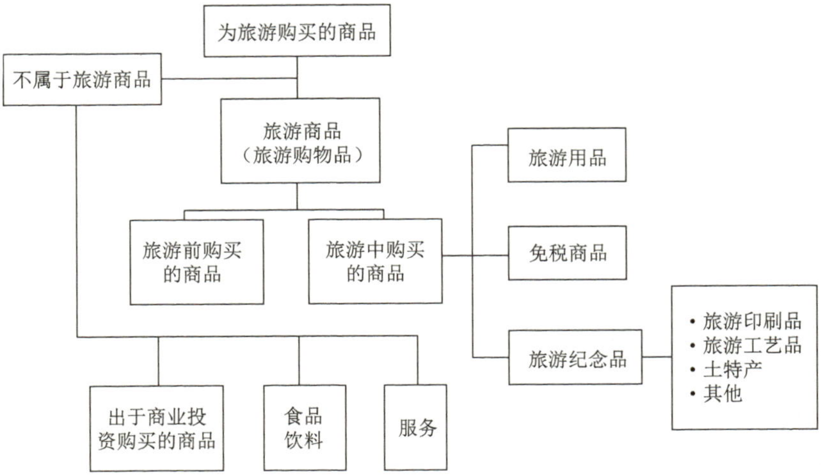

图 7.2 旅游商品的概念性定义

图片来源：苗学玲，2004

（一）旅游工业品

旅游工业品是指与旅游内容相关的工业品。旅游工业品与其他旅游商品的不同之处在于它主要是靠工业生产。旅游工业品在旅游商品市场占有一定的规模和重要位置，主要是与当今出入境旅游的发展和互联网的发展有关，人们对其他国家的了解不断深入。当今的旅游工业品主要存在于发达国家，如法国的香水、化妆品，意大利的皮具、服饰，瑞士的军刀、手表等。这些商品大多是旅游地原产，通常被游客选购最多。

（二）旅游纪念品

旅游纪念品是指旅游者购买的具有纪念、馈赠、收藏意义的旅游商品。比较众多研究者对旅游纪念品所下的定义，它们有一个共同点，即具有纪念性，带有地方特色。旅游纪念品是旅游商品中最具特色的一类商品，很多人往往将旅游纪念品和旅游商品混为一谈，片面地认为旅游商品便指的是旅游纪念品。事实上，旅游纪念品只是旅游商品的一个组成部分。旅游纪念品应包括旅游工艺品，旅游纪念品中的工艺美术品和手工艺品，大多是以旅游地或旅游景点的自然风光或文物古迹为题材，或是以旅游地的特色地域材料制作而成的，能够体现当地的传统工艺和民族风格的独特商品（贝广，2011）。

我国旅游纪念品类型多种多样，根据用途可以划分为实用功能的旅游纪念品和陈设功能的旅游纪念品。实用功能的旅游纪念品主要指具有日用功能的工艺品，如文房四宝、陶瓷工艺品、漆器等。陈设功能的旅游纪念品主要指极具地方特色的商品，如秦兵马俑模型、书画、雕刻等。

（三）土特产品

地方传统风味和土特产品也是旅游商品的一部分，它们代表了旅游地的饮食文化传统和风俗习惯，可以带给家人也可馈赠好友。土特产品多是当地产的食品、药品、烟酒等，这类商品多具有独特的地域特征，也是当前国内大部分旅游者出门旅游选购最多的商品之一，如北京烤鸭、德州扒鸡、宁夏枸杞等，一种特产能够代表一个旅游地。土特产品能体现当地浓厚的饮食习惯和传统的风俗文化，也是旅游地地方性的体现。

（四）旅游专门品

旅游专门品主要是指旅游者在旅游活动中购买的旅游装备，包括太阳伞、登山器械、滑雪（水）器械、帐篷、摄影摄像机、登山靴、特种旅行箱包等。旅游装备的众多商品大都是旅游户外用品，随着户外运动旅游的诞生和推广，旅游装备品的范围大大增加，旅游者能够通过旅游装备锻炼身心，同时更贴近自然，感受自然运动，满足旅游精神需求。有些游客为了更好地完成旅游，会查看目的地的天气情况、自然条件等，然后做出选择是否购买旅游装备。例如，游客在登泰山的过程中，会根据地形地势和自身情况选择是否购买登山杖等旅游专门品。

（五）免税商品

免税商品泛指免征关税、进口环节税的进口商品和实行退（免）税（包括增值税和消费税）进入免税店销售的国产商品。本书所说的免税商品仅指为已办完手续而即将离境的旅游者提供一次性免税进口的特色商品。销售这些商品的店称免税商店，一般设在出入国境的口岸、机场、车站、港口等地，以方便旅游者购买。免税商品和旅游纪念品不同，大都没有地方特色。只是一些国家为了拉动消费，提高外汇收入，免去或者减免部分关税，以吸引旅游者购买。例如，很多中国游客前往外国旅游时就会在免税商店购买化妆品、服饰等商品。

第三节　旅游商品的文化元素表达

一、旅游商品的文化元素表达方法

（一）直接引用法

直接引用法是将传统艺术中的某些元素直接运用到旅游商品设计当中，不做太大的变换。这些元素主要包括造型、构图、色彩、图案纹样等。通过对这些元素的运用，可以更好地凸显旅游商品的地方特性。这种方法简单、明了，易于表现。当今大多数旅游商品设计采用的就是这种方法。经典的案例有：帅立功作品“象山水月”八件套茶具，将桂林象鼻山造型元素运用到旅游商品设计当中；利用青花瓷这一中国元素，将青花瓷图案用于水杯制作上。采用直接引用法进行特色旅游商品设计最为直接，效率最高。

直接引用的另一种方法就是缩小比例，即将凸显本民族本地域特色文化的标志物进行等比例缩小。例如，西安的秦兵马俑纪念品，就是将代表西安的秦兵马俑缩小尺寸做成纪念品进行销售。缩小尺寸方便游客携带，这样不仅能让游客欣赏震惊世界的秦兵马俑文化，同时还能让游客带回家进行收藏。又如，美国纽约的帝国大厦也采用此方法制作成旅游纪念品。

（二）间接引用法

间接引用法是将原有艺术元素通过提炼、创新、演绎等手法运用到旅游商品设计中去的方法。它相对于直接引用来讲更复杂一些。

1. 传统与现代相结合（换喻法）

随着科技的发展，现代新材料、新科技、新产品的出现逐渐影响了一些民间商品的制作和开发。民间工艺旅游商品开发有诸多劣势，如缺乏时代感和科技感，而现代技术在旅游商品生产中具有明显的优势，可以增加时尚感，降低生产成本，提高产品质量并使其规模化。关于旅游商品如何将传统与现代相结合，张洁和杨桂红（2005）以云南旅游商品为例，提出民间工艺与现代设计相结合的理念，旅游商品采用民间工艺结合现代管理技术，并利用新材料进行规模化生产。

2. 组合法

组合法是将传统艺术元素中的某几类设计元素进行组合，或将其中的某几类设计元素与现代设计元素相组合，形成新的造型、色彩、装饰和构图。

3. 隐喻法（抽象与具体）

隐喻法是指将传统艺术中设计元素通过设计师的主观意识改造，经过抽象、夸张、变形、简化等手法，结合新材料、新技术使设计出来的产品与原来的设计元素“神似”而不“形似”。此方法和传统与现代相结合的方法还是有区别的，传统与现代相结合主要是用现代的新科技、新材料与传统工艺相结合，而隐喻法主要强调设计师的主观意识，设计师通过采用某种手法来设计旅游商品。

（三）亲身体验法

最初的旅游体验可以追溯到朝圣和游历，中国古代一些具有代表性的游历学者，每次游历完后都会写一些诗歌和游记，《徐霞客游记》就是其中典型的代表。就旅游商品设计而言，要更加关注旅游体验，围绕旅游活动和事件进行设计，将历史背景、加工工艺和现实审美等文化资源要素进行强有力的整合。旅游商品设计最为核心的问题在于如何使其恰当地嵌套于旅游活动之中，围绕旅游者的体验效果这一中心问题展开规划和设计活动，打造出合乎旅游者期待，又能为旅游地居民接受的旅游商品物象体系（周武忠和李义娜，2012）。

旅游商品对工艺文化的阐释可以通过图文的方式，也可以通过加工过程予以展示，如游客到云南旅游时在一些茶铺不仅仅可以买到正宗的普洱茶，还可以亲身体验普洱茶的制作工艺，游客可以更好地了解茶文化，认识茶文化。

二、旅游商品的文化元素表达路径

（一）旅游商品设计

随着消费社会中的符号经济兴起,各种商品也越加凸显了其符号价值的存在。随着全面推进建设小康社会，旅游者购买旅游商品的动机不仅仅只满足物质生活的需求，也更加注重精神层面的需要。旅游者购买旅游商品，就是对旅游商品文化价值的追求，从而实现精神上的满足。因此，旅游商品的设计原则应凸显它的文化性，让游客在购买旅游商品时感受到当地的文化魅力。

游客对于符号的感知是通过对旅游商品的设计形式和内容来体验的。旅游商品的设计过程，实际上就是将当地的物质文化和精神文化进行整合、提炼、加工，从而设计出另一种文化的设计过程。李树（2007）从文化体验的目的出发，认为旅游商品重要的不是实物价值，而是一种虚拟价值，即商品设计是对特定地域文化的概括与传达，旅游商品的设计应该具有地方特色，形式上体现地方文化的审美特征，内容上更具有象征性和寓意，通过工艺、材质、色彩、造型、题材等对地方文化进行表达。

1. 工艺

旅游商品的本体设计，最为重要的一环就是工艺。现代大机器生产的产品标准和效率更高，为旅游商品的发展提供了良好的契机，但其缺乏个人爱好、情感表现的张力。旅游商品设计时工艺还要尽可能地贴近原生特色，除了满足内容表达，还要回归传统。民间工艺是民族文化的传承，是民族文化的一部分，从民间工艺中我们可以发现某个群体的生活方式、审美意蕴等文化信息。民间工艺生产效率低、成本高，往往一件产品的制作就需要几年时间，这样生产出来的旅游商品的价格就会很高，大多数游客不具有购买这类旅游商品的能力。民间工艺主要是在一些小作坊，甚至在生产者家中生产，这就导致生产规模小，不能满足大量游客的需求。民间工艺有时还具有理念落后的特点，如云南大理剑川的木雕产品主要是销往各地区的雕花格扇门，图案也大多是龙、凤、鸟、兽、花草等，颜色单一，缺乏时代感，不能满足现代人对于审美的需求。

旅游商品设计要尽可能地贴近原生特色，制作工艺也要选择回归传统，这是因为传统商品的制作凝结着古人的智慧和传统文化，更容易吸引游客的眼球。优秀的旅游商品的设计无一不重视材料和工艺，再加上博大精深的中国文化为旅游商品的设计提供了创作的源泉。这些旅游商品往往具有极高的文化艺术价值和经济价值，如景德镇的青花瓷旅游商品，就是依据陶瓷的制作工艺，再结合青花瓷图案，设计制作的青花瓷水杯、圆珠笔、U 盘等，游客通过这些有形的商品就能体会到中国文化的内涵。

随着时代的发展，现代审美观念的改变，环保意识的加强，游客在旅游时越来越追求实现旅游商品艺术价值和实践绿色理念。因此，旅游商品的工艺设计也要进行改革。综合现代大机器生产和民间工艺的优缺点，旅游商品的设计要将民间工艺和现代的大机器生产相结合。云南在旅游商品开发中提出了将民间工艺与现代技术及理念相结合的方法，在民间工艺过程中融入现代技术、理念及管理（张洁和杨桂红，2005）。例如，云南玉溪“花腰傣”传统服饰将传统的工艺手法和现代的设计理念相结合，保留了传统的扎染，同时融入现代流行的十字绣。这样不仅很好地传承了民族工艺，而且还极大地提高了工作效率，是传统与现代的有机结合。

为了让旅游商品还原社会生活的真实历史，必须从内容上反映历史原貌，材质工艺上贴近原生特色，游客方便积极参与，东道主积极融入这四个方面入手（周武忠，2014）。因此，在制作旅游商品时，可以让游客参与进来，一起体验制作的过程。精美的旅游商品摆放在商店或家中，游客对其所蕴含的文化的感知总是被动的，只有让游客参与进来，亲身体验其制作过程，这样制作出来的旅游商品既包含游客自身的劳动，又能主动地将凝结在该旅游商品中的文化内涵展现给游客，这样的方式会让游客产生更深刻的印象，也更愿意选购此类商品。

2. 材质

先秦《考工记》中就有“天有时，地有气，材有美，工有巧，合此四者，然后可以为良”，由此可以说明材质在旅游商品设计中的重要性。旅游商品只有合理运用材质，才能使旅游商品呈现出特定的造型形态。旅游商品设计时选用不同性质、不同类别的材料，可以形成不同结构的旅游商品，表现出不一样的视觉特征，给游客带来不同的视觉感受。王魏（2012）就提出地域材料和新型材料的结合运用，以此重塑旅游商品的肌理。

赵亚伟（2012）认为旅游商品的材质，是指依托旅游商品材料的性能、质感和肌理而实现的信息传递。旅游商品设计在选择材料时，要考虑两个因素：一是要充分考虑材料的使用性能，比如强度、硬度、耐磨性、抗腐蚀性等是否符合商品实际使用的要求，材料的加工工艺、制作技术等是否符合商品的生产需要。二是要充分考虑材料的质感肌理。这个因素决定着旅游商品的表面特征，决定着能否给人以视觉和触觉的直观感受，能否传达出相应的心理联想和象征意味。旅游商品的材质不仅能体现质感，而且能够反映地域文化特征和精神内涵。

一种材料往往能代表一个地域，独特的材料本身可以宣传旅游地的文化，传递旅游地社会历史信息等。竹子、木材传递的是一种环保气息，钢材、塑料传递的是一种科技气息，因此，在进行旅游商品设计时要不断挖掘材质的深刻内涵。例如，云南丽江以东巴纸为材质制作的明信片、笔记本等，当游客接触到这些旅游商品时，游客就能被这种古老纸张的制作工艺所折服，游客通过触摸其纹理，可以感受到东巴文化的与众不同。

3. 色彩

在旅游商品设计中，色彩与其他要素相比，具有更加强烈的视觉表现力和感染力。旅游商品生命活力的关键之一就是色彩设计要具有独特性，这样才能吸引游客的眼球。随着社会的发展，现代人审美观念的提升，人们已经不能满足于粗糙的旅游商品设计，需要独具个性的设计，灵活的色彩运用会给游客带来全新的感受，可以提升旅游商品的艺术价值。色彩赋予了旅游商品新的生命，色彩使旅游商品更加生动形象（郑路，2014）。

“色彩”作为一种视觉元素无处不在，随着时代的进步，色彩与旅游商品的融合无疑是对旅游事业的一种推进。色彩在旅游商品设计中起着积极作用，具有独特性色彩的旅游商品更能打动游客的心灵，色彩有利于提高游客对地域文化艺术的理解，加深对地域文化的认识。旅游商品与色彩设计的融合，已经成为旅游商品发展的必然趋势。不同的游客，对旅游商品的色彩有着不同的需求，加上不同色调同时又代表着不同的内涵，如红色象征着革命，绿色象征着环保，白色象征着纯洁。不同民族、不同地区对色彩又有着不同的解释。旅游纪念品的主色调能够表现其文化特色和风格，既起到传递文化、感情的作用，又具有很强的装饰效果（王魏，2012）。因此，在对旅游商品进行设计时应根据当地的历史、文化背景，合理选择色彩。例如，在红色革命根据地开发旅游，进行旅游商品设计时就多用红色；在信奉伊斯兰教的国家里，旅游商品色彩设计多选用绿色，因为绿色在那里象征着生命。例如，赵亚伟的硕士学位论文《西柏坡旅游商品开发设计研究》中的子弹形伞的颜色就采用了红色，很好地突出了西柏坡的红色文化和革命精神。

4. 造型

在旅游商品设计中，文化符号是实现旅游者与商品之间信息交流的工具。符号学家索绪尔（2002）认为，符号包括能指和所指两个层面，能指是符号的形式，所指是符号的意义。由于旅游商品也具有符号的特征，所以旅游商品的能指指的是商品的造型、材质工艺、色彩、图案等；所指指的是旅游商品其中所蕴含的文化艺术元素，以及旅游者个人对旅游商品的喜好等，所指是通过能指来反映的。为了更好地表达旅游商品的所指意义，在旅游商品设计时要合理地运用能指的表现形式。在旅游商品设计时就更应该合理选择那些符合地域特色的造型元素。

黄清松（2013）根据造型的特点将造型分为具象造型、抽象造型、几何化造型。不同的造型有着不同的特点，在旅游商品设计时要根据旅游商品的特点、当地的历史文化背景，合理地选择符合自身的造型表现方法。例如，日本镰仓的鸽子饼干，就是运用了具象造型这一方法，将鸽子的造型直接运用到饼干的制作。贝广（2011）的硕士学位论文《好客山东旅游商品设计开发研究》中，烟台葡萄酒文化旅游商品的设计思路就是将烟台的葡萄酒桶设计成抽纸盒、时钟等现代商品。这些设计都是利用酒桶的几何造型制作的，既体现了实用功能，又更好地宣传了烟台的葡萄酒文化。

5. 题材

旅游商品题材的设计应以地域、民族文化资源为依据，通过不断整合挖掘文化要素，对传统题材的扬弃，扩充旅游商品题材的种类，满足不同旅游者的消费需求。

旅游商品设计要植根于地域、民族文化传统，设计出一些反映地域风土人情的旅游商品。可以将建筑、神话、传说、历史名人等地域文化融入旅游商品设计之中，以扩充旅游商品的题材。例如，江西景德镇是以生产青花瓷出名的瓷都，景德镇的画师在进行创作时，深挖当地的文化资源，并结合中国文化的特点，画出了一系列反映景德镇文化和中国文化要素的图案，主要包括花鸟、人物造型、纹饰等。

旅游商品设计还应结合现代生活，通过题材的创新，设计出反映现代人生活方式的旅游商品。例如，山西广灵的剪纸作为中国民间剪纸的代表，其题材由传统民俗扩展到戏剧脸谱、旅游景观、山水风光、劳动生活场景等，近年来该地先后创造出“京剧脸谱”“山西风光”“山西历史人物”等精美题材的剪纸作品，广受消费者的喜爱。

（二）旅游商品的包装设计

1. 包装设计原则

一是内容和形式的统一原则。在旅游商品包装中，要根据商品的特点，做到内容和形式的统一。一件优秀的旅游商品包装设计作品，是内容与形式有机融合、相互渗透、完美统一的整体，它的形式和内容都不能离开对方而单独存在，二者一旦相离，包装也就失去了其本来意义。因此，商品包装的形式必须准确、清晰地传达商品的内容与商品特色，如果一瓶饮料因包装被误认为是一瓶酒，一只牙膏因包装被误认为是鞋油，那就是内容和形式的脱节，情景不相融了（冯琛琛，2013）。

二是时代性原则。旅游商品包装设计要适应现代化生产、现代化的技术、现代生活方式等，体现时代的风格、风貌。传统包装的材质、色彩、造型、容积等都要结合时代的需求，不断进行创新，使之能更好地反映时代特征。

三是文化性原则。旅游商品作为文化的载体，商品本身与包装是内容和形式的关系，虽然大多时候是内容决定形式，但有时候形式也会影响内容。因此，旅游商品的包装具有文化特征，通过对当地文化符号、色彩、材质的应用，包装可以更好地反映商品的文化内涵。

四是环保性原则。随着生态旅游的兴起，人们在旅游购物时也越来越倾向于选择那些天然的、生态的旅游商品，绿色健康的包装设计会更受游客的青睐。旅游商品的包装设计，从选材、色彩、造型等方面要体现环保性原则。

五是创新性原则。旅游商品包装设计是一个充满创造性的过程，要能满足旅游者求异、求新的心理。同时，旅游商品设计是一门综合性学科，不仅仅需要艺术设计知识，还需要历史、地理、文学等学科支撑。这就要求设计者积极发挥主观能动性，大胆创新，创造出符合当地文化特色的旅游包装设计作品。

2. 包装设计要点

旅游商品包装是指对旅游商品的包裹捆扎物及包装技术方法的总称。精美且代表地方特色的包装设计能够激发旅游者购买旅游商品的欲望（钟志平，2005）。因此，我们应该合理利用包装设计的表现手法来准确展现旅游商品所蕴含的地方特色。那么如何利用包装设计来展现这种地方文化元素呢？这主要反映在包装造型、包装材料、包装结构、包装图形设计、包装色彩等方面（方冰和许孝伟，2009）。下面从视觉语言的色彩、图案、造型、材质、文字等要素进行探讨。

（1）色彩。从视觉的角度来分析，旅游者在购买旅游商品时，首先会被包装的色彩所吸引。因为色彩在包装装潢视觉因素中起着先声夺人的作用，并产生强烈的视觉冲击力和情感共鸣（陆红阳，2005）。旅游商品包装视觉色彩设计要引人注目，包装色彩的选用必须体现当地的特色内涵、特色景观、特色风土人情，从而达到凸显旅游商品的文化信息的目的。旅游纪念品的色彩元素影响着人们的情感，消费者和游客通过外包装可在一定程度上决定他们是否购买（梁丹等，2015）。因此，在旅游商品包装设计中，色彩的选择尤为重要。

商品包装的色彩选择要与商品本体的色彩基本一致，如保健品的受众中白领女性较多，选择暖色作为包装设计的主色调更受欢迎；红色、粉红色主要用于化妆品设计，象征着高雅；蓝色、白色主要用于食品设计，象征着干净、卫生。

在包装色彩的设计上，如果能够加入旅游目的地独特的地方色彩，必定能激发旅游者购买的欲望。余岚（2007）根据旅游商品文化倾向和馈赠取向，在包装设计中采用民族化、吉祥化色彩，使旅游者产生对旅行的美好回忆，勾起人们对商品背后的文化意义的联想，这是旅游商品包装设计用色的主要方法之一。例如，日本传统的小甜品——“果子”的包装就很好地运用了色彩元素。“果子”的外包装色彩采用了白色，因为日本冬季经常下雪，雪是白色的，代表着纯洁，所以其深受日本民众的欢迎。

（2）图案。旅游商品在产生之初就具有其他产品不具备的文化性和商业性的双重作用（甘雯雯，2014）。因此，在旅游商品的包装设计上要注重发挥其内在的文化性。只有做好旅游商品的包装设计，满足消费者在视觉层面和心理层面的需求，才有可能实现传递商品信息和相关文化信息的功能。旅游商品包装作为一门综合性学科，具有商品和艺术相结合的双重性。因此，图案包装的文化性就显得尤为重要。

图案是最能诱惑旅游者的“路标”，也是一种旅游商品形象的公告和产品文化的载体（刘安民和罗秋明，2002）。图案在包装装潢设计中表现为图像、符号、文字及组合形式的变化，并能反映商品本质特征。为了更好地在旅游商品包装上凸显地域文化，田定湘（2006）提出包装图案的三要素，即组织形式、表达主题和展示风格。因此，旅游商品包装设计的图案主要通过文化符号传递文化信息，将视觉图形与文字组合，展现特定的主题。

某品牌灯影牛肉作为四川有名的旅游商品，是很多游客来四川旅游必选的纪念品之一。由于灯影牛肉自身脆薄，牛肉纹理明显，其外包装的图案设计选取皮影戏中张飞的人物造型，这样既体现了商品名称，又突出了商品的文化特色。在文字排版上，选择中国传统的竖排，从右至左，色彩与文字、图形的有机结合，不仅赋予包装形式美，而且通过包装还传递了中国的传统文化（于静，2006）。选用麻绳作为结节，不仅方便携带，更突出了它的地方特色。

（3）造型。造型语义，顾名思义，就是主要通过商品造型要素（包括形状、比例及其相互之间的构成关系等），传达出商品形态的语义（赵亚伟，2012）。这种语义传达主要体现在象征性内涵的指示，给游客带来一定的情感和心理感受，使之产生亲切感，从而建构起一定的商品形象。

在旅游商品的包装设计中，独特的包装造型会刺激旅游者购买旅游商品的动机。包装造型是最具有真实的立体形态感的视觉元素，会产生独特的视觉感和冲击力。由于传统造型含有丰富的文化气息，具有独特的审美方式。如果将那些具有典型意义的传统造型直接引用或进行元素重构，赋予它们特定的文化寓意，就能很好地彰显其地域和民族文化信息。在旅游商品包装造型设计中引用传统造型，如地方标志性建筑、地貌和环境造型等视觉元素，能够使旅游商品既实用又美观，还能刺激旅游者对该旅游商品购买的动机，并诱发旅游者对目的地的回忆。

现在很多旅游商品在包装造型设计上做了大量工作，将带有独特地域文化的造型元素巧妙地运用在旅游商品的包装上，为目的地旅游商品的物化形象做出了很好的宣传。例如，湖北秭归的“龙舟粽子”，帅立功作品“象山水月”八件套茶具等都是很好的包装造型设计的经典案例。此外，法国某化妆品包装盒造型参考巴黎标志性建筑，使其带有浓厚的时尚感，成为来法国旅游者竞相购买的特色旅游纪念品。

（4）材质。旅游商品包装材质选用的基本原则是与旅游商品本体的用材一致，但也有不一样的地方。例如，旅游商品包装强调文化性，具有一定的艺术欣赏诉求，作为包装材质的选用就要符合这一需求。因地制宜，就地取材，注重绿色、健康、环保理念。包装材料是一种通过触觉感知的视角元素，材料的质感和肌理是包装设计选取的基本要素（余岚，2007）。

旅游者的求异、求新心理和提高个性化艺术涵养的愿望，使得游客形成旅游购物的文化倾向。在包装材料选用上，选择那些带有特殊质感和纹理的天然材料，越是天然材质包装的旅游商品越容易受到旅游者的青睐。例如，宜兴紫砂壶的包装多采用麻布、陶瓷、竹木、棉麻等材质；苏州刺绣的包装多采用木材、竹材等精美装裱框；云南一些山区用稻草捆扎鸡蛋，该包装方式原材料就取自当地，既便宜实用，又具有地方特色，且设计上还蕴含了绿色设计理念。

（5）文字。作为包装设计的视觉要素之一，文字相对于图案而言是不可或缺的。文字具有清晰表达商品特点、信息的功能。例如，文字能清晰表达商品的批号、产地、生产日期、名称、使用方法、保质期等产品信息。包装视觉设计中，文字元素的特点包含：一切不能用视觉形象直接表达的信息都可用文字来表达；文字的艺术性，使其信息传递独具特色；文字表达的信息要比图形间接，信息量相对较少，当文字用于品牌、商标时，信息含量大大增加（梁丹等，2015）。

旅游商品包装上的文字分为主体性文字和说明性文字，主体性文字包括商品的名称、企业的名字等。主体性文字依据位置、颜色、字体、字号的不同，展现出不同的视觉效果。说明性文字是用来介绍商品的用途、产地、成分、使用方法等的，虽不起眼，却是影响旅游者是否购买的决策因素之一。说明性文字不需经过太多艺术加工，只要求字迹清晰、字体端正、易于识别和阅读。

包装设计上文字的选用主要包括中国书法、印刷体、美术体等，完美的文字排版能使文字更具有表现力，增加画面感染力。

旅游商品作为文化的载体，文化则是旅游商品包装的灵魂与核心。文字作为文化的一部分，在旅游商品包装设计上的应用，能够将旅游商品的地域信息准确地展现出来。旅游商品的包装设计在展现个性的选择上要谨慎得多，无论是包装设计中材料的选择、结构的组合、外观造型的体现等立体要素方面；还是文字、图形、色彩等包装设计中的平面要素方面，其个性的体现与塑造，都必须以凸显旅游地的文化特色为最根本的出发点（胡荣奎，2012）。

我国的汉字文化源远流长，是一种有效的信息传达手段。汉字作为中华文化的代表，具有很强的形象性、表意性和符号性，汉字的造型是一种心理写实而又抽象化的表现符号，比其他任何民族的文字都要深刻、完美，它凝聚了华夏民族特有的形象思维观念和审美心态，是一种“语言的图画”，汉字结体、笔意等艺术特征还受到中国其他艺术门类的“意向表现”“形神兼备”特征的影响（尹定邦，2001）。文字在包装设计的应用主要是基本字形的变化和字形与图案的结合。例如，传统的福禄寿字体，不同字形的变化有着不同的含义。四川泸州的特产“泸州老窖”，其外包装就选用了传统书法来表现其商品名字，同时还与中国画的图形相结合。

旅游商品包装设计与我们的民族文化密切相连，它是我们社会文化的重要组成部分，无论是哪种设计，从设计形态和设计风格来看，都包含了特定的民族文化和艺术内涵，涵盖着需求者与设计者对于生活的憧憬和向往，体现了不同的审美理念和文化观念。

第四节　旅游商品及包装设计案例

一、旅游商品设计

关于商品设计，这里以西柏坡的旅游商品（图 7.3，图 7.4）设计为例进行分析。此款商品设计，可以从造型设计、色彩搭配、功能、材质、文字运用等方面进行分析。

（1）造型设计。伞面形状借鉴了象征革命精神和新中国的五角星的轮廓，伞柄和外包装又非常清晰地运用了革命战争中人们非常熟知的子弹形状。不管是五角星还是子弹的造型，都体现了西柏坡的革命精神。在本案例中，这两种造型赋予了这件旅游商品特殊的意义。

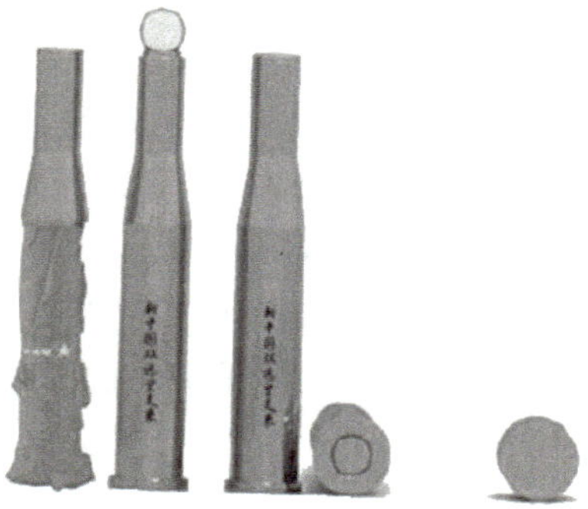

图 7.3　正视图及底面效果图
图片来源：赵亚伟，2012

图 7.4　伞的效果图
图片来源：赵亚伟，2012

（2）色彩搭配。伞柄和外形都以明确的红色符号（五角星形状、五星图案、红色等），鲜明地传达出西柏坡时期的红色革命意义。红色代表革命精神。当旅游者撑起手中的这把伞时，伞的顶部形状展示出五角星的形状，当无数游览者同时撑起伞时，会形成千百颗红红的五星在旅游景点绽放，这体现出红色西柏坡精神在我们手中传承，这种具有象征意义的文化符号运用可以大大提高旅游商品的内在价值。

（3）功能。该产品设计基本上实现了伞在人们日常生活中避雨或遮阳的功能，其在体现西柏坡时期革命意义的同时，既美观大方又方便实用。

（4）材质。采用金属材质作为伞具的支撑，利用金属表面产生光亮如镜的质感，让人体验到高科技的时代气息，又可以利用金属本身所特有的高强度，为伞提供坚强的支撑作用。作为伞具的包装，子弹壳造型采用塑料或金属制品，这样的材质可以模仿子弹的真实质感，让所包装的商品保持其原有的形状，不会变形，且具有耐压性。

（5）文字运用。伞骨支撑的开关按钮上，雕有篆书“西柏坡”三个字，在细节上体现出该产品的优异品质、精湛的工艺技术。同时，篆书的雕刻又很好地体现了中国的书法艺术。在伞柄上标出“新中国从这里走来”的文字提示，让游客看到商品时就能回忆起西柏坡之旅。

因此，从总体上看，该产品设计从造型、色彩、功能、材质、文字等方面体现了西柏坡旅游商品设计中应当具备的基本要素。

二、旅游商品包装设计

旅游商品包装设计的作用主要有保护商品、商品促销和信息传播，其中信息传播是最为重要的一个。信息传播包含两方面意思，一是对旅游地信息的传播，通过包装设计，融合地域文化元素，可以很好地凸显和宣传地域文化；二是让旅游者接收信息。旅游者外出旅游的主要目的是全面、深入地了解和感受旅游地独具特色的地域文化，进而转化为“新”“奇”“趣”的精神体验。而旅游商品的包装设计就是要把旅游地特有的文化信息传播给旅游者，让其在旅游过程中更加深入地体验和感悟旅游地的不同文化。可见，不管是信息传播还是信息接收，信息功能都是旅游商品包装设计中最重要的功能之一，也是连接游客和旅游地文化之间关系的重要纽带。

这里以江西樟树某酒包装设计为例加以说明。该酒的代表性产品有“青龙”系列、“世家”系列、“东方韵”系列等，在包装上以龙纹作为主题图案，龙象征着男性的坚强刚毅，也是中国神话传说中的祥瑞之物，“青龙”包装盒上龙的纹样，既庄重，又表达了“龙腾盛世”的美好寓意。“世家”的包装盒则采用了青花为主题图案，青花元素是对传统文化艺术的凸显，同时又融入了时代感。“东方韵”所采用的设计元素源于我国传统装饰纹样之一的“宝相花”，寓意富贵、吉祥，并采用“景泰蓝”的处理技法，既优雅美观，又古朴丰厚，与内瓶瓷器材质结合给人以古典儒雅的气质特征。

色彩在酒类包装上具有强烈的视觉冲击力，通常使用红、黄、金、白、黑等颜色。“东方韵”系列以宝石蓝、白、红、金色为主，体现深邃、尊贵、雅致之感；“世家”以青、白为主，体现清新、祥和之感；该品牌“15 年”系列则以酒红、金色为主，体现富贵、优雅之感。

该酒包装设计中还运用了书法元素，如“52 度某古钟瓷”采用书法行书，笔意轻松流畅，让人具有古色古香的感觉。“世家”在包装中采用水乡书画的表现手法，展现了其产品的高雅品质。

包装造型对酒文化的展示也很重要，如“东方韵”的造型是底部为圆形，上部为管状与底部连接。圆形造型体现了中国文化中的圆满、循环之意。作为盛酒的器皿，圆形设计符合中国的传统文化思想，更容易被国人所接受。

参考文献

贝广. 2011. 好客山东旅游商品设计开发研究[D]. 济南：山东轻工业学院硕士学位论文.

陈胜容. 2006. “旅游商品”概念内涵之辨析与定义[J]. 桂林旅游高等专科学校学报，17(5)：516-518.

樊姝玉，杨达源，李徐生. 1999. 旅游商品开发浅析[J]. 资源开发与市场，(2)：119-120.

方冰，许孝伟. 2009. 关于旅游商品包装设计的思考[J]. 旅游论坛，2(3)：446-449.

冯琛琛. 2013. 低碳设计理念下的包装设计在旅游商品中的应用[D]. 西安：陕西师范大学硕士

学位论文.
甘雯雯. 2014. 旅游商品包装设计的研究[D]. 济南: 齐鲁工业大学硕士学位论文.
顾维舟. 1990. 旅游商品开拓[M]. 上海:同济大学出版社.
郭鲁芳, 吴儒练. 2008. 旅游商品: 概念・范畴・特征[J]. 江苏商论, (10): 94-96.
胡荣奎. 2012. 影响旅游商品包装设计的因素探析[J]. 包装工程, (10) : 118-121.
黄清松. 2013. 广西特色旅游商品设计开发研究[D]. 桂林: 广西师范大学硕士学位论文.
黄郁成, 郭安禧, 顾筱和. 2005. 论旅游商品开发对农村社区经济的影响: 以井冈山为例[J]. 江西社会科学, (9): 209-214.
蒋冰华. 2005. 旅游商品的特点和分类研究[J]. 安阳师范学院学报, (3): 60-62.
梁丹, 孙悦, 徐欣欣. 2015. 旅游纪念品包装设计研究[J]. 艺术科技, (10): 170.
李树. 2007. 江苏特色旅游纪念品设计开发研究[J]. 装饰, (12): 79-81.
李艳. 2001. 旅游商品需要品牌支撑[J]. 商业经济与管理, (1): 58-59.
刘安民, 罗秋明. 2002. 企业市场营销伦理与商品包装道德[J]. 包装工程, 23(3): 50-55.
刘敦荣. 2002. 旅游商品学[M]. 天津: 南开大学出版社.
陆红阳. 2005. 包装设计色彩[M]. 南宁: 广西美术出版社.
苗学玲. 2004. 旅游商品概念性定义与旅游纪念品的地方特色[J]. 旅游学刊, 19(1): 27-31.
索绪尔. 2002.普通语言学教程[M].裴文, 译. 南京：江苏教育出版社.
陶汉军, 林南枝. 1994. 旅游经济学[M]. 上海: 上海人民出版社.
田定湘. 2006. 论我国旅游商品的包装[J]. 包装工程, 27(1): 220-222.
田里. 1994. 现代旅游学导论[M]. 昆明: 云南大学出版社.
田伦. 1998. 经济增长方式转变中的旅游购物[J]. 旅游调研, (3): 52-56.
王大悟, 魏小安. 2000. 新编旅游经济学(修订本)[M]. 上海: 上海人民出版社.
王晖. 2008. 红色旅游特色商品开发的原则与策略[J]. 商场现代化, (2): 136-137.
王克坚. 1992. 旅游辞典[M]. 西安:陕西旅游出版社.
王魏. 2012. 陕西旅游纪念品文化元素与艺术的结合[D]. 西安: 西北大学硕士学位论文.
吴必虎. 2001. 区域旅游规划原理[M]. 北京: 中国旅游出版社.
于静. 2006. 包装设计[M]. 沈阳: 辽宁美术出版社.
余岚. 2007. 旅游商品包装设计技巧探析[J]. 包装工程, 28(7): 180-182.
尹定邦. 2001. 图形与意义[M]. 长沙: 湖南科学技术出版社 .
张洁, 杨桂红. 2005. 云南旅游商品开发中民间工艺和现代技术及理念的结合研究[J]. 西南民族大学学报(人文社科版), 26(12): 196-198.
张文敏. 2000. 关于旅游商品的几点思考[J]. 旅游研究与实践, (3): 40-43.
张文祥. 1992. 西南经济区旅游商品开发策略初探[J]. 社会科学家, (3): 67-71.
赵亚伟. 2012. 西柏坡旅游商品开发设计研究[D]. 石家庄: 河北科技大学硕士学位论文.
郑路. 2014. 谈吉林省旅游商品色彩设计的独特性[J]. 城市地理, (11X): 198.
钟志平. 2005. 旅游商品学[M]. 北京: 中国旅游出版社.

周武忠. 2014. 中国当代旅游商品设计研究[M]. 北京：中国旅游出版社.
周武忠，李义娜. 2012. 论旅游商品设计中的文化资源整合[J]. 东南大学学报（哲学社会科学版），（2）: 94-95.

第八章

旅游规划中公共服务设施的文化元素表达

第一节　旅游公共服务设施概念及分类

一、旅游公共服务设施相关概念

城市公共服务设施既是现代城市环境的一部分，也是一个城市的文化构成因素之一，可以说城市公共服务设施是城市化不断发展的产物，它与城市建筑、城市景观、城市文化共同构筑了一个城市的形象特征。对于旅游景区来说，旅游公共服务设施的作用更加明显。

根据《中华人民共和国旅游法》规定："旅游发展规划应当包括旅游业发展的总体要求和发展目标，旅游资源保护和利用的要求和措施，以及旅游产品开发、旅游服务质量提升、旅游文化建设、旅游形象推广、旅游基础设施和公共服务设施建设的要求和促进措施等内容。"由此可见，旅游基础设施和旅游公共服务设施是所有旅游发展规划中相当重要的部分，是必不可少的。

目前在学术界，旅游基础设施与旅游公共服务设施没有明确的区分，因为很多设施都具有服务一体化的特征。但基础设施更多的体现功能性服务，而公共服务设施则更具有公益性的特点。基础设施是指为社会生产和居民生活提供公共服务的物质工程设施，是用于保证国家或地区社会经济活动正常进行的公共服务系统，是社会赖以生存发展的一般物质条件。这里的基础设施不仅包括公路、铁路、机场、通信、水、电、气等公共设施，而且包括教育、科技、医疗卫生、体育、文化等社会事业（罗震东等，2011）。因此，基础设施是包括交通、通信、供水、供电、商业服务、科研与技术服务、园林绿化、环境保护、文化教育、卫生事业等市政公用工程设施和公共生活服务设施在内的所有物质工程设施的总和。

旅游基础设施，不仅拥有基础设施的功能性、服务性和承载性的特点，同时还具有独特的景观化的特征。旅游基础设施包括六大体系，即能源供应系统、供水排水系统、交通运输系统、邮电通信系统、环保环卫系统和防灾减灾系统。

旅游公共服务设施是旅游公共服务（指由政府主导，不以营利为目的，满足游客需要的服务的总和）的硬件部分，属于实物性的旅游公共服务。李爽等学者将旅游公共服务设施定义为以政府或其他社会组织为主体提供的、不以营利为目的的、公共性的，以满足旅游者公共需要为目的的公共产品和服务，包括旅游标识系统、公共景观设施、旅游集散点的游憩设施等（李爽等，2010）。汤星星则认为旅游公共服务设施是为旅游者和本地居民旅游和生活提供的公共服务产品，他强调了旅游公共服务设施的服务对象不仅包括旅游者，还应包括本地居民，同时强调了旅游公共服务设施的公有性和服务性，旅游公共服务设施的用途和目的是保障旅游者及本地居民信息畅通、安全有保障、交通便捷和旅游及生活的便利（汤星星，2013）。

近些年来，有关旅游产业的开发主要集中在旅游地的旅游资源、旅游产品、旅游业态、旅游市场等方面，而对于旅游基础服务设施的研究几乎凤毛麟角。这主要是因为，旅游地的旅游产品与旅游业态直接为投资者带来收益，商业化与市场化特征明显；而具有重要作用的基础设施和公共服务设施，巨大的外部性、公共性及全民服务性特征使其很少能直接产生经济效益。

众所周知，旅游消费业态就是以旅游基础设施与公共服务设施作为强大支撑的，有人做过一个很形象的比喻，把不同的旅游消费业态当作一个个苹果，那基础设施与公共服务设施则是结出苹果的大树，只有大树基础深厚、根深叶茂，才能结出硕大健康的苹果。这个比喻可以说将旅游基础设施和公共服务设施体系与整个旅游消费市场的关系描述得非常准确。因此，旅游公共服务设施的建设与完善就变得尤为重要，从延长旅游产业链到提升旅游收入，再到减少旅游安全隐患都发挥着举足轻重的作用。对于旅游地来说，旅游的发展与提升不仅要靠旅游资源的开发，更需要完善的基础设施和旅游公共服务设施，形成以旅游服务为核心的综合服务体系，从而提升旅游地的游客承载能力和旅游发展能力（蔡穗虹等，2013）。2017 年政府工作报告中，李克强总理在部署重点任务时明确提出要“完善旅游设施和服务，大力发展乡村、休闲、全域旅游”；同年，李金早局长在全国旅游工作会议上进一步指出：“建设世界旅游强国，强国必先强基。没有基础设施和公共服务供给能力持续提升、软硬实力不断增强的经济社会发展基础，就不可能建成世界旅游强国”。由此可见，旅游设施建设已经成为当前旅游发展，乃至城镇化发展重要的基础性工作。在《“十三五”旅游业发展规划》与《“十三五”全国旅游公共服务规划》两个规划的总指导下，专项性的旅游设施相关政策主要集中在交通运输设施、新型旅游设施、卫生设施、旅游信息化设施、旅游设施投融资、设施用地六个方面，这些政策将旅游基础设施建设提到了新的高度。

《"十三五"全国旅游公共服务规划》的指导思想是，按照"五位一体"总体布局和"四个全面"战略布局，牢固树立和贯彻落实创新、协调、绿色、开放、共享发展理念，以转型升级、提质增效为主题，坚持"需求导向、补齐短板、创新共享、智慧支撑、结构优化、全域全程、软硬并举"建设为主线，扩大旅游公共服务有效供给，优化旅游公共服务内容，全面提升旅游公共服务品质，提高旅游业可持续发展保障能力，为实现旅游强国"三步走"战略奠定坚实基础。作为旅游基础设施与公共服务设施建设的纲领性文件，《"十三五"全国旅游公共服务规划》对旅游公共服务提出了明确的要求，包括六大发展理念（补齐短板、增加供给，全面创新、提质增效，融合共享、引领发展，科技支撑、智慧发展，均等公平、全域覆盖，深化改革、规范发展）和六大发展目标（信息化、品质化、均等化、全域化、现代化、国际化）。因此，广义的旅游公共服务设施包括了基础设施和公共服务设施；狭义的旅游公共服务设施仅指具有公有性和服务性的旅游交通设施、环卫设施、购物设施、信息服务设施、休息服务设施和景观设施。

二、旅游公共服务设施的分类

本章从狭义的角度对旅游公共服务设施进行分类。

（一）旅游交通设施

城市公共交通设施的种类繁多，不同的公共交通设施具有不同的作用，但是它们产生的主要目的都是为人们日常出行带来便利。这些公共交通设施不仅实用，而且符合城市整体空间的审美要求，它们对城市公共空间内混乱局面的改变及城市细节和形象的塑造发挥了重要的作用，为城市空间注入了新的活力。

在旅游规划中，旅游交通设施体系大致可分为外部交通设施和内部交通设施。外部交通设施是指到达旅游目的地所要搭乘的大型交通工具，主要包括航空、铁路、公路以及部分地区的水路交通设施。内部交通设施则是指景区内部的交通工具，主要包括低空飞行器、索道、观光车、小火车、自行车、传统滑竿、水上游船和竹筏等特色交通器具。将文化融入内部交通工具可衍生出许多景区特色的交通方式，如江南水乡古镇里的轿子、雪地景区的雪橇、乡村田野的牛拉车、高山攀爬的滑竿等。

除交通工具外，停车场是旅游交通不可或缺的重要组成部分。旅游停车场一般生态要求较高，同时应结合地方文化予以装饰。旅游停车场分大巴车位、小车位、观光车停车位和特种交通工具停车位，为便于管理，在出入口需要安装车闸系统和建设管理房。

（二）旅游环卫设施

旅游环卫设施主要有旅游厕所、污水处理设施、排水设施、垃圾桶、垃圾转运站等。本章主要对旅游厕所和垃圾桶进行介绍。

旅游厕所，是指建在旅游景区内的公共厕所，其功能为传统公共厕所的功能，但随着厕所革命的开展，旅游厕所不仅具有传统公共厕所的实用功能，还具有与景区特点相适应的美化功能、主题文化特色功能、适应特殊要求的环保功能。

旅游厕所的外观一般需要与所在旅游景区的风格相协调，有木屋式、仿古式、景观式、生态式。由于厕所的多元化革命，旅游厕所有三维（3 dimensions，3D）打印厕所、生态魔方厕所、生态厕所、高科技智能厕所、新能源环保厕所（泡沫微生物厕所）等。为了体现旅游厕所的“旅游性”，外观和内部装修需要“创异”设计，如位于美国得克萨斯州首府奥斯丁，在鸟湖的步行道、自行车道旁，设计的旅游厕所外墙像城市的天际线，高低错落有致（图 8.1）。

图 8.1　美国得克萨斯州奥斯丁的木桶厕所

图片来源：杨国良拍摄

四川省海螺沟景区进行了厕所革命，主要体现在三个方面：第一，突出“新技术革命”。海螺沟景区淘汰了打包式厕所，选择了全国技术领先的具有环保、节能、清洁等特点的泡沫封堵免水冲微生物粪便自降解环保厕所，即泡沫微生物环保厕所，集泡沫封堵、微生物降解、智能控制、冬季保温四大技术系统，实现了高寒景区厕所环境零污染、臭味全祛除、保温新突破的目标。第二，突出“生态性革命”。海螺沟景区环保厕所的外观风貌，充分考虑了厕所与周边自然环境的适应问题。在设计中，突出古朴自然。将园林风景和现代建筑风格巧妙地融入设计，做到建筑与自然协调统一。建筑材料尽量选用本地材料，做到本地化、特色化，让旅游厕所成为一道“耐看不抢镜”的风景线。在建设中，突出生态环保，全部采用石木结构，木材均在专业生产厂家预制，现场直接安装，避免了木材加工对环境的影响；沙、石全部从景区外运入，避免了对景区的破坏；厕所屋顶采用透光透气结构，减少人工照明及通风设施，有效降低能耗；第三，突出“蝴蝶文化主题”。该厕所体现蝴蝶、冰川等主题文化。整个厕所外观呈冰川的塔峰状，内部装饰体现蝴蝶等各种元素（图 8.2）。

（a）冰川塔峰状风貌　（b）蝴蝶主题文化

图 8.2　海螺沟景区蝴蝶主题厕所

图片来源：杨国良拍摄

旅游厕所根据使用环境的不同，占地面积一般 60～200 平方米。游客集中的地方使用频率高，面积相对较大；反之，面积可适当小些。由于景区游客的时间分布极不均衡，高峰期游客量大，且女性游客如厕时间较男性游客如厕时间长，因此，旅游厕所在设计时女性厕位多于男性厕位（一般 3∶2 的比例），且需要设计家庭卫生间，供特殊人群使用。

垃圾桶，又名废物箱或垃圾箱，是指装放垃圾的地方。城市中多数以金属、木材或塑胶制作，是暂时存储生活垃圾的容器。旅游景区的垃圾桶，其外观设计不仅要与景区环境相协调，体现地域文化特色，功能分区也包括可回收垃圾和其他垃圾、电池回收箱等部分。九寨沟县甘海子景区位于四川省阿坝州九寨沟县西部漳扎镇境内，北接九寨天堂洲际大饭店，南靠甲蕃古城，西临成都至九寨沟景区的必经之路 S301，是九寨沟国家森林公园的重要组成部分。规划区涵盖甘海子湿地、甘海子社区与甲蕃古城。为凸显湿地生态文化和藏文化，该景区的垃圾桶以当地的木材为主要材料，整个外观造型体现原生态性（图 8.3）。

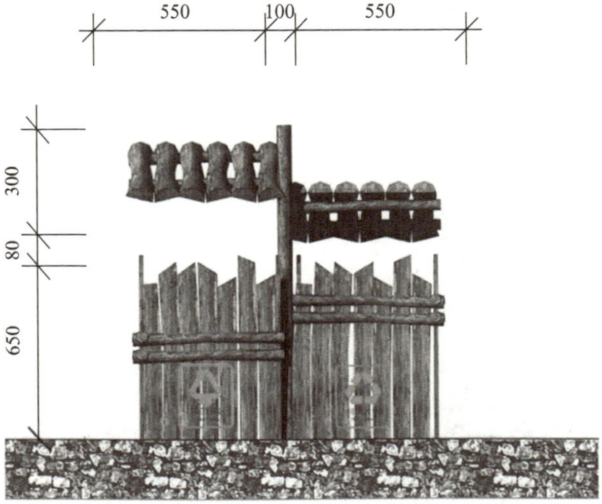

单位：毫米

图 8.3　九寨沟甘海子景区垃圾桶设计

图片来源：成都新界标旅游规划设计咨询有限公司绘制

（三）旅游购物设施

旅游购物设施分固定式购物设施和移动式购物设施，固定式购物设施包括特色购物街、商业综合体、旅游商店；移动式购物设施主要指购物车和临时性的购物摊位。

旅游购物设施的空间布局必须以旅游客流的空间分布为基础，坚持“三就近原则”，即近景区景点游客量集中区域布局，近旅游餐饮点附近布局，近车站、码头、机场附近布局。旅游景区内的购物设施一般布局在游客中心、景区出入口旁、餐饮和住宿点附近及游览点集中区域。

（四）旅游信息服务设施

旅游信息服务设施主要有电子信息屏、语音系统和景区标识标牌系统。电子信息屏一般设置在景区出入口，滚动播出景区天气、游客流量、突发事件及景区的景观资源和服务项目等信息。

景区的智能语音系统是建立在无线通信、全球定位、移动互联网、物联网等技术基础之上的智能导览系统，将景区导览电子化、智能化。该系统具有以下特点：全程真人自动语音讲解，全面覆盖景区及附近，能够快速提供线路走向，能够准确查询景区附近吃、住、行、游、购、娱信息及景区内公共设施等信息。

标识标牌系统是以标识系统化设计为导向，综合解决信息传递、识别、辨别和形象传递等功能的整体解决方案。城市的标识系统属于城市的公共服务设施，是指在城市中能明确表示内容、位置、方向、具体事项等功能的，以文字、图形、符号的形式构成的视觉图像系统。

景区标识标牌分全景图（图 8.4）、导览图、方向指示牌（图 8.5）、景点解说牌、温馨提示牌、安全警示牌、停车场停放区标识牌、游客中心内部制度标识牌及咨询服务台公共信息标识牌、厕所等公共设施标识牌。其设计应以人为本，设计内容规范化、设计风格与环境协调化、设计功能系统化、传递信息清晰化。

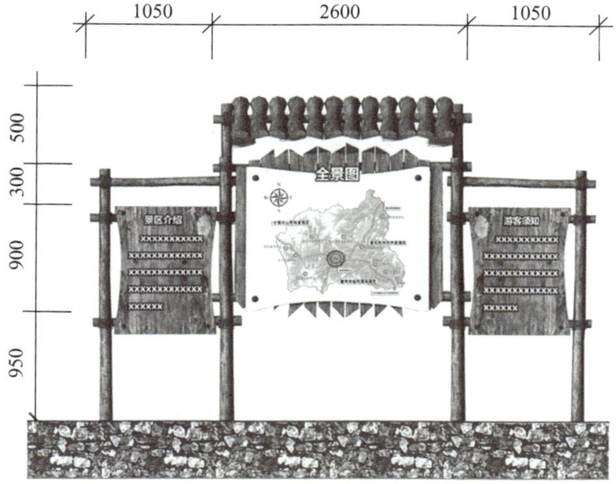

图 8.4　旅游景区全景图

图片来源：成都新界标旅游规划设计咨询有限公司绘制

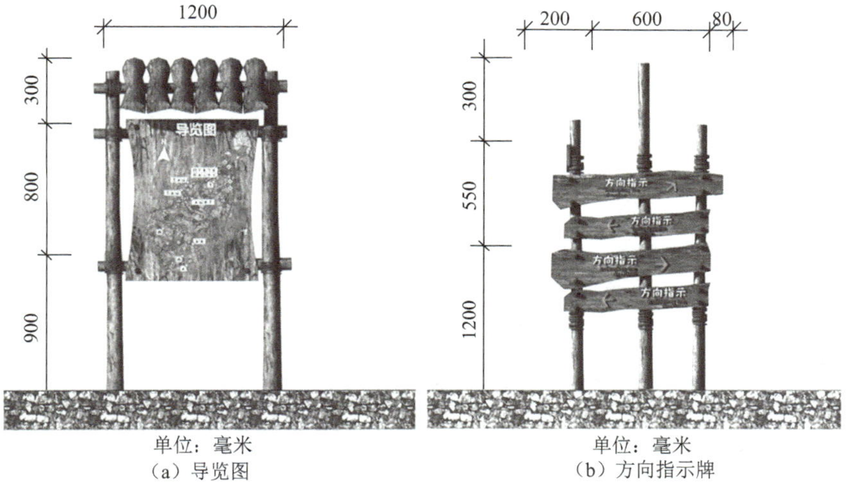

图 8.5　旅游景区导览图和方向指示牌

图片来源：成都新界标旅游规划设计咨询有限公司绘制

（五）旅游休息服务设施

旅游休息服务设施是指为旅游者的游憩、观光、度假等活动提供休息服务的设施，包括景区广场、营地等游客集散区域的休息设施，风景道内部的休息驿站、小型餐饮点、小型购物点和景区内部分散的小型公共休息服务设施。正是如此多的散点支撑，使得旅游公共休息服务拥有游客集散、导游导览、自驾游服务、自行车服务、自主性探索旅游服务等许多基础性旅游服务功能。例如，四川黑水县茂（县）黑（水）风景道上伍支沟景观节点的休息驿站，包含旅游厕所、小型购物点、停车场等简易设施（图 8.6）。

图 8.6　伍支沟景观节点休息驿站
图片来源：成都新界标旅游规划设计咨询有限公司绘制

（六）旅游景观设施

我国在景观活动和造园艺术方面具有悠久的历史。据记载，最早在殷纣王时期就出现了园林建造。秦朝时期也有许多“苑”“囿”皇家园林，造园艺术在魏晋南北朝、隋唐时期也广为流传。直至宋元时期，中国古典园林走向成熟。明清时期大量皇家园林和私家园林的建造使我国园林发展进入高峰期。中国古典园林的设计手法是在自然山水的基础上，辅以亭、廊、楼、阁等人工建筑，以人工手段效仿自然。园林中既融合着人文思想，描绘着诗情画意，也表达出尊敬自然、人与自然和谐相处的自然观。

20 世纪初，随着大众旅游发展的需求越来越大，旅游规划研究越来越深入，随即出现了旅游景观规划设计，这是由旅游规划和景观设计相互融合形成的，这使得旅游规划体系逐步走向完善。旅游景观规划设计使旅游环境舒适宜人，使旅游景观更具吸引力，根据空间布局和设计创意，创造出有特点的空间环境，并最终为旅游地带来经济效益。旅游景观规划设计是指利用景观学原理，对景观进行分析、布局、改造、设计、凸显，对景观进行艺术创造的过程。景观设计是旅游规划的进一步表达与深化，是旅游规划延伸的重要内容（张云冉，2018）。四川黑水县茂（县）黑（水）风景道上长河坝核桃林节点的景观设计取材于当地的经济果木林——核桃树，以核桃为主题雕塑，凸显地方文化元素（图 8.7）。

图 8.7　长河坝核桃林节点景观设计

图片来源：成都新界标旅游规划设计咨询有限公司绘制

第二节　旅游公共服务设施的文化元素表达

一、旅游公共服务设施与地域文化

公共设施作为一种特殊的空间符号，除了使空间环境更加舒适、有趣外，还兼有装饰和文化传播的作用，若再适当融入一些地域性文化符号，还能够增加空间的可识别性，体现城市或区域的文化底蕴和发展个性。

文化是公共设施设计中最具创新性的元素，对设计者来说具有更为强大的启示作用。我国历史悠久的传统文化可以进一步丰富设计者的设计思想。随着经济社会的不断发展，人们生活水平的不断提高，单调的公共设施设计已经不能满足人们的需求。因此，公共设施必须充分体现文化的时代性，丰富人们对公共设施的体验（林永莲，2018）。对于传承性的与文化性的城市设计而言，公共设施作为城市规划设计的主要组成部分，起着十分重要的作用。城市公共设施的对象是广大市民，地域性公共设施的文化表达直接或间接作用或影响着市民对于文化的感受（童宪，2013）。

旅游景区公共设施设计与地域文化之间是辩证统一的关系，两者之间相互依存、相互渗透并相互影响，公共设施是景区发展和文化传承的主要媒介，景区所在地区地域文化是景区公共设施设计的重要保障和设计源泉（褚海峰，2010）。而景区公共设施能促进景区的快速发展，对景区形象的塑造也具有决定性作用。所在地的地域文化对景区公共空间建设的影响非常大，而公共设施又是旅游景区空间建设中的重要组成部分（李腾腾，2010）。由此可见，景区的公共服务设施作为旅游规划中尤为重要的一部分，在对地域文化的传承与发展方面起着举足轻重的作用；反过来，地域文化在旅游服务设施中的融入也必将为景区的发展和壮大提供巨大帮助。两者之间的相互合作才能保证旅游景区的可持续发展。

另外，从服务对象看，公共设施的直接服务对象是当地的居民和旅游者，居民的日常生活离不开城市公共设施的建设，旅游者旅游体验质量的提高离不开景区公共服务设施的建设。因此，将地域文化引入公共服务设施的建设中，对提高广大市民的生活质量，提高游客的旅游体验质量有巨大的帮助。人们可以通过地区公共服务设施的文化表达，感受到城市或景区的人文关怀。综上所述，地域文化的传承离不开城市或景区公共服务设施的建设，公共服务设施是地域文化得以传承和发展的重要载体。

二、国家标准对公共服务设施建设的文化要求

为确保旅游景区规划建设有据可循，充分保证旅游公共服务设施的实用性、文化性、合法性及体现公共服务设施的人性化和生态化，国家对旅游公共服务设施的建设出台了一系列要求。住房和城乡建设部于 2018 年出台了《风景名胜区总体规划标准》（GB/T 50298—2018）[①]，包括总则、术语、基本规定、保护保育规划、游赏规划、设施规划、居民社会调控与经济发展引导规划、土地利用协调规划和分期发展规划。其中 6.1 小节为旅游服务设施规划，内容涉及客源分析与游人发展规模预测、旅游服务设施配备与直接服务人口估算、旅游服务基地组织与相关基础工程、旅游服务设施系统及其环境分析四个部分。根据游人规模预测旅行、游览、餐饮、住宿、购物、娱乐、文化、休养和其他九类相关设施的需求量。《旅游规划通则》（GB/T 18971—2003）在附录中提出了旅游服务设施的配置原则。值得注意的是一些国家标准因视角不同，关于旅游服务设施配置的侧重点有所差异，有的单一从独立风景区及城镇视角提出旅游服务设施规划标准，有的仅仅依据总人口或本地居民人口或旅游者规模进行预测，未对人

① 《风景名胜区规划规范》（GB 50298—1999）同时废止。

口构成提出具体分析。以上两种情况不能体现旅游服务设施功能高度复合的特征，也难以应对旅游人口动态变化的情境（邓鹏，2017）。

旅游度假区是为了适应我国居民休闲度假需求的快速发展需要，包括为人民群众积极营造有效的休闲度假空间，提供多样化、高质量的休闲度假旅游产品，为落实职工带薪休假制度创造更为有利的条件而设立的综合性旅游载体。国家旅游局①先后发布了《旅游度假区等级划分》（GB/T 26358—2010）、《旅游度假区等级划分细则》和《旅游度假区等级管理办法》来加强对旅游度假区创建进行指导和建设。其中《旅游度假区等级划分细则》共分为两个部分：细则一，旅游度假区等级基础评价评分细则；细则二，旅游度假区等级综合评分细则。两项细则都提到了关于度假区旅游服务设施的文化氛围营造，细则二中特别规定了旅游接待设施（如酒店、民宿）的文化特色及餐饮文化特色的相关评分细则，进一步说明了评价体系中对服务设施的文化特色要求很高。

国家生态旅游示范区，是指管理规范、具有示范效应，经过相关标准确定的评定程序后，具有明确地域界线的生态旅游区。国家生态旅游示范区也是全国生态示范区重要组成部分。国家相关部门发布了《国家生态旅游示范区建设与运营规范》（GBT 26362—2010）、《国家生态旅游示范区管理规程》，对生态旅游示范区的建设予以指导。

旅游景区是以旅游及其相关活动为主要功能的空间地域综合体，具有参观游览、休闲度假、康体健身等功能，配备相应的旅游服务设施并提供旅游服务的功能。我国的旅游景区根据质量等级划分为五级，从高到低依次为 AAAAA、AAAA、AAA、AA、A 级旅游景区。相应的国家评定标准是《旅游景区质量等级的划分与评定》（GB/T 17775—2003），该标准在 2016 年做了修订，新标准的变化主要突出了游览服务、综合服务、特色文化和信息化。游览服务、综合服务和信息化的变化在此不做赘述。新修订的标准中突出了本土特色文化的展示和表达，主要体现在将文化内容的评分从小项变为评定大项，凸显了特色文化在旅游景区发展中的重要性，其主要内容包括文化主题性、文化内涵挖掘、文化展示和文化体验四个方面。

三、旅游公共服务设施的文化表达原则

旅游规划中对公共服务设施的设计，首先需要对历史发展、城市文脉、地域文化、民族文化等方面做深入的了解、分析，通过提炼、处理、再设计等手段对特色文化元素进行再创作并应用于公共服务设施设计中，设计出来的公共服务设

① 2018 年 3 月，文化部和国家旅游局组建为文化和旅游部。

施不仅具有实用性，还能体现出本地特有的文化内涵和个性特征。旅游公共服务设施既是实用品，同时也是艺术品，是具有地方个性的文化展示品。旅游公共服务设施的设计应遵循以下原则。

（一）尊崇文化主源性

重庆工商大学熊笃教授在2016年第六届重庆文化产业博览会文化创意产业高峰论坛上做了主题发言，认为“一个地区的文化，是数百上千年积淀而成的物质精神文明的总和”，因此，文化是历史积淀的产物，同时，文化也是不断变迁的。吕宛青（2008）认为，人类在发展的过程中，在改造自身的同时也在改造着周围的自然世界。人类对自己生存行为的解释，就创造了人类共同的价值体系即文化。这种价值体系会从多个方面规范人们在生存中的行为，决定着人们与自然界进行物质再交换的具体方式，制约着人们的前途命运，因此，人们总是在尽可能的前提下，去调整人们彼此之间的相互关系，构建人类活动及其与自然生物圈之间的平衡体系。如果这种平衡体系受到人类活动的影响被打破后，人类又总是有能力去创造新的价值体系并实现新的平衡，这个过程就是文化的变迁过程。文化变迁是人类先祖给后人留下的宝贵财富，旅游规划工作者对其加以利用，从文化主源性出发，探索地方文化的发展脉络，提炼地方文化精髓，并用于旅游公共服务设施的设计上，是规划设计工作者应遵循的基本原则。

（二）着眼未来发展

地方文化的发展是一部变迁史，跨越数百年乃至上千年，其文化丰富多样，五花八门，在旅游规划时需要将繁杂、琐碎的文化点滴进行甄别，将适用于旅游表达的文化元素挖掘出来加以凸显、表达。甄别的过程既需要审视历史，同时还需要着眼未来发展，只有符合未来方向的规划才是前瞻性的规划，因此，其中的旅游公共服务设施的设计也应反映未来的文化元素。

（三）彰显文化个性

旅游规划的核心是创新，不仅有主题定位的创新、项目策划的创新，还有设施设计的创新，如何才能做到创新？唯有地方文化是差异性的，将地方文化融入旅游规划中才会彰显个性，体现差异。旅游规划涉及诸多旅游服务设施的规划和设计，是将地方文化及其主源梳理并提炼出需要的文化元素，再将文化元素表达运用于旅游公共服务设施的设计中。

（四）注重旅游规范性

所谓的旅游规范性原则是指旅游服务设施的规划和建设需要严格遵守执行的国家相关标准，如《风景名胜区总体规划标准》《旅游景区游客中心设置与服务规范》《旅游景区质量等级的划分与评定》等。旅游公共服务设施的设计需要按规范标准设计和建设，标准强调统一性，但并不是所有景区建设都同质化，恰恰相反，统一的仅仅是设施的服务功能，标准中对旅游服务设施的外观特性、形态，旅游材质的颜色、质地，装修风格中的文化展示、色彩表达，都鼓励个性化和特色化。因此，注重旅游规范性原则与彰显文化个性化原则是相辅相成的，在规划设计中不能孤立地运用。

（五）强调实用功能性

这是旅游公共服务设施外在的为人所感知的功能特性。旅游公共服务设施直接向游客提供使用、便利、信息、感知等功能。因此，在设计时必须根据特定的环境空间，结合景区周边的历史文化、地方民俗、建筑风貌等特点进行设计。

公共服务设施的实用性不仅仅针对设施的使用者，还应该让公共设施所在的景区特别是游客集中区域更“实用”。游客中心、餐饮娱乐设施区将因这些设施的加入变得更有效、更便利、更快捷、更富有秩序。旅游公共服务设施的空间布点、数量规模、布置方式与公共服务设施的设计都直接影响旅游景区的使用效率。

（六）突出人性化关怀

旅游公共服务设施的设计必须考虑旅游者的要求，以旅游者的行为及活动为中心。旅游公共服务设施的设计需要考虑旅游者的普遍需求和个性化需要，考虑普遍需求是指公共服务设施的设计强调参与的均等性和使用的公平性；考虑个性化需要主要针对特殊游客，如残障人士。旅游公共服务设施的设计既要体现所有使用者的公平参与，也要对特殊游客进行人性化的关照。

四、旅游公共服务设施的文化表达方法

从城市的整体形象看,具有个性的公共服务设施是城市发展的重要组成部分，城市公共设施设计在城市空间建设中具有不可替代的作用。每座城市所具有的独特地域文化是城市公共设施设计者的重要灵感源泉。在设计过程中，设计者可以从城市历史、民俗文化、建筑风貌、材质四个维度，将独特地域文化巧妙地运用在城市公共服务设施的设计方面，使公共服务设施不仅能满足人们的生活需要，

还能反映城市的历史文化风貌（李博，2015）。同样的道理，景区公共服务设施的设计也可以从景区当地的发展历史、地方文化、建筑风格、本土材质四个维度提取需要表达的要素，以此进行设计。

“表达”是设计者通过某种恰当的手法将自己的创意或者想法以直观的方式向他人展示，使他人得以阅读与理解（姜丽丽等，2011）。“文化元素的表达”则是设计者将地方文化提炼后选取予以凸显的部分用恰当的方法直观地向他人展示。在旅游规划中，地域文化的表达方法很多，就旅游公共服务设施的设计而言，可通过设施的外观形态设计，地文符号引用，主题脉络展示，象征与隐喻，保留与创新等方法予以表达。

（一）外观形态设计

公共服务设施的外观形态是一种文化的形态，反映了一个城市或景区的区域环境特点。景区环境是旅游者满足游览休闲、健身等旅游需求的空间，公共服务设施作为空间环境的组成要素，其外观形态设计在一定程度上对完善环境起到重要作用。

（二）地文符号引用

符号引用是指对地域文化中的文化元素如文字、图像、人物等引用，通过空间叙述手法来表达内容，以显示其文化内容。这种手法简单直接，主题突出，效果明显（孙川，2014）。用通俗的话来讲，符号引用的手法可以理解为是对地域文化元素的提炼，可以是纹样、造型的借用与重构，也可以是图案、色彩等元素的夸张变形或者空间转换。总之，这种手法既具有现代性，同时又体现了历史延续性，是在新形势新环境下旅游服务设施规划设计对传统元素的创新应用。

地域文化符号提取需要注意两点，第一是在提取地域文化时要分析地域特点，概括出地域的文化气质与精神面貌，并将地域文化的特点融入其符号提取中。第二是梳理历史文化主线，只有对历史线索及其文脉进行深入分析，找出其地域环境影响下的文化成因，才能提取出具有文化认同感的视觉符号。以四川为例，川剧是四川文化的一大特色。成都是戏剧之乡，在成都市将川剧文化融入城市旅游服务设施的案例很多，如具有成都版清明上河图之称的“锦里古街”，是融入浪漫体验与三国文化体验的成都最具魅力的历史街区之一。古街中的景观灯，提取了川剧三国人物中的脸谱元素，将脸谱的平面图纹样作为灯体四周的装饰；标识牌的设计则是将脸谱面具元素直接镶嵌在木质框架上，不仅使标识牌一目了然，也让街道的公共设施更生动，更有趣味性。

倘若从景观设计的角度来把握旅游服务设施设计的文化符号提取，那就需要更加专业的手法，主要包括提炼手法与转化手法。提炼阶段主要可以概括为文化筛选、文化分析、文化重组、文化提炼这四步层层递进的过程，而转化阶段相对来说方法多样，有写意、暗示、重组、杂糅等。写意要求的是言简意赅，形简意丰，在符号提取时，要提其“形”，延其“义”（陈蓉，2011）。暗示是指抓住符号本身的形象色彩特征，去繁就简，把那些复杂的自然形象中不利于构图与设计的部分简化、抽象，呈现出凝练、简洁而富有深意的造型（唐晶，2012）。重组是指将传统的地域文化符号利用现代的手法，与现代材料相互碰撞而形成新的符号形象。杂糅是指通过集中符号的组合或者通过材质、色彩的变化形成符合现代审美取向和欣赏能力的景观（李莎，2013）。

在旅游公共服务设施的规划设计中，文化符号的运用是最普遍的。以中国道教经典的八卦图和太极图来说，八卦图的符号在道教文化景区、中医文化景区里面随处可见，可以运用到垃圾桶、路灯、停车场、厕所等旅游公共服务设施的设计中；太极图的运用则更为广泛，因为太极不仅是道家文化的经典元素，更是中国古代哲学的代表，有着融汇自然、天地和谐的寓意，如成都的天府广场，整体空间形态便是取意太极，另外在带有养生性质的旅游景区，太极符号的应用也是比较广泛的。文化符号可以是一个小小的景观图形也可以是整体的地域建筑风格，如江苏的建筑文化特征明显，苏州园林在中国乃至世界都是地标性的风景园林代表，园林中的门、亭、廊、榭以开敞、小巧为主的建筑风格，为人们提供休息、娱乐空间，是当地特有的建筑形式。苏州城市的垃圾桶、道路指示牌、售票厅、电话亭等城市公共服务设施都是通过提取苏州园林门、亭、窗等文化元素并加以转化、加工处理而设计的。将提炼出来的建筑文化元素应用于旅游公共服务设施设计当中，使中国古代建筑风格与现代公共服务设施能更好地融为一体，从设施造型、设计元素等方面充分地展现地域建筑文化的特色。

（三）主题脉络展示

主题脉络展示即根据一定的文化线索、故事情节或设计思路对公共服务设施进行设计，用文字、图像、符号或设施的流线形态表达出一定的主题思想。可通过空间叙事的手法加以表达，包括顺叙、倒叙、插叙等方法。主题脉络展示具有一定的时序性，引导游客通过时空的转换进入主题游览之中，以唤醒游客沉睡中的记忆（任全进等，2009），其中公共服务设施是脉络展示的重要载体之一。地方文化中的主题内容如典故传说、名人轶事、民间故事都可以采用叙事的方法予以表达，如形成序列的城市广场中的公共服务设施、旅游景区游客聚居区域的景观小品、文化艺术墙和休闲设施集群。例如，西安长恨歌主题文化雕塑群的设计围绕白居易长篇叙事诗《长恨歌》的主题展开，而《长恨歌》的主题具有多义性，可以从不同的角度去把握、去释义，从叙事视点去分析。《长恨歌》有五次大的视角转换，通过视点转换展示构建跌宕起伏的情节变换，而广场上包括雕塑群在内的公共服务设施围绕主题脉络的变化进行设计，让游客从中体会《长恨歌》的故事。

（四）象征与隐喻

象征，就是用具体事物表现某种特殊意义或思想感情。隐喻主要是指以某种事物来表示另外一种事物。象征的原意是“寓意于象”，用某种事物或形象表示一种抽象概念、特殊的意义或主题。符号象征是一种强调、突出主题景观的表达手法，与人的知觉感受与心理暗示紧密相连（余雯蔚和周武忠，2007）。而隐喻是比喻的一种,用某种事物指出常见的一种物体或概念以替代另一种物体或概念，从而暗示两者的相似之处。借助具有情感的物质或赋予景观不同的场所精神，激起人们的联想使表达更为直观，从而使人们能够与场所精神引起共鸣。通过材质、色彩、光线、空间体量、序列等景观元素隐喻主题（李莎，2013）。以中国人最熟悉的龙为例，在中国古代龙被看作皇帝的化身，皇家园林的装饰多以龙为主题，其象征意义不言而喻。中国传统龙凤图案也常用来象征吉祥如意，表达人们对美好生活的向往。除此之外还有 2008 年中国奥运会火炬设计的祥云元素，都象征着美好和谐，吉祥如意。再如，成都天府广场，其设计以太极云图的中部曲线将东西广场分为两部分，东广场是一个下沉式广场，西广场是一个双龙喷泉景观，中间则是太阳神鸟图案。喷泉的设计用双龙的造型，是因为据说天府广场所在地在隋代被称为跃龙池，而在唐代被称为摩诃池，意为广大有龙。按照历史传说，天府广场在 1000 多年前就与龙有关，而龙又是中华民族的最高图腾，故设计双龙喷泉的空间形态（朱晓敏，2013）。广场上还有一个设计元素随处可见，那就是太阳神鸟图案。围绕广场四周的十二文化图腾柱每根直径 1.2 米，高 12 米，顶部是 LED 激光演映球屏，太阳神鸟的暗纹隐饰于球体表面，主体采用金沙遗址出土的内圆外方形玉琮为主要造型元素，三星堆出土的鼎尊底座为图腾柱的基座造型，上下部两侧的装饰纹分别是金沙的眼形器纹和三星堆的云纹（朱晓敏，2013）。

象征、隐喻有三种表达方式，首先是具象象征，即通过描述具体的内容来引导人们的感受，如名人雕塑，其实这相当于一种文化符号的展示。其次是思维映射，将精神或者思维通过隐喻的手法加以传达，通过雕塑或者其他的材料构建一个名人故事，这个故事只需传达意象即可，如匡衡凿壁偷光的雕塑石凳、囊萤映雪的雕塑长椅、卧薪尝胆的木雕竹椅等。最后是文化植入。就拿熊猫来说，不管是中国人还是外国人，只要听到熊猫，脑子里立刻想到的就是中国的四川，因此在四川有熊猫地铁、熊猫大道、熊猫主题的购物广场，甚至熊猫主题厕所、熊猫餐厅等，这些公共服务设施的文化植入是最常见也是最直观的表达方法。

（五）保留与创新

保留是把传统生产、生活场景的构筑和空间形式保留下来，并通过细节加减法处理来突出形式特征，突显文化特色。这种表达手法，与环境协调性高，对环境破坏性小，表意性强。人文景区现存的传统建筑、村落形态、生产场所等，都可以采用该手法进行表达。例如，坐落在自贡大安区阮家坝山下的燊海井，这里的特色除了人类钻井史上第一口超千米深井，还有古建筑碓房、大车房、灶房、柜房等，保存相当完好。燊海井开凿于清道光年间，现如今依旧在产盐产气，在这里人们不仅能看到古法制盐，更能在古色古香的盐场里感受过去那辉煌的盐业历史。又如，浙江莫干山大乐之野庾村民宿，根据民国时期黄郛小学的教师宿舍被改造成如今别具风味的小清新民宿，通过建筑风貌的改建，展现在游客眼里如同一部民国旧史。

保留和创新还有另一层含义，是针对所在地区的公共服务设施使用材质而言的。例如，南方多地盛产竹子，竹子资源就被应用在当地的公共服务设施设计中，像竹制垃圾桶、竹制路灯、竹制标识牌、竹制公共座椅、竹制亭子等，将当地竹资源用于公共服务设施的建造，既是保留，也是一种文化创新。其他如运用当地的石头、木材资源进行设计，如云南大理古城，因当地盛产大理石，故像城市座椅、城市公共凉亭、城市雕塑等城市公共服务设施，多以大理石为主材料，以体现大理城市的文化特色。如果能把这些具有地域性的自然资源和文化资源合理地利用在公共服务设施的设计上，所设计出来的公共服务设施理所当然会成为当地的城市典范之作，也作为地域文化的传承载体对城市形象予以宣传和推广（刘洋，2010）。

五、案例研究

在旅游服务设施的规划设计中，地域文化的挖掘及表达应用相当重要，下面以成都新界标旅游规划设计咨询有限公司编制的“阿坝县莲宝叶则旅游景区修建性详细规划”为例加以说明。

（一）景区基本概况

年保玉则国家地质公园地处青藏高原东南部，属巴颜喀拉山南段支脉，位于四川省阿坝县和青海省久治县、班玛县之间。由于地跨两省，其在经营上由两省相关部门独立运营，地处青海省久治县、班玛县境内的区域由久治县开发和经营，景区名称为年保玉则[①]；地处四川省阿坝县境内的区域由阿坝县组织开发和经营，景区名称为莲宝叶则（本案例研究区）。其中阿坝县境内的景区面积大约 500 平方千米，最高海拔 5141 米，山峰平均海拔在 4000 米以上，是藏区著名的神山。“莲宝叶则”是藏文的译音，汉语意思为尊严的玉石之峰，民间通常称为石头城堡或石头山；因为山上是连绵裸露的石头群峰，山下是浩瀚的巨石阵，所以又被称为“大石海”。

（二）景区规划情况

莲宝叶则旅游景区目前由阿坝县金鼓旅游开发有限公司开发了四条支沟中最南侧的扎尕尔沟，建有石生树、飞来石、一号营地、二号营地等景点及配套设施；游客中心建在主沟龙尕沟的龙扎朵。

规划团队在对莲宝叶则旅游景区之前做的总体规划进行修编时，就确定了扎尕尔沟地质探秘游、珠姆沟科考探险游、罗云沟徒步特种游、龙尕沟生态观光游的总体游览格局。以历经亿年形成的冰蚀地质遗迹作为核心品牌吸引物，与青海省的年保玉则旅游景区实行联动发展，积极融入年保玉则国家地质公园。

规划团队在综合考虑莲宝叶则旅游景区的自然环境状况之后认为，这里是奇峰异石的雄伟世界和艺术圣殿。这里山势雄奇俊伟，充满阳刚之气；山体规模宏大，绵延不绝；湖泊星罗棋布，银瀑飞悬。因此确定了“高原云端，石头城堡”的形象定位，并将其主题和功能定位为集旅游接待服务、地质探秘、科考探险、特种旅游、生态观光、文化体验、登高览胜等旅游产品于一体的高山峡谷型生态风景游览区。

（三）规划中的文化提炼

在旅游规划中想要做到文化的完美表达，前期的自然和文化资源挖掘、分析必不可少。莲宝叶则旅游景区的文化提炼从物质文化和精神文化两个方面进行。

物质文化，主要包括景区的自然风貌、地质地形、生物生境、山川河流、气象气候、历史遗迹、民族村落、风景名胜等可视的文化景观。莲宝叶则旅游景区的自然景观由地质作用的内、外营力造化而成，是一部集雄山、怪石、奇峰、陡崖、溪水等为一体的“地质史书”，展现了亿万年间地质历史的发展过程，保存着青藏高原“世界第三极”完整而原始的生态系统。优越的自然资源组合，集中展现了青藏高原冰川、湿地、湖泊、草原、雪山、动植物的原生态景观，具极高的旅游观赏价值和科研考察价值。通过对莲宝叶则旅游景区自然资源的梳理，可

---

① 因保护需要，2018 年 4 月 10 日起该景区开始停止对外接待。

以得出其核心资源是集中分布、品位极高、极具开发价值但生态极为脆弱的立体高山生态景观资源。扎尕尔沟、珠姆沟、龙尕沟、罗云沟的石头、湖泊与草甸都各具特色，交相辉映。

精神文化，主要包括风俗民情、民间故事、民间艺术、历史事件等抽象的不可视的文化形式。据《莲宝叶则神山志》记载，莲宝叶则旅游景区是藏族英雄格萨尔王和他的将士曾经战斗过的地方，山上山下留下无数个令人神往的传说和当年他们生活、战斗的各种遗迹，给景区披上了神秘的面纱，是一笔珍贵的历史文化遗产。此外，莲宝叶则旅游景区周边规模宏大的寺院、民居建筑、服饰歌舞、饮食文化和民风民俗等为景区构成了丰富多彩的环境氛围。阿坝县境内的藏式建筑风格、服饰歌舞、饮食文化和民风民俗构成的“安多风情”在多姿多彩的藏文化中独具一格，是开展民族风情旅游的好地方。浓郁的民族色彩、大量不同教派的寺院及宗教文化给景区增添了神秘的色彩。

（四）旅游服务设施设计

通过对莲宝叶则旅游景区地域文化的分析，可得出自然的神奇地质状况、壮丽的英雄史诗、多彩的“安多风情”、神秘的宗教文化是景区文化的主线，因此在旅游公共服务设施的设计中需要充分予以考虑。

旅游景区的游客中心（图 8.8）和大门（图 8.9）是旅游者最先接触的地方，由于莲宝叶则旅游景区位于藏区阿坝县，藏民族风情浓郁，这里不仅有玉石之峰的神山、高山海子、云端石头城堡，还有安多藏族的寺院、古朴的村落，因此，游客中心建筑的外观创意就来自本土的乡域文化，整体风貌为藏式建筑。建筑选材由石材做裙墙，石头山为基调，辅以玻璃和木材，以满足不同的采光要求。

图 8.8　莲宝叶则旅游景区游客中心设计

图片来源：成都新界标旅游规划设计咨询有限公司绘制

图 8.9 莲宝叶则旅游景区大门设计

图片来源：成都新界标旅游规划设计咨询有限公司绘制

旅游景区大门作为游客首先触及的地方，是景区的形象标志，给人留下深刻的印象。景区大门不仅具有防御、标识、空间组织等使用功能，而且具有文化表征、景区美化及反映景区主题文化特色的功能。莲宝叶则旅游景区大门（图 8.9）的整体形象设计构思来源于莲宝叶则的石头神山，连绵群山和雪顶山的构筑展现了石头神山冰碛地形的形成过程，阐释主题文化的同时又让游客对整个景区的自然山水和人文风情产生无限的遐想。

旅游厕所属于旅游公共服务设施的重要组成部分，设计中要考虑内外空间与环境氛围的整体协调性。旅游厕所除使用功能外，还有造景的功能。莲宝叶则旅游景区的厕所（图 8.10）采用阿坝安多藏区传统的黄土泥木建筑风格，按旅游景

图 8.10 莲宝叶则旅游景区厕所设计

图片来源：成都新界标旅游规划设计咨询有限公司绘制

区厕所的《旅游厕所质量等级的划分与评定》（GB/T 18973—2016）要求达到 3A 厕所标准。外部设廊道供游客休息和避雨，入口为标准的盥洗池，分成人、儿童及残障人士盥洗池，厕所内部按照 3A 厕所标准配置了男女厕位和残疾人蹲位。建筑物顶部为木屋结构、坡屋顶，墙体为黄泥土色墙面，窗格宽敞明亮，有利于通风和采光，并与周边环境相协调。

游客中心停车场西南角为藏牧民购物街，购物街以当地木材为主要材质，屋顶仿茅草。部分临街摊位为异形构筑物，材质仍以木材为主，开敞式空间，这种设计风格体现了藏族豪放的性格，材质与当地石山相映衬，与环境相协调（图 8.11）。

图 8.11　莲宝叶则旅游景区民族风情购物街设计

图片来源：成都新界标旅游规划设计咨询有限公司绘制

莲宝叶则旅游景区一号营地建设有以下几个特点，一是营地位于扎尕尔沟半山草坪，周围有零星乱石，因此，其建筑风格以藏式瓦房为主；二是借助周围石头，整个建筑以灰色为基调，屋顶灰瓦，墙壁石材、木柱镶嵌玻璃，以增加透光性；三是营地建筑物前面的广场，用当地石材铺装，与营地旁边的跑马场相连；四是广场右侧为小型生态停车场，也是石材铺装，体现原生态性[图 8.12（a）]。

二号营地位于景区海拔较高的核心区，由于海拔近 4000 米，地被植物少，且地处石头神山脚下，这里自然环境以高山、石头城堡、高山海子为主，传说中的神山即位于此，宗教色彩浓郁，因此，营地服务设施的设计以仿石头柱为门柱，大门两侧各有两个石柱，墙壁为石材堆砌而成，整个外观仿佛天然的石头城堡。为便于通风采光，石壁有窗格，屋顶用大玻璃构建。营地外的广场为格桑花草地，路面以碎石铺装。若从侧面透视方向看，整个建筑与周围的神山浑然一体，完全看不出人工建筑的痕迹[图 8.12（b）]。

（a）一号营地　　（b）二号营地

图 8.12　莲宝叶则旅游景区营地咨询服务室设计

图片来源：成都新界标旅游规划设计咨询有限公司绘制

旅游休息设施或服务驿站的设计更应体现当地的主题文化。以阿坝县阿依拉山至莲宝叶则公路沿线的休息点规划设计为例，该公路主要依托 G347——莲宝叶则旅游景区公路的延伸线，是阿坝县东西向的主要交通干线。沿途串联查理乡、麦尔玛乡、麦昆乡、哇尔玛乡、阿坝镇、四洼乡、各莫乡，线路总长约为 80 千米。目前为三级油路，通行能力较强，沿途有部分标识系统与观景点，旅游业态以观光为主，除阿坝县城（阿坝镇）服务设施较为完善外，其他乡镇旅游服务驿站的配套设施严重缺乏。通过对公路沿线的自然、人文景观的分析，规划团队认为，这是一条自然生态观光轴、游牧和农耕文化体验轴。因此，重点规划六个服务驿站：阿依拉山“朝霞夕照”观光摄影点、麦昆乡草原村“游牧味道”民俗文化体验点、麦昆乡齐卡洛村“坝上农耕”生态农业观赏点、苯教第一寺庙郎依寺“禅修憩院”佛音感悟点、哇尔玛乡罗日那则“光影览胜”观光摄影点和室内弥勒佛殿各莫寺“净土梵天”体验点。另外，在公路沿线有很多蜂蜜销售点，根据蜂蜜特点，设计了“花成蜜就”服务驿站（图 8.13）。

图 8.13　莲宝叶则旅游景区公路沿线休息点设计

图片来源：成都新界标旅游规划设计咨询有限公司绘制

“花成蜜就”服务驿站的外观包括旅游商品购物店、旅游厕所、标志性景观小品和方向指示牌。商品购物店建筑以黄泥土色为基调，外墙用蜂窝图案进行装饰；旅游厕所外观形似蜂窝状；停车场用当地石材铺装，既体现生态性，又与周边环境相协调；标志性景观小品仿小蜜蜂状，形象生动；方向指示牌采用木质为基本材料。整个驿站设计既体现了生态理念，同时又将蜂蜜文化、当地游牧民族的农耕文化融入设计之中。

参考文献

蔡穗虹，姚苑平，周艺. 2013. 适应旅游城镇发展的设施体系规划探索：以西藏鲁朗国际旅游小镇规划为例[C]. 青岛：城市时代，协同规划——中国城市规划年会.

陈蓉. 2011. 主题在景观设计中的细节表达[J]. 南京林业大学学报（人文社会科学版），11(2)：86-90.

褚海峰. 2010. 地域文化在城市公共环境设施设计中的应用：以桂林城市公共环境设施设计为例[J]. 艺术百家，26(1)：85-88.

邓鹏. 2017. 自然资源型旅游小城镇的旅游服务设施规划探析：以内蒙古额济纳旗为例[J]. 西部人居环境学刊，32(4)：42-48.

姜丽丽，蔡平，刘振，等. 2011. 苏州古典园林植物景观的风水分析[J]. 农业科技与信息（现代园林），(5)：24-26.

李博. 2015. 城市公共设施设计中地域文化的传承：以成都为例[J]. 美与时代（上），(1)：63-65.

李爽，甘巧林，刘望保. 2010. 旅游公共服务体系：一个理论框架的构建[J]. 北京第二外国语学院学报，32(5)：8-15，30.

李莎. 2013. 中医药文化在景观设计中的表达[D]. 重庆：西南大学硕士学位论文.

李腾腾. 2010. 中国城市公共空间的科学发展探讨[J]. 应用科技，37(8)：65-67.

林永莲. 2018. 论城市公共设施设计中地域文化的运用及体现[J]. 美术大观，(9)：94-95.

刘洋. 2010. 浅谈地域文化对城市公共设施设计的影响[J]. 大舞台，(3)：164.

罗震东，韦江绿，张京祥. 2011. 城乡基本公共服务设施均等化发展的界定、特征与途径[J]. 现代城市研究，(7)：6-13.

吕宛青. 2008. 基于旅游产业视角的文化变迁主源构成及其解读：以纳西族聚集地丽江市为例[J]. 思想战线，34(6)：60-65.

任全进，于金平，任建灵. 2009. 江苏药用保健地被植物及其在园林绿地中的应用[J]. 中国园林，25(7)：24-27.

孙川. 2014. 农耕文化在观光农业规划中的表达[D]. 重庆：西南大学硕士学位论文.

唐晶. 2012. 中国传统神话主题景观设计的纪念性与文化表达[D]. 郑州：郑州大学硕士学位论文.

汤星星. 2013. 基于需求的城市旅游公共服务设施满意度研究[D]. 杭州：浙江工商大学硕士学位论文.

童宪. 2013. 地域文化展现与城市公共设施建设共生之新思考：以珠海市杨氏大宗祠堂广场岭南风格公共服务设施设计为例[J]. 中外建筑，(9)：70-72.
余雯蔚，周武忠. 2007. 五色观与中国传统用色现象[J]. 艺术百家，(5)：138-140.
张云冉. 2018. 鄂托克前旗蒙古风情园旅游景观规划设计[D]. 呼和浩特：内蒙古农业大学硕士学位论文.
朱晓敏. 2013. 城市公共设施设计中民俗文化元素的应用与表达[J]. 美与时代(上旬)，(8)：54-55.

第九章

旅游规划中节庆活动的文化元素表达

第一节 相关概念

一、节庆

节，又称节庆，最初的意思是指物体各段之间相关联的地方。从古时候起，人们把一年分为十二个月、二十四节气，之后把随时的渐变分成像竹节一样的距离，把两节气相交接的日子定为交节，随时间的变迁逐步演化成节日（蔡梅良，2005），之后又发展为定期、固定主题、代代相传、周而复始的民俗活动。我国历史文化悠久绚烂，各类节庆延传至今，使其有了更丰富的内涵与韵味。可以说节庆是人类发展史上绚烂的时间印符。在我们世代的传承与发展中就形成了模式相对稳定，同时又在不断变化和发展的各类节庆。

节庆分传统节庆和现代节庆。传统节庆往往是人们表达情感的重要方式，每一个传统节日的背后都会有一个意境悠远抑或扣人心弦的故事，它们传颂着可歌可泣的爱情故事或英雄伟人的崇高品格，或展示某个民族的优秀品德。

现代节庆是人们在历史的变迁中创造性地继承与发展赋予传统节庆以新的内涵，在传承的同时又根据自身之“长”赋予其新的主题，立异标新、形式多样、主题鲜明有特色，能为当地带来巨大的经济效益。

节庆是“节日庆典”的简称（黄翔，2008），是人类社会不断发展的产物。从狭义上来说就是在特定的日期，以特定主题活动为表现方式，世代相传或者约定俗成的一种社会文化现象。

戴光全和保继刚（2003）认为狭义的节庆就是周期性举办的节日，而广义的节庆就是节事（特殊事件）（图 9.1）。

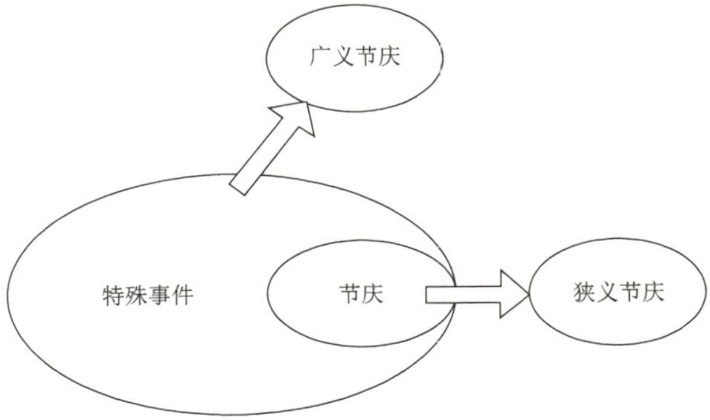

图 9.1 广义节庆与狭义节庆
图片来源：戴光全和保继刚，2003

总的来说，节庆这一概念并无统一固定的说法，但它是一种特殊的旅游产品，是一个国家、民族、地区的历史、经济及文化的一种表现，是一个地区地域文化的再现。节庆立足于地域文化，以独特、新奇、周期性的节事活动为载体，依托本土的历史文明、民俗风情、文化艺术等资源，整合包装，形成当地的一种象征性、独有性、品牌性的形象符号。

二、旅游节庆

旅游节庆是近几年兴起的一种新型旅游产业，顾名思义它是旅游和节庆的融合体（黄翔，2008）。作为外在表现形式既有节庆的特征，又有经济性很强的旅游属性。旅游节庆是依托公众性的庆典活动而开发出的新型旅游产品，对地方旅游形象的塑造、旅游目的地知名度的提升、地方经济效益的创造都发挥着重要作用。

旅游节庆也没有统一的概念，不同的学者有不同的看法。国内学者在定义旅游节庆时，多借鉴西方定义，将其定义为事件，即直译为“event”（张宏丽，2008）。李力和崔卫华（1999）认为旅游节庆是指周期性举办的节日等活动，但不包括各种交易会、博览会、体育文化等一次性的特殊事件。

旅游节庆指规模不等、形式较为集中、活动事项丰富、有特定主题、在特定的区域内定期或不定期举办，能吸引区域内、外大量游客，不同于人们常规传统节庆的各种节日庆典、集会、博览会、文化活动等（黄翔和连建功，2006）。吴必虎（2010）认为广义旅游节庆等同于旅游节事，是包含多种旅游活动项目的事件。郭胜（2005）认为旅游节庆依托一系列旅游资源，通过各种参与性高、丰富度广的活动项目，吸引广大游客参与体验，以此增加当地的旅游收益。徐舟（2005）

认为旅游节庆不应包括传统节庆和特殊活动。

总之，旅游节庆是以区域内丰富的旅游资源为基础，在旅游与当地文化深度融合的基础上，根据不同季节、不同游客消费需求举办的、时间可长可短的一系列活动，主要目的是加强外界对于旅游目的地的认同度、增加吸引力、树立旅游新形象、增加经济收益。

三、节庆旅游

节庆旅游，从字面意思可以理解为某一区域以节庆活动为载体，利用本区域的民族地方特色或者其他优势，为吸引更多的游客而开展的一系列旅游活动。随着旅游业的深入发展，旅游地越来越需要节庆活动来支撑。以往旅游区、风景区不太重视节庆旅游，但由于竞争日趋激烈，各种节庆活动及文艺表演与日俱增。以前许多城市只将节庆活动作为“文化搭台，经贸唱戏”的一个手段，或以此来实现招商引资的目的。但近几年来，各地已开始将节庆活动作为专项旅游产品来开发、培育，甚至将它与地区形象、城市形象的塑造连成一体（吴必虎，2010）。

节庆旅游是指利用地方特有的文化传统，举办意在增强地方吸引力的各种节日、活动，使旅游者在停留期间具有较多的参与机会，以促进地方旅游业的发展。黄翔和连建功（2006）认为节庆就是把区域内的自然、历史、民俗、文化、经济等以节庆的形式系统开发，整体规划深入挖掘，塑造区域特色，形成特殊的旅游吸引物，从而为当地带来经济、文化、社会等效益（图 9.2）。

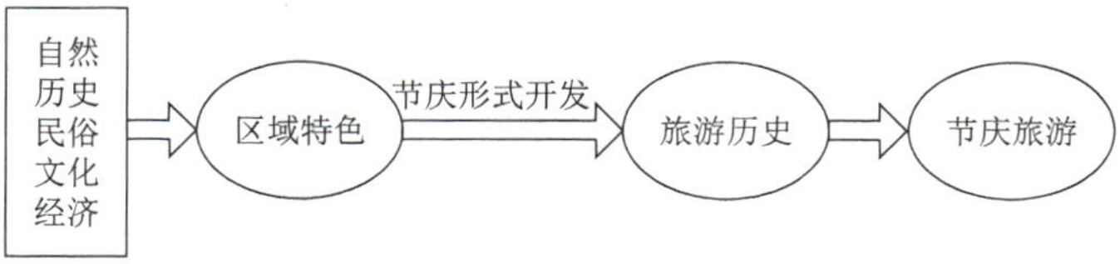

图 9.2　节庆旅游的形成

图片来源：黄翔和连建功，2006

总之，节庆旅游是以节日、盛事的庆祝和举办为核心吸引力的一种特殊旅游活动（陈文君，2002），节庆旅游目的地不一定会有丰饶的自然环境资源，但是必定会有独具特色的地方文化，丰富多彩的民俗民风。节庆旅游更加注重文化底蕴，文化内涵是整个节庆旅游的灵魂和核心。它包括传统节日和人为策划的节日，如各类交易会、展览、文化活动、体育赛事等。

四、几个概念的区别与联系

黄翔和连建功（2006）认为事件、节事、节庆通过整合包装、营销就会形成相应的事件旅游、节事旅游、节庆旅游这三种旅游形式（图 9.3）。事实上这三个概念没有明显的界线，甚至有时都表达的是同一种意思（节庆本身就是事件的一种）。在生活中，节事比节庆的外延广，事件比节事更广，因此，节庆旅游、节事旅游、事件旅游既有重合的部分，也有不重合的部分。

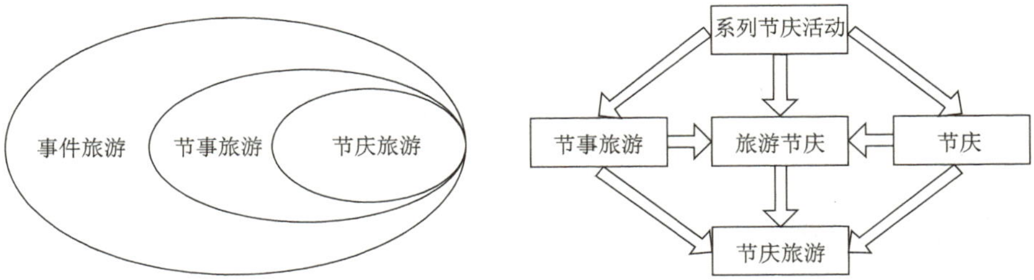

图 9.3 旅游节庆相关概念之间的关系

图片来源：黄翔和连建功，2006

节庆包括传统节庆和现代节庆，旅游节庆与节庆旅游都属于现代节庆的范畴，但是与传统节庆也有莫大的联系。节庆旅游与旅游节庆既有区别又有联系。

节庆旅游依托节庆活动进行整体开发综合规划，使其成为一种特殊的旅游吸引物，从而带动地方旅游业的发展。节庆旅游包括传统类节庆和特殊节事（曹正城，2013）。与此接近的另一个概念，旅游节庆则是按游客心理需求经过精心策划包装的，以吸引旅游者为目的的，能产生强大的吸引力的节庆活动。旅游节庆以丰富的自然旅游资源为基础，除观光游览以外，通过各种参与性强，又能体现当地民俗民风、历史文化等活动项目，吸引广大游客参与体验，增加当地的旅游收益。旅游节庆不包括传统类节庆和特殊节事活动。节庆旅游和旅游节庆既有区别也有联系，它们的区别主要表现在是否包括传统类节庆和特殊节事活动。两者的联系体现在两个方面，首先都是特殊的旅游产品，具有一定的动态性，以提高旅游经济收入为目的的旅游开发，以特殊形式来呈现，都是以地方特色文化为基础，依托参与度高、丰富度广的活动项目为载体，吸引广大游客参与、消费，为当地经济、社会、文化带来良好效益（谢新瑛等，2011）。其次，节庆旅游和旅游节庆的开发反过来也丰富了地方旅游产品类型，完善了旅游目的地产品结构（图 9.4）。随着旅游业的发展，节庆旅游的外延不断扩大，与旅游节庆、事件旅游有了更多的重合，有时候甚至可以理解为同一事物。

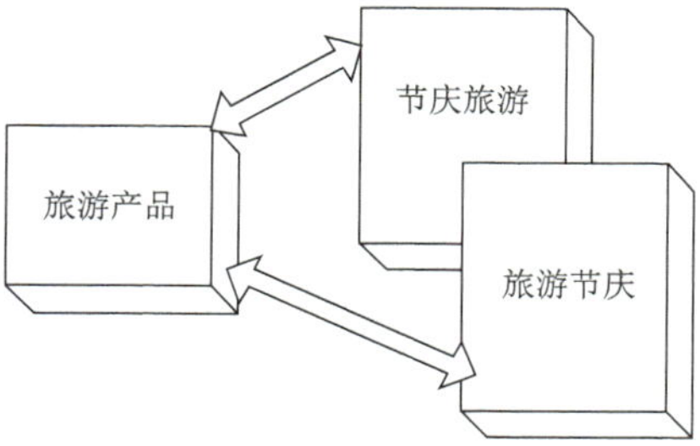

图 9.4　旅游产品、节庆旅游与旅游节庆三者之间的联系
图片来源：谢新瑛等，2011

第二节　旅游节庆活动的基本类型和特征

一、旅游节庆活动的基本类型

传统节庆是一个国家和民族在长期历史发展中伴随独特生产生活方式形成，具有鲜明的民族特色的集体活动。现代旅游节庆活动是在特定时间、地点举办的，旨在吸引广大游客参与、拉动旅游消费、塑造地方旅游形象的活动。例如，潍坊国际风筝节、哈尔滨国际冰雪节、青岛国际啤酒节等。

国内学者从不同角度对节庆活动进行了分类。张宏丽（2008）根据节庆形成机制分为六大类：生产类节庆、宗教祭祀类节庆、驱邪祛病类节庆、纪念类节庆、喜庆类节庆和社交娱乐类节庆。

还有学者把节庆活动分为政治类节庆活动、传统类节庆活动和综合类节庆活动。

这里按照旅游节庆活动所反映的内容，做如下分类（表 9.1）。

表 9.1　旅游节庆活动的分类

分类依据	具体类别
按节庆活动性质	（1）政治类节庆活动 （2）传统类节庆活动 （3）综合类节庆活动
按旅游节庆活动所反映的内容	（1）文化性纪念节庆活动 （2）体育娱乐节庆活动 （3）商业性旅游节庆活动 （4）民俗观赏节庆活动 （5）物产品尝节庆活动 （6）政治性旅游节庆和盛事活动 （7）宗教性旅游节庆和盛事活动 （8）大型综合娱乐节庆活动

韩国学者按内容将节庆活动划分为传统文化节庆、艺术节庆、综合节庆、其他类四种；依据节庆活动举办的目的划分为三类：促进居民和睦节庆、旅游节庆、特殊节庆。

肖剑忠（2009）依据节庆的目的和内容划分为五大理想类型（表9.2），这些类型目的和内容相对单一。而现如今多样性的综合性节庆活动更容易受到广大游客的青睐，几乎所有的节庆都呈现出综合性、趣味性的趋势。

表9.2　旅游节庆五大理想类型

分类依据	具体类别
依据节庆的目的和内容	（1）农事节庆（以农、林、牧、渔等生产习俗为标志） （2）祭祀节庆（以供奉天地、祭祀神灵、祈福消灾、祭祖等信仰习俗为标志） （3）纪念节庆（以追念地方历史人物、民族英雄等为主要内容） （4）庆贺节庆（以庆祝丰收、祝福平安等为主要内容） （5）社交娱乐节庆（以歌舞游艺、社交往来为主要内容）

结合各位学者的分类，本书的分类见表9.3。

表9.3　旅游节庆分类

分类依据	具体类别
按旅游节庆的发展	传统旅游节庆、现代旅游节庆
按旅游节庆活动的族属	单一民族旅游节庆、跨民族旅游节庆
按旅游节庆的影响力	世界级旅游节庆、国家级旅游节庆、省级旅游节庆、地区级旅游节庆
按旅游节庆的不同主题	景观物产类旅游节庆、民俗风情类旅游节庆、健身娱乐类旅游节庆、文化艺术类旅游节庆、博览商务类旅游节庆、综合类旅游节庆
按组织者	政府组织的旅游节庆、政府+企业组织的旅游节庆、企业组织的旅游节庆、政府+企业+群众组织的旅游节庆

二、旅游节庆活动的特征

（一）文化性

文化离不开旅游，旅游同样离不开文化。缺少文化的旅游没有灵魂，没有旅游的文化就没有活力、枯燥无味。同时没有文化内涵的旅游产品很难具备足够的市场竞争力、吸引力和带动力。旅游的过程其实是体验文化、感知文化、寻找文化差异的过程（刘庆，2009）。节庆作为一种文化活动，具有很强的参与性和娱乐性，被旅游者认为是旅游目的地文化的浓缩和再现，成为追求文化真实性的具体目标（张彬彬，2003）。

旅游节庆属于旅游的一种特殊形式，正是旅游有了文化的内涵，才使得旅游目的地生命周期得以延长，具有旺盛的生命力。毫无疑问，旅游节庆既是对传统文化的追溯，也是对传统文化的一种继承和发展。随着时代的进步，旅游爱好者不再仅仅是简单的观光，他们更加注重高层次的精神享受，这就要求节庆活动的设计要更多地渗透文化内涵。这不仅可以丰富旅游文化资源，还可以促进同外界的文化交流，树立旅游目的地形象。

（二）地域性

由于地理、历史环境的不同，民族与文化都存在着明显的地域特征，所以旅游节庆活动的举办不能简单地生搬硬套，要凸显地方特色，结合本土的历史文化背景，适当地利用现代科学技术，创造出具有本土特色的节庆活动。旅游活动过程可以说就是一个求新求异的过程，新鲜而又有地域特色的节庆活动对游客来说更加有吸引力。

（三）差异性

现如今国内各类旅游节庆活动开展得如火如荼、热闹非凡，但是细观之，重复率、相似度都很高。旅游消费者对于同类节庆活动只会选择性参加，这就会导致节庆活动的参与度降低。因此，节庆活动的差异性、新颖性就显得尤为重要。而消费者由于生活背景、所处环境的不同，往往会比较向往探知新鲜事物，去填补某种心理需求上的空白。因此，具有差异性的节庆活动才能吸引消费者，才能可持续发展。

（四）参与性

节庆改变着普通平淡的生活，旅游满足了人们平时不能实现的欲望。现如今旅游消费者对旅游的关注不仅限于观光游览，而是希望亲身体验、参与各种旅游活动，感受旅游活动氛围，尽享动中之乐。旅游节庆活动成功举办的重要标志就是能否调动各主体的参与性，倡导“政府主导、企业营销、社区参与”的理念，还节于市民和游客，充分调动本地社区居民参与，游客与居民同乐，节事活动反过来又会吸引更多民众，从而获得良好的经济效益和社会效益（吴必虎，2010）。

目前，大多数节庆活动由政府操办，依靠企业或社会力量组织较少，群众的融入性、参与性不强，许多艺术表演类节目无非是重金邀请名人，希望产生轰动效应，但实际的综合效益不高。因此，节庆活动的策划与宣传的核心是刺激各类主体的好奇心，并充分考虑大众的参与性。

（五）整合性

整合性可以从两个方面来说，一方面从旅游节庆活动的举办来说，需要当地政府机关、相关部门及活动策划者和组织者的相互协作。另一方面从旅游节庆活动的内容来说，它包括了当地风土人情、民俗信仰、艺术传说、民族技能等各方面。总之，节庆活动就是与本土民俗文化的有机融合。

（六）市场性

节庆活动的市场性体现在：第一，旅游节庆活动是面向广大旅游消费者的，游客所关心的是活动的内容，因此节庆活动的设计包装、宣传营销都要充分考虑不同背景游客的需求。第二，旅游节庆的举办不仅是为了吸引游客，而且要把当地的文化、艺术、历史等独特旅游资源整合起来以节庆方式推向市场，吸引游客前来消费，促进地区经济发展，提升举办地的知名度。

第三节　旅游节庆活动文化元素的表达

一、旅游节庆活动的文化元素构成

节庆文化蕴涵在节庆活动的深层，具有潜在性的特点（范建华，2011）。节庆文化的魅力在于本土文化特色，在于文化挖掘与创新。有特色的富有个性化的节庆活动是大受群众欢迎的，并且会得到良好的反响（戚能杰，2009）。文化元素是节庆活动的灵魂，是一种重要的资源。节庆活动把文化元素提炼升华转化为资本，因此节庆活动具有经济和文化双重属性。王琼英（2010）归纳总结了旅游节庆活动的文化要素构成，如图 9.5 所示。

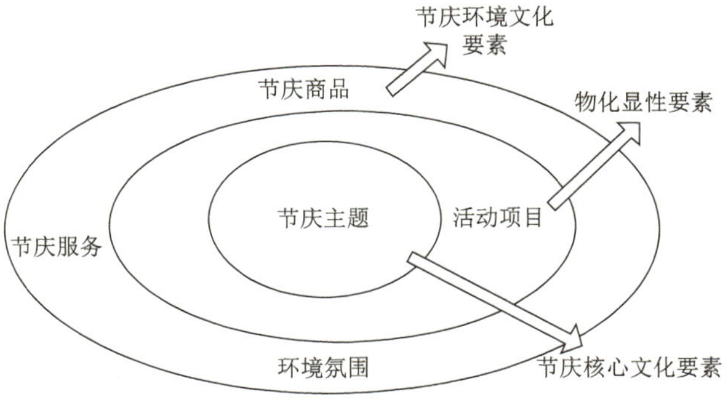

图 9.5　节庆活动的文化要素构成

图片来源：王琼英，2010

从非物化与物化两方面归纳，包括节庆核心文化要素、节庆环境文化要素、物化显性要素，具体包括节庆主题、节庆服务、环境氛围、节庆商品、活动项目。

二、旅游节庆活动的文化元素表达方法

（一）原生再现式

在节庆活动保存较为完整的地区，目前多以原生再现式来展现本土文化，一般本地群众参与广，旅游消费者对此类返璞归真式节庆活动内心认可度高，如游客参与原始的祭祀、庆典活动时内心会感到震撼。原生再现式通过最直观的方式来展示传统文化内涵，无须通过任何外在包装，对于本地人来说成本较低，能吸引一批固定旅游消费者，对旅游服务要求低。例如，川东北山区少数聚居的土家族人仍保持原始耕作，他们的薅草锣鼓按原始方式保存下来，已成为非物质文化遗产，景区也以此作为旅游节庆活动，原生再现式展示大巴山深处的文化。

（二）延伸夸张式

此方法是在原始节庆活动文化基础上加以延伸，利用一定手段夸张式展现，以吸引旅游消费者，一般以表演式为主要方法。以特色文化为主体，汇聚其他各类元素，运用新颖夸张的表演形式，在视觉感官上予以抽象表达，展现恢宏气势与特色文化，形成精品式旅游节庆表演，如丽江的三大演出活动。

（三）提取简化式

提炼具有地方代表性的且有关联的节庆文化元素，与现代旅游相关内容相结合，形成特定主题且适宜游客参与体验的节庆旅游活动，如一些节庆中简化提炼的主题娱乐活动、农事体验活动等。节庆中的美食，从原料、制作到用餐过程，都可以提炼出特有的本土文化予以展示。

（四）组合创新式

文化元素表达与应用不是孤立存在的，需要与人、环境氛围相融合，并在总体环境中彰显其文化价值。组合创新就是在提炼传统节庆文化元素精华的同时，结合现代审美情趣与审美方式，从旅游消费心理与需求出发，利用现代科学技术，在视觉感官上、空间上、表现手法上赋予更广的文化内涵。

三、旅游节庆活动的文化元素表达途径

节庆文化以相关文化显性要素和外在文化环境要素为主要表现。具体来说是

以相关文化活动及组织形式、文化商品、文化氛围和文化服务为外在表现手法。节庆活动的文化元素表达途径主要依托当地节庆活动蕴含的主题，依据不同的历史文化、民俗风情、自然景观等旅游资源，整合挖掘最具特色的文化内涵，彰显地域文化魅力，确定最能表现文化底蕴的载体形式，如民俗风情型、博览会展型、宗教祭祀型等进行表达。

节庆环境文化要素包括环境氛围、节庆服务、节庆商品等。节庆活动所营造的气氛，可增加社区参与及游客体验度，充分展现活动的开放性和融入性。节庆服务是从游客需求出发，体现在服务方式和服务水平上，如传统礼仪方式、语言、姿势、态度、服务技能等方面。节庆商品作为节庆活动文化的另一表达载体，主要从设计包装和制作工艺两个方面予以展示，具体可用品牌名称、制作流程、原始工艺（如酿酒表演、茶叶烘焙过程展示）等途径进行表达。

物化显性要素主要包括节庆活动的实质内容和节庆活动组织形式两个方面。以当地特色文化为基础，整合旅游产品，以大众为活动主体，依托本土服饰、民居、礼仪、信仰、程序规则等为载体，多种方式不同层次展现当地文化魅力。具体可以节庆内容、节庆形式、节庆宣传、节庆活动技术等多种途径予以表达。

第四节　旅游节庆活动策划

一、旅游节庆活动的开发

我国地域辽阔，民族众多，节庆文化资源丰富，对其进行整合开发是推动地方旅游业发展的重要手段。旅游节庆活动的开发需要从三个方面加以关注，即对本土节庆文化价值的深入挖掘；社区及市场活力的培养；外在环境的营造。具体可归纳为主体方面、客体方面及环境方面的开发。

主体方面，包括分析节庆旅游资源价值和地方文化特色，确定旅游节庆主题，明确旅游目的地形象，设计旅游节庆产品。明确节庆开发目的，强化目的地形象，展示地方文化特色。

客体方面，包括分析现有市场基础、未来拓展市场及如何迎合游客心理需求等。

环境方面，包括外部环境与内部环境的营造。

总之，旅游节庆活动的开发，绝不是生搬硬套和简单的模仿。旅游节庆开发最大的核心竞争力就在于能否构建差异性的旅游产品，在保持原生态文化的基础上，勇于创新，结合现代科技手段，迎合市场需求，在产品营销、节庆表达方式、活动内容、活动过程的设计等方面下功夫。此外还应与周边社区、景区整合关联互动，营造外围环境。

二、节庆活动策划程序

旅游节庆活动的策划一般包括以下几个环节。

1. 成立节庆活动组织机构

节庆活动需要众多的工作人员参与，在活动策划之前，需要成立相应的组织执行机构。

2. 确定旅游节庆活动主题

综合本地自然资源、人文资源、经济基础、地域文化特色及旅游目的地形象，确定节庆活动主题。旅游节庆活动的主题分原生性主题和创造性主题，原生性主题是依托本地特色资源和原有节庆活动稍加提炼形成的主题，而创造性主题是在本地特色资源基础上抛开原有节庆活动重新予以提炼形成的主题，以此开展新的系列节庆活动。无论是原生性主题活动还是创造性主题活动，都应围绕当地的文化特色和旅游目的地形象进行策划。

3. 确定旅游节庆活动的初步方案

在旅游节庆主题确定的情况下，需要结合当地的经济实力、旅游业发展现状初步确定节庆活动时间、活动举办地点、活动内容、活动规模等。

4. 制定具体详细的策划方案

根据初步确定的方案进行细化，包括落实具体日期、主会场和分会场地点，每个阶段的活动主题及内容、活动形式，邀请的主要领导和嘉宾，参会人员规模，宣传营销方案，相关费用预算及收入核算等。

5. 方案落实与推进

节庆活动方案的执行、信息反馈。

三、旅游节庆活动举例

案例一 都江堰放水节：穿越千年的民间习俗[①]

1. 举办时间

每年清明节，具体时间：4 月 4～10 日。

---

① 都江堰清明放水节. https://baike.so.com/doc/4279645-4482877.html[2019-12-27].

史料记载，从2000多年前都江堰修成开始，每到冬季，加固河堤，开始“岁修”，清明时节，“岁修”结束，人们便举行盛大的放水仪式。到了宋朝年间，每年的清明节被定为都江堰放水节。

2. 文化渊源

中华民族是以农业繁衍生息的古老民族，水是人们最重要的资源。在远古洪荒年代，人们缺乏科学知识，每遇洪涝灾害就以为是水神在作怪，为了免除灾害，到了公元前256年，蜀郡守李冰带领民工，修筑了举世无双的水利工程都江堰，从此使得成都平原“水旱从人，不知饥馑”。都江堰延续至今，历久不衰，主要原因就是保持了严格的“岁修”制度，人们为了纪念李冰，于是将“祀水”改为“祀李冰”。每到冬天枯水季节，在渠首用特有的“杩槎截流法”筑成临时围堰，修外江时拦水入内江，修内江时拦水入外江，清明节内江灌渠需水春灌，便在渠道举行既隆重又热闹的仪式，拆除拦河杩槎，放水入灌渠，这个仪式就叫“开水”，北宋太平兴国三年（公元978年）正式由官方将清明节这一天定为“放水节”，到了清代又被称为“祀水”，民国后恢复了“放水节”这一称谓。

3. 文化内涵

清明放水祭祀同样传承了千年追溯都江堰清明放水节的历史，可以发现，尽管它的形式随着时间的演进不断发生变化，但其核心内容和精神价值却是完全一致的，那就是通过这一盛大和独特的民俗仪式，表达人们祈求风调雨顺、五谷丰登、生活美满的美好祝福。

4. 节庆内容演化

据史料记载，关于都江堰放水节的历史和纪念李冰父子的民俗活动，在唐宋时就已十分隆重。唐代“春秋设斗牛戏”。宋代“每岁用羊四万余头，凡买羊以祭”，由此可见，当时以羊为牲纪念李冰父子的活动规模已十分盛行。《清朝续文献通考》（刘锦藻，2000）记载：元代的祭祀规格则为“以帛七、羊一、豕一、铏二、簠二、簋二、笾四、豆四、樽一、炉一、灯二、爵各三，余仪与社稷坛同”，而且有一套约定俗成的仪式，包括主祭官怎样行三跪六叩礼，如何念诵祭文，如何带领参加仪式的人敬神送神等，这一祭礼规格及程序一直沿袭到明末。

都江堰清明放水节的另一个特点，则是地方官员的积极倡导和参与，元明时期，参加放水节的官员就有钦差、省级官员和地方官员，说明当地政府对这一民俗活动的重视。到了清代，除沿袭旧的祭水仪式，还增加了“砍杩槎放水”等观赏性极强的活动。民国时期，放水节又在前人致祭的基础上有所创新。要搭红帐祭棚，立工程解说碑。先祭李冰，再祭二郎，然后要到渠首江边观礼台上的李冰父子神位前祭祀，祭祀完毕乃鸣炮放水。

如今的放水节，除了继承传统放水节的精髓，又增加了许多新的内涵——仿古的祭礼活动，其场面壮观，一共有200多名古装司仪、官员、宫女、差役参加祭仪。仪式中最激动人心的时刻，是“砍杩槎放水”，当身着古装的砍缆工人跳上杩槎时，所有在场的人都屏住了呼吸，只见工人挥舞利斧，砍向缆绳，一排牢固的杩槎开始像崩塌的冰山发出破裂声。蓄满的江水像一群奔腾的野马，冲破杩槎的禁锢，欢快地冲向远方，冲向成都平原肥沃的土地。

5. 文化表达载体

放水节以原生再现式为主要表达方法，以舞蹈化表演形式为主要表达途径，仿古式祭礼活动，壮观的活动场面、精彩的舞台节目、浓烈的祭祀氛围，给游客们留下了深刻印象。然而对于老游客而言，每年放水节场景似乎大同小异，如何在保留精髓的基础上推陈出新，也成为近年来举办都江堰放水节的一道难题。

现在的都江堰清明放水节除了保留往年具有历史传承意义的《筑堰·岁修》《千年祭祀》《砍杩·放水》三个节目外，还将上演“精华版”的《春耕·插秧》《拜水·感恩》。演员将用舞蹈化的表演形式，向游客呈现一幅别出心裁的川西百姓与水为邻、因水而兴、安逸和谐的天府画卷；在“拜水都江堰、感恩母亲河”这一环节，向勤劳智慧的治水先贤及赐予后人安逸生活的都江堰工程虔诚叩拜，以真挚朴实的情感表达永恒的感恩之心。

案例二　畲乡人家“三月三”[①]

1. 举办时间

每年的农历三月初三。

2. 文化渊源

“三月三”又称“乌饭节”，是畲族人民纪念本民族英雄同统治阶级斗争取得胜利的节日。相传在唐高宗总章年间，畲族英雄雷万兴领导义军反抗唐王朝，被官军围困在大山里，粮断援绝，处境十分艰难，眼看有全军覆灭的危险，时值隆冬季节，天寒地冻，山里各种植物都已脱叶落果，唯有一种叫乌稔的野生植物，枝条上还挂有串串甜果。畲军采集回营，雷万兴尝之香甜可口，便传令全军四处采集。军粮解决了，雷万兴便于三月初三杀出重围，取得了反围剿的胜利。又是一年的三月初三，雷万兴想吃当年的乌稔果，让畲军入山采摘，可是这时乌稔刚吐芽抽叶，士兵只采回叶子，加入糯米蒸制，饭呈蓝黑色，同样香喷可口，后来畲族人民为分享雷万兴抗击官军胜利的喜悦，每年三月初三出门“踏青”，采集乌稔叶，蒸制乌米饭，世代相沿，衍变成当地的民风民俗。

---

① 畲族三月三. https://baike.so.com/doc/24548779-25413272.html[2019-12-27].

3. 节庆内容

景宁是全国唯一的畲族自治县，华东地区唯一的民族自治县。畲族传统文化历史悠久，民族特点鲜明，山歌、舞蹈、婚嫁、祭祀等风情习俗古朴深奥，富有情趣。“三月三”是畲族的传统节日，畲族人民每年在这一天举行盛大歌会，并祭祖先、拜谷神，载歌载舞，热闹非凡。同时还要吃乌米饭，缅怀祖先，款待来客。此外以歌传情、以歌会友，各种祭祀活动、民俗表演、山歌对唱等此起彼伏，共同抒发对美好生活的向往和热爱。大街小巷张灯结彩，彩旗飞扬，欢腾三天三夜。自 2001 年开始，景宁畲族“三月三”节庆活动逐步走上常规化、档次化之路，并成为“展现畲乡风采，展示畲族文化，提升景宁形象”的民族活动盛会。

4. 文化表达载体

畲乡“三月三”文化节主要以提取简化和组合创新方法进行表达，在延续传统民俗文化的基础上结合现代旅游需求，逐步丰富活动内容。节庆表达的途径仍然以表演为主，同时利用当地的饮食文化、服饰文化、娱乐活动、竞技赛事、旅游商品等，让游客更深切地感受独特的民俗风情。

参 考 文 献

蔡梅良. 2005. 论湖湘民间节庆文化在旅游经济活动中的作用[J]. 湘潭大学学报, (2): 150-154.

曹正城. 2013. 城步民族文化与旅游融合发展刍议[J]. 文史博览, (9): 40-43.

陈文君. 2002. 节庆旅游与文化旅游商品开发[J]. 广州大学学报, 1(4): 51-54.

戴光全, 保继刚. 2003. 西方事件及事件旅游研究的概念、内容、方法和启发(下)[J]. 旅游学刊, 18(6): 111-119.

范建华. 2011. 论节庆文化与节庆产业[J]. 学术探索, (2): 99-105.

郭胜. 2005. 旅游节庆的策划和市场化运作[J]. 北京第二外国语学院学报, 127(3): 111-114.

黄翔. 2008. 旅游节庆策划与营销研究[M]. 天津: 南开大学出版社.

黄翔, 连建功. 2006. 中国节庆旅游研究进展[J]. 旅游科学, 20(1): 46-48.

李力, 崔卫华. 1999. 城市旅游节庆的构成要素及牵动效应[J]. 桂林旅游高等专科学校校报, (2): 11-14.

刘锦藻.2000.清朝续文献通考[M]. 杭州：浙江古籍出版社.

刘庆. 2009. 打造中国节庆品牌, 吸引外国游人眼球: 浅析中国旅游节庆活动[J]. 商业文化(学术版), (12): 178-179.

戚能杰. 2009. 宁波城市节庆活动的文化表达与可持续发展[J]. 改革与开放, (12): 255-256, 261.

王琼英. 2010. 现代节庆活动的文化元素表达[J]. 现代商业, (24):286-287.

吴必虎, 俞曦. 2010. 旅游规划原理[M]. 北京: 中国旅游出版社.

肖剑忠. 2009. 节庆的文化功能与现实隐忧[J]. 中共浙江省委党校学报, 25(5): 118-123.

谢新瑛, 郑立文, 吕群超, 等. 2011. 基于节庆理念的民俗文化旅游开发研究: 以宁德市上金贝村为例[J]. 西南农业大学学报(社会科学版), 9(2): 1-5.
徐舟. 2005. 旅游节庆活动的策划规划方法初探[J]. 平原大学学报, 22(1): 7-10.
张彬彬. 2003. 城市事件旅游活动的地域差异[J]. 旅游科学, (4): 35-37.
张宏丽. 2008. 节庆、旅游节庆和节庆旅游概念辨析[J]. 信阳师范学院学报(哲学社会科学版), 28(6): 63-66.

第十章

旅游规划中艺术文化的元素表达

第一节　艺术与旅游

一、艺术的概念

艺术的内涵经历了长期历史演变和不断发展。在中国，“艺”最早出现在甲骨文中，本意为“种植”，华夏文明作为农业文明，“艺”则理所当然的是一门重要的技能。《周礼·保氏》记载：“养国子以道，乃教之六艺：一曰五礼，二曰六乐，三曰五射，四曰五御，五曰六书，六曰九数”，“六艺”是指当时知识分子纵横天下所要学习的基本技能。“艺术”一词在《后汉书》中已经出现，“术”本指的是古代城邑中的大道，和“艺”组合在一起，并不是现代西方国家所指的艺术（art）。西方国家的情况和中国类似，古代西方人也把艺术归入一般技术中，把很多生产生活技术都认为是艺术，只要是可学而非本能的技巧和才能都叫艺术，直到 17 世纪后，艺术和美学相联系，在狄德罗主编的《百科全书》中，艺术包括绘画、雕塑、建筑、诗歌和音乐，艺术才有了今天的含义。艺术的概念是在不断衍变发展的，现代意义的艺术概念形成前，业已产生了很多后来被归到现代艺术概念下的创造物，如西方国家的雕塑、建筑、绘画、音乐、戏剧、文学等。以文学为例，王国维讲“凡一代有一代之文学”，文学作为中国历史上长盛不衰的主要艺术形式，汉赋、唐诗、宋词、元曲、明清小说，都适应着时代的发展，用艺术反映着当时人们的审美与感知（凌继尧，2007）。

关于艺术的概念，中西方艺术家、理论家进行了长久的讨论，在各自的时代从不同方面提出了自己的论据，丰富了艺术的内涵，到了 20 世纪，现代艺术、后现代艺术的兴起给艺术带来了更多的思考。简单来说，艺术基于艺（追求精神化、心灵化的活动），表征为术（表现为身体化、手工化的活动）（李晓峰，2012），是用形象来反映现实但比现实更具有抽象性的一种社会意识形态，是关于美、思想、境界的一个术语，主要包括文学、书法、绘画、雕塑、建筑、音乐、舞蹈、戏剧、电影、曲艺等。

二、艺术的类型

对各门艺术加以分类，可以准确地把握艺术世界的内部结构及各门艺术的不同审美特征（陈国平，2005；翟洪涛，1999）。古希腊时，亚里士多德以自己提倡的“模仿”说为理论基础，把艺术区分为史诗、戏剧、音乐、舞蹈和美术。法国美学家夏尔·巴托把音乐、诗、绘画、雕塑和舞蹈这五种作为“美的艺术”，认为其他均属于实用目的的“机械的艺术”，以强调艺术能引起人们的审美快感及模仿自然的特征（王朝元，2011）。德国古典哲学家黑格尔重视艺术作品的理念和形象之间的关系，认为内容和形象之间的各种不同关系是区分艺术类型的基础（Hegel，2017）。艺术的类型划分因依据的标准不同，存在着巨大差异（表 10.1）。

表 10.1　主要艺术分类方法

分类依据	类型	内容
存在方式	空间艺术	绘画、雕塑、工艺、摄影、建筑等
	时间艺术	音乐、文学、曲艺等
	时空艺术	戏剧、舞蹈、电影等
感知方式	视觉艺术	绘画、雕塑、工艺、摄影、建筑等
	听觉艺术	音乐、曲艺等
	视听艺术	戏剧、电影等
	想象艺术	文学
创造方式	造型艺术	绘画、雕塑、工艺、摄影、建筑等
	表演艺术	音乐、舞蹈、戏剧、曲艺等
	语言艺术	文学
	综合艺术	电影
空间维度	二维空间艺术	绘画、摄影、书法、电影、电视
	三维空间艺术	雕塑、建筑、工艺品、舞蹈、戏剧、曲艺、杂技
	四维空间艺术	文学、音乐

资料来源：陈国平，2005；潘必新，2014；翟洪涛，1999

三、艺术的特性

1. 审美性

审美问题是贯穿在整个艺术理论中的核心问题，艺术的认识是审美的认识，艺术的创造是审美的创造，艺术的欣赏是审美的欣赏，可以说，审美是艺术区别于其他社会事物的根本性质（王宏建，2010）。“审美”是艺术的特质，“审”是对艺术的审视与欣赏，“美”是艺术的精华，艺术的审美性体现在以下两个方面。

（1）艺术是现实美的反映。常言道“艺术来源于现实，艺术高于现实”。现实生活中存在着各种各样的美，可分为自然美和社会美，自然美表现大自然中自然事物的美，社会美则是表现人类社会中的事物的美。这些客观存在的美围绕在我们身边：雄奇险秀幽之山、变幻莫测的火山冰川、与世隔绝的岛屿岩礁、造型各异的奇峰异石等地文景观之美；江河大海、温泉瀑布、沼泽湿地等水域风光之美；茂林修竹、珍禽异兽、花海草原等生物景观之美；日出日落海市蜃楼、雨雪云雾等气象之美等，这些美，是绘画、摄影等艺术者喜爱的对象。亲情、爱情、友情之美；高尚情操、良好品德之美；传说故事、历史事件之美等是文学、美术、音乐艺术者喜爱的对象。艺术家则在其专业领域，具有发现美的眼睛和艺术修养，在这些“美”面前产生反应，用作品向我们展示其中的美。本是在田野里生长的向日葵，在艺术大师凡・高笔下，其饱满的生命力和律动感震撼人的心灵。中国的山水画，画遍了大江南北，尽收中国风光。

（2）艺术是审美的对象。艺术是艺术家对客观事物的美的反映，艺术作品形成后，就成了人们鉴赏的对象，不管欣赏者的知识水平、审美认知水平如何，作品中蕴含的艺术美学价值是客观存在的。作为审美的对象，艺术具有美的性质，符合美的原则。对美的追求是人的本性使然，人的审美既有理性的思考又掺杂着感性的情感，既有客观的规律也有主观的臆想，可以说是千差万别，但这丝毫不妨碍我们主流的审美认知，社会主流的审美方向总是向着积极健康、和谐美好的方向发展、目的是提高人的精神境界。人们欣赏一件艺术品，是因其能给人带来愉悦，提高人的审美情趣，使人受到美的教育。

2. 形象性

德国哲学家黑格尔认为，“艺术作品的基本特质，即形象鲜明性和感官性”。不同的艺术对艺术原型的形象反映有不同的特点，画作是作者描绘的环境中某个场景，《最后的晚餐》是达・芬奇描绘耶稣在餐桌上坦言被十二个门徒之一出卖时紧张的场景，《清明上河图》是张择端描绘的宋代京城汴京闹市的场景，这些我们可以通过视觉直观进行感受；戏剧舞蹈通过动作神态语言展示其人物形象，如关公的红脸、曹操的白脸，拉丁舞中的伦巴用婀娜多姿的舞姿表现男女之间的爱情形象；文学作品中的阿 Q、祥林嫂、林黛玉、堂吉诃德、哈姆雷特等人物形象，都是艺术家对社会生活中人物形象的客观反映和创作。艺术的形象，可归纳为三个统一（汪霓，2015），一是主观与客观的辩证统一，既是客观存在又是客观事物的主观创作；二是内容与形式的辩证统一，既有诉诸感官的形式美又包含丰富的社会生活内容；三是个性与共性的辩证统一，既有鲜明独特的个性又有体现普遍特征的共性。

3. 创造性

创造是艺术的灵魂和核心，决定了艺术的不可复制。“艺术来源于生活，艺术高于生活”，艺术创造是对现实生活的反映，但又具有高度的创造性和前瞻性。当然，艺术创造不是各种新事物的没有规律的组合，它一定是顺应审美和艺术规律的创造。

优秀的艺术家具有丰富的现实生活经验和灵动的想象力，优秀的艺术作品是艺术家创造性思维的结晶。我国诺贝尔文学奖得主莫言，小学便辍学在家从事农业生产，种高粱、种棉花、放牛长达十年之久，与乡土结下了深厚的情谊。这就不难理解为何莫言的作品总是充满了“怀乡”的情结，“高密东北乡”随莫言的作品成为中国文学的高地，安放在世界文学的版图上。在丰富的现实生活积累的基础上，莫言的创作富有想象力和灵动感，才能被诺贝尔奖委员会评价为“用魔幻现实主义的写作手法，将民间故事、历史事件与当代背景融为一体”。

4. 情感性

情感对艺术的创作和审美都显得尤为重要，没有情感的作品显得空洞而缺乏生命力，不带情感的审美犹如盲人摸象，如果说艺术是为了表达人类的心灵，那么情感就是通往内心世界的桥梁。艺术的情感性具有两种含义：一是艺术以情感即人的内心世界为对象，抒发感情。二是艺术家对他所创作的对象总是带着主观上的褒贬和爱憎等情感（潘必新，2014）。《围城》是我们耳熟能详的文学作品，小说围绕主人公方鸿渐，描写抗战初期知识分子间的爱恨情仇、恩恩怨怨，在钱钟书先生的精言妙语中他们的内心情感体现得淋漓尽致，钱钟书先生对作品也是充满了感情，坦言在写围城的两年中自己也是忧世伤身。

四、艺术与旅游

旅游是人类在物质之外更高层次的精神追求，是增长见闻和认识未知世界的重要途径，古代先贤“读万卷书，行万里路”，留下了许多旅游艺术作品。明代著名学者徐霞客一生游历四方，经 30 多年创作的《徐霞客游记》，不仅是自然地理学术著作，也是描绘美丽中国的旅游巨篇，《徐霞客游记》的开篇之日——5 月

19日，被定为我国的旅游日。现在人们在旅游途中购买带有地方文化内涵的工艺品，观看地方特色戏曲、舞蹈艺术，参加地方民俗节日活动早已成为惯例。艺术与旅游具有难以割舍的关系，它们相互依存，相互促进又相互影响，艺术的繁荣为旅游市场提供更多形式的旅游商品，旅游的大众化促进艺术影响力提高，刺激艺术创造。

第二节 旅游规划中的艺术文化提炼

一、文学艺术

1. 旅游文学

为了界定旅游文学，我们应首先辨别古代旅游与现代旅游。古代的士人漫游（徐霞客、苏东坡）、帝王巡游（秦始皇、汉武帝）、官吏宦游（张骞出使西域、郑和七下西洋）、高僧云游（鉴真东渡、玄奘西游）等，只是一种自发的游历活动。直到1841年，托马斯·库克包租火车组织公众参加禁酒大会后成立了世界第一家旅行社，才标志着现代旅游的正式产生。我国是改革开放后才有了现代旅游，认识到这一点，我们才能用更广阔的视野去欣赏古代游历活动中产生的文学作品中的旅游成分。目前，学界普遍赞同曹文彬（2003）的观点，即旅游文学是以旅游生活为反映对象，抒发旅游者在整个旅游过程中的思想，情绪和审美情趣的文学。广义上说，凡是描写山水、动植物、文物古迹、风俗民情的文学作品都是旅游文学，狭义上仅限于对旅游生活的记录，即描述旅游主体在旅游过程中对客体和媒介的反应的文学。

文学跟旅游有着相互促进、相互关联的关系。旅游是一种审美性的活动，在旅游过程中有的人有感而发创作了新的旅游文学,有的人常常能体会到风景之美，但不能得到良好的抒发，这时文学家留下的名篇就起到了“感同身受”的作用，使得旅游者的审美情趣得到升华。还有不少人是因为受旅游文学的吸引，而踏上旅途，前往目的地寻找与作者心灵相通的感受。

2. 旅游文学的类型

旅游文学有多种类型，按作品的内容可分为叙述旅途的游记型、描写景物风俗型、写景抒情型等；按描写的地理环境差异可分为山水田园型、都市型、异域型等。本章按文学体裁分为四类。

（1）诗歌。诗歌在世界文学中起源最早，历久而弥新，早期常与音乐、舞蹈艺术联系，后逐渐独立为经典的文学形式，以其简练优美、富有节奏韵律、情感动人的特点受到世界人民的喜爱。产生于西周初期（约公元前 11 世纪）到春秋中期（约公元前 6 世纪），最后由孔子汇编而成的《诗经》是我国最早的一部诗歌总集，其优美的文字、朴实动人的感情传承数千年。“中华诗祖”“辞赋之祖”屈原以“香草美人”之思而著《离骚》，是我国第一位伟大诗人。诗歌可分为古代诗歌和现代诗歌（汪霓，2015），古代诗歌包括古体诗、近体诗、词、曲。古体诗经历了诗经—楚辞—汉赋—汉乐府诗—魏晋南北朝民歌—建安诗—五言诗—唐代的古风、新乐府的发展轨迹。近体诗，包括律诗和绝句。词兴盛于宋，调有定格，句有定数，字有定声。曲包括散曲和杂剧。现代诗歌按照一定的格式和规则，其字数、行数、声调音韵等都有严格规定；“五四运动”后的诗歌是字数、行数、声调音韵等比较自由而通俗的自由诗，出现了兼有散文和诗的特点，富有节奏感和诗情的散文诗，如现代诗人徐志摩的《再别康桥》，“轻轻的我走了，正如我轻轻的来；我轻轻的招手，作别西天的云彩。……”语言轻盈柔和，诗人用虚实相间的手法，描绘了流动的画面，构成了一幅幅非常美妙的意境画。

（2）散文。《辞海》为区别于韵文和骈文，把凡不押韵、不重排偶的散体文章，包括经传史书在内，概称“散文”，后又泛指诗歌以外的所有文学体裁，近现代散文的含义逐渐向狭义发展且受到西方文化的影响。“形散而神不散”是散文的最大特色，其自由灵活，写作速度快、随感而发、贴近生活、选材广泛，这些特点适于旅游活动的创作。大文豪苏东坡一生多次被贬，即使仕途屡遭打击，也没有妨碍乐天派的他在路途中游山玩水，其散文《赤壁赋》记叙了苏东坡携友人畅游赤壁过程中由矛盾、悲伤转而获得超越、升华的心路历程。

（3）楹联题刻。楹联又称对联、对子、春联，是写在纸、布或刻在柱头、牌匾上的对偶句，对仗工整，平仄协调，是汉字语言独特的艺术形式，相传起于五代后蜀主孟昶。

（4）新媒体旅游文学。新媒体旅游文学主要表现为小散文、随笔、自由诗等，体裁多样、形式灵活。在“大数据”时代，这种新媒体旅游文学通过社交网站、朋友圈、手机 APP 等形式迅速得以传播。

二、旅游造型艺术

书法、绘画、摄影、雕塑、建筑等造型艺术在创作时离不开一定的客观存在物，它们是艺术家思想和情感的表达。书画需要表现在纸张上，摄影表现为照片，雕塑依靠石头等材料，建筑艺术品是大量物质材料的有机结合。在旅游过程中，这些艺术形式直观可见、文化内涵丰富，是文化景观的重要组成部分。

1. 书法

依据汉字的特点，汉字书法在笔法、结构、章法上具有规律，反映了人们的气质、情感和审美观念。日常生活中我们常用“字如其人”来强调书法的重要性，书法是我国历史悠久的传统艺术。汉字从商朝甲骨文，周朝金文、大篆，秦朝小篆，汉朝隶书，唐朝楷书、行书、草书到今天，经历了漫长的演变过程，书法也随之而发展，确立了篆书体、隶书体、楷书体、行书体和草书体五种基本形式。

在旅游途中我们欣赏的书法艺术品大多是存放在博物馆中的具有重要历史文化价值的手卷、扇面以及画卷。“书圣”王羲之代表作《兰亭序》被称为“天下第一行书”。《兰亭序》用笔细腻精湛，点画妍媚遒劲，结体隽雅多变，章法布局和谐自然（陈婉娴等，2013），字字精妙，有如神作，历来被书法界奉为极品。酷爱王羲之书法的唐太宗得到《兰亭序》后对其爱不释手，曾令当时的书家名手虞世南、褚遂良、冯承素等人将原迹双钩填廓数本，作为最高奖赏，分赐给他的皇子近臣。唐代虞摹本、褚摹本、冯摹本《兰亭序》和柳公权的《兰亭诗》，以及明清时董其昌等人临摹《兰亭诗》四本，共计八个版本，称为“兰亭八柱”。

还有一类书法作品则以楹联、题刻等形式表现在匾额、石壁之上，一般见于寺庙、园林、宫殿及一些现代仿古建筑，有的兼有文学、历史价值，是中华民族独特的民俗文化精品。

2. 绘画、摄影

绘画运用点、线、色彩、明暗、透视、构图等手段在平面上创作图像，反映现实和表达审美感受、思想感情，以线条、色彩、形体为主要造型语言。摄影则运用画面构图、光线、影调（或色调）等造型手段来表现主题并突显其艺术形象。它们明显的不同在于所运用的材料和工具，一个为画笔、纸张，一个为照相机和感光材料，但两者之间在构图、线条、形体等方面有大量的共通之处，是两种极为相似的造型艺术。绘画、摄影艺术与旅游的结合主要表现在三个方面。

（1）博物馆展存大量价值极高的绘画和摄影作品，供旅游者和当地居民参观、欣赏。现存于故宫博物院的国宝级文物《清明上河图》描绘的是清明时节北宋都城汴京（今河南开封）东角子门内外和汴河两岸的繁华热闹景象。全画共分为三段，前段写市郊景色，中段以“上土桥”为中心，另画汴河及两岸风光，后段描写的是市区街道。全卷画面内容丰富生动，集中概括地再现了12世纪北宋全盛时期都城汴京的生活面貌，以极高的历史文化价值吸引着游客前往参观。达·芬奇画作《蒙娜丽莎》作为世界博物馆之首卢浮宫的镇馆之宝，对全世界旅游者都具有极高的吸引力。

（2）画展、摄影展也是吸引游客参观的重要方式，通常在美术馆、博物馆举办，规模小的则在画廊举行。主办方、承办方、参展方、观众是画展和摄影展的重要组成部分，除主办方、承办方的影响力及有效组织外，参展方的作品是吸引观众参与的关键。

（3）写生、摄影旅游是一种具有专业性质的旅游。国画中摹画人物肖像的称为写真，临摹花果、草木、禽兽等实物的则称为写生，这就要求写生者到野外采风，风景优美的景区或乡村无疑就成为写生的最佳选择地。自然环境优美的景区、古色古香的民俗建筑、如诗如画的田园乡村、现代化的大都市等都是写生、摄影的重要采风地。摄影爱好者为获得一个绝佳的拍摄地点、拍摄时间，常常不远数十里、不辞劳苦地四处奔波、等待时机，这其中的许多活动都具有旅游的性质。我国最美乡村——婺源，村村是画，步步皆景，古意盎然的民居、石径、廊桥，青山绿水环绕其间，油菜花与徽派民居相呼应，一派水墨丹青的韵味，其浑然天成的乡村美景使之成为著名的写生和摄影基地，吸引着众多写生旅游者和摄影旅游者。

3. 雕塑

雕塑是指为美化城市、乡村或用于纪念意义而雕刻塑造、具有一定寓意、象征或象形的观赏物和纪念物。其材料为石头、石膏、木材、金属、玉石等，用雕、刻、塑三种创制方法，反映社会生活、表达艺术家的审美情感、审美理念。雕塑在古今中外艺术史上都比较常见，我国的龙门石窟、乐山大佛、大足石刻是在天然山体上雕刻而成，承载着浓郁的宗教文化；古希腊米洛斯的维纳斯则是用大理石雕刻而成，表现的是女性的人体美；美国拉什莫尔山建造总统雕塑的初衷就是吸引旅游者，至今拉什莫尔山不仅成为一个世界级的旅游胜地，还成为美国文化中总统形象的象征地；还有一些雕塑是出于纪念意义，如我国北京天安门广场中心的人民英雄纪念碑浮雕、各地的伟人雕像等。

三、旅游表演艺术

表演艺术包括音乐、舞蹈、杂技等，它们通过人的演唱、演奏或人体动作、语言、表情来塑造形象、传达情绪和情感从而表现生活。以吸引游客观看和参与为意图，在主题公园和旅游景区现场上演的各种表演、节目、仪式、观赏性活动等，统称为旅游表演，这类表演活动由于融合了经典意义的戏曲、音乐、舞蹈等表演艺术以及各种流行文化、民间活动和节庆，从而成为创作和发展空间极大的娱乐和文化产业（李蕾蕾等，2005）。表演艺术与民俗文化具有密切联系，与文化旅游密不可分，这对开发当地民俗文化、发展旅游意义重大。

旅游表演也称为旅游演艺，它是旅游体验的重要组成部分，根据游客体验的地点和方式不同可以分为两种：舞台剧场式的旅游演艺，它们多在剧场、茶馆、主题公园开展，时间固定，是旅游行程中的一个文化体验项目，如各地的音乐节、民族舞蹈表演等；实景式的旅游演艺，它们将现实环境作为演出场地，将当地民俗文化、优美风景融入演出中，如《印象刘三姐》《印象丽江》等。近几年国家确定的旅游演出类重点项目见表 10.2。

表 10.2 国家文化旅游重点项目名录——旅游演出类（第一批名录）

项目名称	项目主体
京剧演出	北京首都旅游国际酒店有限公司前门梨园剧场
功夫传奇	北京天创寰宇功夫剧院有限公司
圣水观音	北京天龙源温泉旅游发展有限公司
飞翔	北京朝阳剧场、四川德阳杂技团
相声、戏曲	天津名流茶馆
时空之旅	上海时空之旅文化发展有限公司
吴桥杂技大世界园区演出	吴桥杂技大世界旅游有限公司
升堂系列剧	平遥县衙博物馆
东北二人转	辽宁民间艺术团有限公司
冰上杂技	黑龙江冰尚杂技舞蹈演艺制作有限公司
灵山吉祥颂	江苏无锡灵山实业有限公司
扬州杖头木偶表演	扬州市木偶剧团
宋城千古情	杭州宋城旅游发展股份有限公司
西湖之夜	杭州金海岸文化发展股份有限公司
徽韵	黄山茶博园投资有限公司
孔子	济宁市曲阜孔子文化艺术团
禅宗少林音乐大典	郑州市天人文化旅游有限公司
张家界·魅力湘西	张家界魅力湘西旅游开发有限公司
天门狐仙·新刘海砍樵	张家界天元山水旅游文化有限公司
梦幻之夜 又唱浏阳河	湖南红太阳娱乐管理有限公司
魔幻传奇	长隆国际马戏大剧院
天禅	深圳东部华侨城有限公司
天地浪漫	深圳世界之窗有限公司
印象刘三姐	桂林广维文华旅游文化产业有限公司
梦幻漓江	桂林梦幻漓江演艺传播有限公司
多彩贵州风	多彩贵州文化艺术有限公司
云南印象	云南杨丽萍艺术发展有限公司
丽水金沙	丽江丽水金沙演艺有限公司
印象丽江	丽江玉龙雪山印象旅游文化产业有限公司

续表

项目名称	项目主体
蜀风雅韵	成都蜀风雅韵文化旅游发展有限公司
藏谜	九寨沟县容中尔甲文化传播有限公司
幸福在路上	西藏珠穆朗玛文化传媒有限公司
长恨歌	陕西华清池旅游有限公司
天域天堂	西宁市歌舞团
月上贺兰	银川艺术剧院

资料来源：《文化部 国家旅游局关于印发〈国家文化旅游重点项目名录——旅游演出类〉的通知》

四、旅游综合艺术

综合艺术又称复合艺术，泛指几种艺术成分综合而成的艺术，如声乐、建筑等，通常专指兼用视觉和听觉感受的艺术，如影视和戏曲等。

1. 影视

电影艺术诞生于1895年，法国卢米埃尔兄弟公开售票放映《火车到站》、《工厂大门》等电影；电视艺术诞生于1936年，英国广播公司的电视台开播。它们的产生和发展与人类的科技发展关系密切，是科学和艺术的结晶。电影经历了从无声到有声、从黑白到彩色、从现实到虚拟，大量伟大作品和电影大师产生。电视艺术需要依靠无线电广播技术、显像放像技术、卫星传播技术等现代科技，还需要一系列配套的电视、转播站等设备，可以说是现代化的新艺术，现在已经成为走进人们日常生活的“家庭艺术”。

重庆武隆原本有丰富奇特的地质景观，旅游业此前稳步发展。电影《满城尽带黄金甲》《变形金刚 4》先后在武隆天生三桥景区取景，国内著名电视综艺节目《爸爸去哪儿》安排了一期在武隆天坑拍摄，这些电影、电视，将武隆的风光展现给了观众，大大促进了武隆旅游业的发展，使武隆在中国“大火特火”了一把，知名度显著提升，这是影视艺术促进旅游业跨越式发展的典型代表。

2. 戏曲

戏曲是一门世界性的传统艺术，中国戏曲与希腊悲剧和喜剧、印度梵剧并称为世界三大古老的戏剧文化，其特点是将众多艺术形式以一种标准聚合在一起，在共性中体现其各自的个性特点。中国戏曲由文学、音乐、舞蹈、美术、武术、杂技及表演艺术综合而成，形成了以京剧、越剧、黄梅戏、评剧、豫剧五大戏曲剧种为核心的中华戏曲百花苑，共有360多个种类。戏曲常常也是旅游过程中不可缺少的文化体验项目，我国戏曲众多，它们集中展示着我国的传统文化，对游客具有强大的吸引力。

第三节 艺术文化元素的旅游表达

一、文学艺术的旅游表达方法

1. 文学艺术与旅游宣传口号

口号在我国由来已久，文学作品中的字句、伟人说过的话、社会共识等都可成为口号，是一门文学（语言）的艺术。例如，屈原《离骚》中的“亦余心之所善兮，虽九死其犹未悔”；顾炎武《日知录》卷十三《正始》的“天下兴亡，匹夫有责”等。《现代汉语词典》把口号解释为“供口头呼喊的有纲领性和鼓动作用的简短句子”。马东跃（2011）认为，旅游宣传口号在旅游地品牌建设中起着重要支撑作用，旅游宣传口号是用简洁优美的语言概括旅游目的地的形象，达到宣传的作用，它能弥补旅游地标识系统信息量不充分的弱点，传递有关品牌形象的某些信息，在旅游者与旅游产品之间构建一个交流的平台。大到国家、省、市、县，小到地方、景区，在进行旅游规划时一个成功的旅游宣传口号可以带来丰厚的品牌效益。

吴必虎（2010）认为，“旅游宣传口号因角度不同可分为两大类，资源导向型和游客导向型。前者主要从旅游地资源特色的角度进行宣传，后者则主要着眼于游客需求”。旅游宣传口号的设计一般采用公众征集和专家筛选设计相结合的方法，一方面从市场角度获得旅游者对目的地形象的感知，另一方面通过专家对当地自然、历史及地方文化的深入挖掘提炼而成，体现地域性、导向性、系统性、独特性、情感性、创新性和艺术性等设计原则，以旅游形象定位为基础，以语言锤炼为关键（王艳等，2010）。语言提炼强调旅游口号设计简洁通俗、句式组合多样、加强辞格艺术、追求典雅风趣（余足云，2006）。在语言应用角度，修辞手法应用广泛，如谐音山西——晋善晋美，把同音的“尽”巧妙地换为山西简称“晋”；双关语乐山——乐山乐水乐逍遥，乐山是特指的四川省乐山市这个旅游目的地，同时取自“仁者乐山，智者乐水”的经典语句，对仗诗——拜水都江堰，问道青城山，前后对仗工整，便于记忆。为了追求简洁、流畅、押韵等广告效应，旅游口号字数一般要求在 12 字以内，其中 8 字长度的口号最多，且绝大多数短语类型的旅游口号适合“偏正词组+偏正词组”的组合方式。在目前旅游发展背景下，多数旅游口号采用地名涵盖型，并以资源型口号为最多（肖敏等，2011）。

2. 文学家、文学作品与旅游意境打造

中国传统美学的精髓把意境看作艺术美的本质，艺术如果达到情景交融，自然也就产生了神韵，旅游规划设计也是如此。旅游意境设计的是一种场所的氛围，通过适当的景观空间的组织过程，配合时间、空间、尺度、色彩、质感、形态等艺术手段，结合规划地区自然、人文环境为旅游者创造出一系列具有一定主题的意境单元，并使它们互相组合成有机的整体，形成具有内在联系的景观意境空间（程华，2009）。体验经济时代到来，旅游规划不仅仅局限于良好的基础设施、优良的旅游资源呈现，打造一个使游客游而有味，具有不同体验的旅游意境，已经刻不容缓。

文学艺术的物境—情境—意境过程，使得文学不仅具有抒情美，更营造出一种只能切身体会，不可言传的具有诗情画意、人生哲理、千姿百态的意境美，对游客有极大的吸引力。沈从文先生笔下的《边城》，人民朴实无华的善良美与湘西明净的自然美天人合一。

3. 文学形象通过旅游场景再现

文学形象是文学作品中用文学语言构造的具有审美倾向的具体可感的形象或情景（人物、景象、氛围、情感等），是作家审美意识的物化形态，如《红楼梦》里“机关算尽太聪明，反误了卿卿性命”的王熙凤，《黄金时代》里的知青王二，《围城》里深陷围城的方鸿渐等人物形象和《敕勒歌》里“风吹草低见牛羊”的草原景观形象。选择在人们心中有深厚的情感，极具文化内涵的形象，将其中具有前景的部分进行现实打造和再现，是旅游规划开发的又一思路。

北京大观园是再现中国古典文学名著《红楼梦》中“大观园”景观的仿古园林，经过了红学家、古建筑学家、园林学家和清史专家共同商讨，按作者在书中的描述，采用中国古典建筑的技法和传统的造园艺术手法建造，力图忠实于原著。

二、造型艺术的旅游表达方法

1. 景观造型设计

景观即具有观赏价值和美学价值的景物，景观设计中一般以建筑为硬件，以绿化为软件，以水景为网络，以小品为节点，采用各种专业技术手段辅助实施设计方案，这些景观元素的设计和欣赏都蕴含着丰富的造型艺术。

景观的造型随着现代科学技术的发展、先进材料的应用，与古代木质、石材为原料的景观相比有质的飞跃，其造型艺术，也随时代的发展而变化。首先，在思想与功能方面，古典园林讲究自然山水，现代园林由于受西方园林的造园思想影响，追求几何对称，认为人工美高于自然美；功能定位都属于观赏型，唯一不同的是，古典园林服务于宫廷贵族等少数人群，无商业目的，而现代园林部分充斥着商业竞争的气息，服务于大众多元化的需求，其设计更关注开放式的空间。其次，在植物造景方面，古典园林植物选择比较单一、重复栽种的植物较多，现代园林植物不再拘泥于少数观赏植物，更加注重植物搭配的多样性。

植物作为景观设计中的生命有机体，具有生命的周期规律，如色彩变化、生长发育、开花结果等，能给造型设计带来极为丰富的表达内容。景观设计中绿化植物可分为三类（陈月华和王晓红，2005），即乔灌木、草本和藤本，乔灌木植株高，是造型的骨干，可通过孤植、对植、列植、群植等方式或搭配其他植物一起塑造具有形态美和各种功能的景观。草本植物则多以草坪形式，起装饰和分割道路的作用。藤本植物在墙面、坡面的垂直绿化方面效果较好，可塑造独特的立体景观，通过对植物生长的引导、修葺，形成造型艺术景观。

“仁者乐山，智者乐水”，水在景观中有着灵气、血液的作用，水可分为静态水和动态水。静态水，水面基本静止，如水池、湖泊；动态水则流动大，如瀑布、喷泉。水体因其液态流动性的特性，在造型设计上可加以利用。利用静止水体的边界搭配小岛、半岛、驳岸、树木倒影等，形成不同的水体景观。利用动态水体可规划设计人工瀑布、喷泉、溪流，再搭配各种颜色的灯光，形成动景。

景观小品指那些体量小、功能简单、造型特别、富有情趣、内容丰富的精美构筑物。小品在景观中有着非常高的欣赏价值和艺术特质，其造型设计分两种情况，一是作为整体景观的附属或部分要素，小品的设计要符合整体景观的氛围；二是如果只是在整体景观中起画龙点睛的点缀作用，其造型相对自由，但主题必须明确。

2. 旅游标识系统的造型艺术

旅游标识所采用的符号是对旅游地复杂多元的信息进行归纳、提炼，以具体可见的形象进行表达，保证旅游地输出的信息整体完整，以获得旅游者的认同与识别（操文斌和陆林，2005）。旅游标识是旅游地品牌的核心组成要素，是旅游地的形象代表，也是旅游地信息的高度浓缩载体，在旅游规划设计中显得尤为重要。旅游标识融合了旅游地的旅游资源和历史文化，并将其符号化、平面化、图案化，其中蕴含着丰富的书法、绘画、雕塑等造型艺术元素。我国旅游标识的原型可追溯到汉代青铜雕塑——马踏飞燕（图 10.1），该雕塑将骏马奔驰通过优美的形态表现出来，寄托着人的情感和理念，表达了一种蓬勃向上、豪迈进取的精神。四川旅游标识，则在 SICHUAN 的拼音书写中，融入四川特色的熊猫造型。

（a）中国旅游标识　　（b）四川旅游标识

图 10.1　旅游标识图

旅游标识一般在一个景区、旅游地、旅游城市形成一套系统，称为旅游标识系统，它是系统内旅游产品的组成部分，能够指导游客更好地完成旅游路线，提供旅游景点解说和相关游览信息，是旅游形象的重要组成部分。旅游标识系统包括全景图、方向指示牌、景点解说牌、安全警示牌、温馨提示牌、公共信息符号牌等，标识牌的外观形状和颜色可结合当地自然山水、地方民俗和地域特色进行设计，并与景区的建筑风貌、自然风光、民俗特色相统一。

3. 造型艺术的景观再现

与文学形象一样，造型艺术也有形象，并能可视化、具体化，通过情景规划予以再现，如开封市的清明上河园景区，它以宋代张择端的写实画作《清明上河图》为蓝本以《营造法式》设计规范，以宋朝市井文化、民俗风情、皇家园林和古代娱乐为题材，以游客参与体验为特色建成文化主题公园，集中再现原图风物景观，再现古都汴京千年繁华的胜景。

三、综合艺术的旅游表达方法

1. 影视主题公园

影视主题公园，不仅以影视拍摄为主要功能，而且利用场景、场地、道具、服饰等，开发成以影视文化为主题的娱乐公园。其特点在于，设计上以影视文化为主题，具有鲜明的个性化特色和衍生的文化内涵；项目设计上以模拟和再现为特色，拥有影视文化的实际载体；兼具影视外景基地和旅游的双重功能，影视业与旅游业协同共生（郭文和王丽，2008）。影视可以作为旅游的营销手段，促进拍摄地的旅游升温，对形成旅游地形象亦有促进作用。影视主题公园将影视文化元素开发为旅游元素，大大增加旅游吸引力。美国好莱坞环球影城以电影拍摄场景为主题特色，美国迪士尼乐园用卡通人物“米奇”为形象代表，是综合性的旅游度假区。我国的影视主题公园如横店影视城、无锡影视基地等也已经发展为综合性的旅游产业基地。

2. 旅游特色影院

私家车数量的快速增长，使得人们外出旅游的方式发生了巨大变化，自驾游成为大众化的旅游方式，汽车营地建设应运而生。汽车影院是针对自驾游的一项旅游影视艺术体验项目，它将停车场作为电影放映场地，根据场地大小建设室外荧幕，通过汽车的调频收听电影音频，游客在各自的车内欣赏电影，有相对独立的隐私空间。汽车影院发源于美国，风靡全球，随着中国汽车文化的兴起，影视行业的票房持续增高，汽车影院的开发潜力巨大，是旅游自驾车营地建设中的优选项目。有些地方（已有规划）以山体作为银幕进行投影，辅之以阶梯状草坪、石阶供游客落座，让游客在大自然中观影，满足其亲近自然的愿望。

3. 旅游宣传片

宣传片是结合视觉形象和听觉感受来传递产品或服务信息的媒介。旅游宣传片是以旅游宣传地的资源要素和产品形象为基础结合声光电创作的视听综合艺术，是塑造目的地旅游形象不可或缺的宣传方式。宣传片简短而凝练，能直观地体现目的地的旅游资源和形象特色，潜移默化地向受众传播旅游信息，使受众建立对旅游地的初步认知，激发受众对旅游地的联想。音乐动人、形象精美、创意独特的宣传片能满足受众对于旅游目的地的诉求，打动观众、沟通受众，比起报纸、杂志、广告等传播方式，宣传片对区域旅游形象传播具有贴近受众性、直观具体性、文化渗透性和社会宣传性的特点（李朋鲛和马立军，2015）。

第四节 案例研究

一、《印象·武隆》表演艺术

“印象·武隆”实景歌会以濒临消失的“川江号子”为故事内容展开，让游客在观演中体验大自然美景，欣赏巴蜀大地独特的风土人情。

巴渝自古有“蜀道之难，难于上青天”的说法，货物流通、客运往来皆有不便，于是有了柏木帆船的交通工具和纤夫拉船的故事。在清朝初期，船是通过船工沿江拖拉而行，为了使各船工用力协调，以艄公击鼓为号指挥船行，统一扳桡节奏。到了清朝中期，逐渐兴起了船工号子。纤夫负重前行喊出的一声声号子，逐渐成为大众熟悉的川江号子，高亢、豪迈有力，在峡江之中久久回荡。

时至今日，机动船取代了人工拉纤，这种劳作景象随之消失，川江号子成为国家非物质文化遗产，但这种文化的传承不应中断。正是基于这一想法，“印象·武隆”实景歌会以“千年号子”为主要内容（千年号子按不同工种分为川江号子、平水号子、上滩号子、拼命号子、打夯号子、筑墙号子、抬石号子、劳工号子等），再现川江号子，展现巴渝人坚韧不拔、团结协作的奋斗精神。

二、好莱坞环球影城

美国好莱坞环球影城是许多著名欧美影片的拍摄场景地，游客身临其境可现场观看特技表演，亲身体验影片的制作过程。整个影城分表演娱乐区、影视体验区和徒步购物区。

1. 表演娱乐区

在表演娱乐区，游客可乘坐片场的游览车，沿途目睹枪战片、大地震等惊险镜头的拍摄以及运用特效呈现的枪击、山洪暴发等场面，也能看到各种科幻拍摄、水上大战、动物明星的精彩表演等。

2. 影视体验区

环球影城专门设置了游客体验区。游客可以进入摄影棚，“参演”大片；可以乘坐“太空飞船”，进入科幻世界；可以乘坐“战车”，观看动感电影。游客在侏罗纪公园，可以看到恐龙的嬉戏斗殴，以及突然的生态变迁，恐龙随之灭绝。

3. 徒步购物区

体验完惊险刺激后，游客可以步行前往环球片场毗邻的徒步购物区。街区以影视文化建筑为主，销售各种影视文化商品、创客工坊艺术品等。

好莱坞环球影城是以影视文化为主题的娱乐公园，其不仅利用场景拍摄各种经典影片，同时，通过吸引游客参观影视制作，让游客在参与体验中得到刺激和快乐，这无疑是世界上最成功的影视文化旅游景区。

参考文献

操文斌，陆林. 2005. 旅游标志设计内容定位[J]. 装饰，(1)：80.

曹文彬. 2003. 中国旅游文学[M]. 北京：中国商业出版社.

陈国平. 2005. 艺术分类研究的美学原则和系统方法[J]. 湖北师范学院学报（哲学社会科学版），25(3)：24-28.

陈婉娴，蓝天，罗泽风. 2013. 艺术欣赏[M]. 广州：中山大学出版社.

陈月华，王晓红. 2005. 植物景观设计[M]. 北京：国防科技大学出版社.

程华. 2009. 旅游规划中的意境设计[D]. 兰州：西北师范大学硕士学位论文.

潘必新. 2014. 艺术学概论. 2 版[M]. 北京: 中国人民大学出版社.
郭文, 王丽. 2008. 影视型主题公园旅游开发“共生”模式研究及其产业聚落诉求: 以央视无锡影视基地为例[J]. 旅游学刊, (23)4: 64-71.
李蕾蕾, 张晗, 卢嘉杰. 2005. 旅游表演的文化产业生产模式: 深圳华侨城主题公园个案研究[J]. 旅游科学, 19(6): 45-51.
李朋鲛, 马立军. 2015. 论宣传片如何塑造区域旅游形象[J]. 新闻传播, (12): 115-116.
李晓峰. 2012. 艺术导论. 2 版[M]. 上海: 上海人民美术出版社.
凌继尧. 2007. 艺术鉴赏[M]. 北京: 北京大学出版社.
马东跃. 2011. 旅游宣传口号有效性分析[J]. 社会科学家, (4): 67-70.
翟洪涛. 1999. 艺术分类述评[J]. 玉林师专学报(哲学社会科学版), 20(1): 49-52.
王朝元. 2011. 语言、造型和感觉游戏: 康德的艺术分类观: 康德美学思想研究之三[J]. 教育文化论坛, (3): 52-55.
王宏建. 2010. 艺术概论[M]. 北京: 文化艺术出版社.
汪霓. 2015. 艺术概论[M]. 上海: 华东师范大学出版社.
王艳, 张建新, 刘培学. 2010. 江苏省旅游形象口号设计探析[J]. 山东师范大学学报(自然科学版), (2): 105-108.
吴必虎, 俞曦. 2010. 旅游规划原理[M]. 北京: 中国旅游出版社.
余足云. 2006. 旅游口号语言应用分析[J]. 湖州职业技术学院学报, (3): 62-64.
肖敏, 李山, 徐秋静, 等. 2011. 旅游口号创意模式的尺度差异研究[J]. 旅游学刊, 26(3): 50-55.
Hegel G W F. 2017. 美学: 第一卷[M]. 朱光潜, 译. 北京: 北京大学出版社.

第十一章

旅游规划中体育文化的元素表达

第一节　体育文化概念

关于体育文化概念的界定，国内外专家学者提法各异，目前还没有形成统一的意见。周西宽（1988）借鉴国际体育名词术语委员会 1974 年出版的《体育运动词汇》一书中的定义，认为体育文化是“广义文化的一个组成部分，它综合各种利用身体锻炼来提高人的生物学和精神潜力的范畴、规律、制度和物质设施”。易剑东（1999）在《体育文化学》中对体育文化的表述为：“体育文化是指作为以人的身心健康和全面发展为目的的身体运动及其相关文化体系。”杨文轩和陈琦（2003）在《体育原理》中认为“体育文化是在增进健康、提高人们生活质量的过程中创造和形成的一切物质的和精神的财富，除了包括与之相适应的社会组织及其规范体育活动的各种思想、制度、伦理道德、审美观念，还包括为达成体育目标的各种改革措施及相应的成果”。佟小玲（2013）认为，体育文化是指体育在社会发展过程当中形成的，被社会大众所普遍认同和接受的，具有体育本身特质的道德观念、意识形态、价值标准、行为准则、规章制度及其物质条件所构成的集合。鲁润梅（2015）从体育文化的内层、中层及外层来界定体育文化，认为体育文化是指体育在长期的发展过程中形成的被社会大众普遍认同和遵循的体育的价值观念、意识形态、规章制度、行为准则，以及设施设备等精神文化和物质文化的总和。

综合上述专家学者对体育文化概念的认识，本书认为体育文化不仅包括精神层面的规范、制度，还包括物质层面的设施等，其核心是体育观念、意识、思想、价值等精神文化。

第二节　旅游规划中的体育文化元素提炼

一、体育文化分类

孙大光（2013）根据不同的标准对体育文化提出了不同的分类方法。

（1）按层次分类：两分法、三分法、四分法、五分法；

（2）按目的分类：竞技体育文化、学校体育文化、健身体育文化、休闲体育文化、特殊体育文化；

（3）按起源分类：东方体育文化、西方体育文化；

（4）按组织分类：医院体育文化、机关体育文化、银行体育文化、工厂体育文化、学校体育文化、财团体育文化、图书馆体育文化；

（5）按历史分类（以中国为例）：中国古代体育文化、中国近代体育文化、中国现代体育文化；

（6）按区域分类：中国体育文化、日本体育文化、美国体育文化。

近年来，随着对体育文化研究的深入，出现了社区体育文化、民俗体育文化、红色体育文化、民族体育文化，这些都是对体育文化分类的补充和完善。

二、体育文化元素特征

体育文化不仅具有体育属性，同时也具有丰富的文化属性。它既有文化所具有的一般性特征，也具有独特的体育元素特性。

1. 时代性和创造性

体育文化是在不断变化和发展的，受到经济基础和上层建筑的影响，必然会带有特定时期的社会意识形态的烙印。因此，体育文化具有鲜明的时代性。

孙大光（2013）认为体育文化是人们在长期的社会实践和生活劳动中，为了获得自身的解放和自由共同创造出来的物质财富和精神财富。创造是体育文化的灵魂，没有创造就没有体育文化，只有对大自然的不断改造和完善，才能创造出体育文化，创造出全新的体育理念。当代的大多数体育项目，都是在各民族传统体育项目的基础上，经过长期的演进、融合和改造而发展起来的。例如，篮球这项运动是由美国人詹姆斯·奈史密斯发明的。当时，他在马萨诸塞州斯普林菲尔德基督教青年会国际训练学校任教。由于当地盛产桃子，这里的儿童又非常喜欢玩将球投入桃子筐的游戏。这使他从中得到启发，并博采足球、曲棍球等其他球类项目的特点，创编了篮球游戏。最初篮球游戏比较简单，场地大小和参加游戏的人数没有限制。上体育课的学生分成人数相等的两队，分别站在球场的两端，在裁判员向球场中央抛球后，双方队员立即冲进场内抢球，并力争将球投入对方的桃子筐。当初桃子筐是有底的，球投中以后就在筐里，人必须登上专设的梯子将球从筐取出，然后由裁判员重新向球场中央抛球，再次开始比赛，最后，以投球进筐较多一方为胜方。

随着场地设施的不断完善和改进，球筐取消了筐底，并用铁圈代替桃子筐，用木板制成挡板代替铁丝挡网，场地增设了中线、中圈和罚球线，比赛改由中场跳球开始。与此同时，场上比赛队员也通常改为每队 9 人，开始有后卫、守卫、中锋、前锋、留守等位置之分。此外，奈史密斯还制订了简单的竞赛规则，共 13 条，其中规定不允许带球跑、抱人、推人、绊人、打人等。这大大提高了篮球游戏的趣味性，同时篮球这项竞技运动也不断得以发扬光大。

2. 竞争性与交融性

竞争是现代体育的灵魂，自然也是体育文化的重要特征。果振义（2012）认为，现代体育比赛，不仅比身体、技术和经验，而且比思想意志和顽强拼搏的精神，是一种全面的竞争。当代体育最流行的两项运动——足球、篮球，无一不体现了身体技艺对抗，超越与竞争一起构成体育文化的生命机制。

在竞争过程中，体育文化价值观念的作用，将使不同地区的民族对同一项目具有共同的认知，最后导致不同的体育文化相互融合。各民族之间体育文化的相互影响、相互融合和相互渗透，丰富了体育文化的内容。这种融合与国家、社会和民族的发展有着密切的联系，而不同历史时期的相互交融，正是促使各民族的体育文化由简单到复杂不断地向前发展的基础。

3. 大众性和全民性

孙麒麟和顾圣益（2008）认为大众体育文化是人们通过体育活动来满足自我实现的需要，借以促进人们养成健康向上观念的一类体育文化活动。大众体育文化形式多样，集健身和娱乐为一体，是社会文化活动的重要组成部分。由于体育文化的娱乐健身功能被越来越多的人所接受，所以在传承和发展过程中形成了相当稳定的群众基础。例如，广场舞、秧歌这些深受大众喜爱的运动，就是极具健身特点的娱乐项目。

体育文化的全民性，表现为全民对体育文化自发的积极参与。随着大众性体育文化的开展，越来越多的人加入全民健身的运动中，以达到强身健体、愉悦身心的目的。例如，竞技体育类综艺节目《来吧！冠军》，该节目设置了明星队与专业运动员队之间进行篮球、排球、乒乓球等体育运动的对抗比赛，这既增加了趣味性，又起到了对“全民健身”的推广作用。

4. 地方性和民族性

体育文化的地方性，是指同一国家不同地方有着不同的体育文化，由此产生了不同的体育运动。在中国北方，体育运动项目以陆地为主；而在南方，由于地理环境的原因，体育运动除陆地项目外还有水上项目；在同一民族中，由于自身所处的区域不同，形成了各具特色的体育运动。杨建设和李建国（2007）对我国不同区域传统体育项目进行了研究，认为我国西北地区以草原为主，孕育出游牧民族文化，这些民族在生产和生活中依赖马匹，促成了对马匹的训练和骑马技艺的养成，以马为载体的体育运动由此产生，如骑马、射箭、马术、赛马等。以农耕文明为主的中原地区只有在农闲时娱乐活动才极为丰富，农闲也是节日比较集中的时节，娱乐活动也表现出节庆体育的特点。

鲁润梅（2015）认为不同的民族有不同的体育文化，如中国的武术、日本的空手道、巴西的柔术、韩国的跆拳道，这些运动及其背后的文化首先是各个国家独特的民族体育运动和体育文化，是其他民族和国家所不具有的，甚至同一个国家也会有不同的体育运动和体育文化。中西方因地理环境和生活方式的不同形成了颇具民族特色的体育文化。以中国为代表的体育文化，主张天人合一，因此中华民族的体育项目多为身体非直接对抗的灵巧类运动项目，如体操、跳水、乒乓球等。而欧美体育文化受到基督教文化影响，加上西方人喜欢追求自由，性格外向，使西方人擅长比较激烈的运动项目，如足球、篮球等。

5. 开放性和互动性

在经济全球化的今天，经济、文化、政治的交流是不可缺少的。全球化背景下，文化在国与国之间，地区与地区之间的交流越来越频繁，体育文化也不例外。体育文化是一个开放的系统，它会不断吸收外界体育文化的优点不断壮大自己。每年我国都积极参与各国的友谊赛，主动与外界交流，不断繁荣和发展体育文化。

体育文化的互动性体现在对各国文化的吸纳和延展，既主动走出去融入各国的体育文化，同时也积极邀请各国体育界代表访问我国。体育文化的互动交往就通过体育活动促进国与国、人与人之间的联系，促进科技文化的进一步交流。反过来，科技文化的交流也会推动体育活动更加频繁互动。孙大光（2013）认为，随着广播、电视卫星系统技术的不断改进，体育文化的传播已经跨越了时间和空间的限制，体育文化的传播更加深入各行业、各层面。

三、体育文化元素提炼

不是所有体育文化元素都可运用于旅游规划，我们在进行旅游景区规划时，需要根据旅游景区的性质、主题特色、自然地理特征、地方民俗风情等确定是否注入体育文化要素。以休闲运动为主或具有民族运动爱好特征的旅游景区，旅游项目设置时就要考虑攀岩、滑翔、赛车等专业运动以及适合中老年人的趣味运动、民族特色运动等项目。一些特种旅游景区、休闲运动型景区为了凸显其运动特点，除规划各种运动休闲项目外，在游客中心、住宿酒店、道路景观等设计时融入了大量的体育文化元素。例如，四川四姑娘山是以山地探险、运动为主的特种旅游景区，它的主题定位为生态观光及户外运动国际旅游目的地，作为形象标志之一的游客中心的建筑立面造型运用了四姑娘山体、攀岩、登山路线等户外主题文化元素进行设计。

第三节　体育文化元素的旅游表达

一、体育艺术品的旅游属性

体育艺术作品是以体育为题材的艺术作品。体育艺术作品的内容包括题材、主题、人物、情节、细节、环境等，其中以主题和题材为基本要素。马鸿韬（2011）将体育艺术作品划分为体育艺术语言、体育艺术形象、体育艺术意蕴三个层次。本书主要对体育艺术形象作品和体育艺术意蕴作品进行分析。

1. 体育艺术形象作品

体育艺术形象作品包括体育视觉形象作品、体育听觉形象作品、体育文化形象作品和体育综合形象作品。体育视觉形象作品指能用肉眼直接感受到体育艺术形象的艺术作品，主要包括体育绘画、雕塑、建筑等。下面以体育视觉形象作品的体育建筑和体育景观为例进行分析。

（1）体育建筑。马鸿韬（2011）认为体育建筑是根据体育活动的需要而修建的各种体育活动的场所，这种建筑具有实用性和审美性、技术性与艺术性相统一的特征，它反映出一定历史时期的建筑艺术家对当时体育文化的理解和对当时体育活动所寄予的理想和希望。例如，台州市体育中心体育场（图 11.1，图 11.2）采用了大尺度悬挑的看台，轻盈、悬浮的看台罩棚，高耸的桅杆状立柱，紧绷的悬索，使体育场形似一艘扬起风帆就要起航的巨舰，并在看台、架空平台、栏杆等细部处理中也与此立意相呼应。其设计立意“扬帆起航”，正体现台州的人文历史和港口城市特点，其体育建筑也成为外地游客到台州参观的首选。

图 11.1 台州市体育中心体育场东立面

图片来源：金坤，2014

图 11.2 台州市体育中心体育场北立面

图片来源：金坤，2014

2008 年在我国举办的第二十九届北京奥运会主体育场“鸟巢”，是被誉为“第四代体育馆”的伟大作品，不仅仅见证了人类于 21 世纪在建筑与人居环境领域的不懈追求，也见证了中国这个东方文明古国不断走向开放的历史进程，体现了中国人包容、开放的胸怀，象征着中国真正跟世界融为一体。这一标志性体育建筑既是首都重要的体育赛事活动场地，也日益成为吸引外地游客的重要吸引物。为了更广泛地传播北京奥运会主体育场的鸟巢文化，可开发依托鸟巢的各种体育纪念品，通过旅游纪念品进一步展示该建筑的体育艺术文化。

（2）体育景观。体育雕塑作为一种独特的体育景观，能更好地反映体育文化。在古希腊，为了更好地展现自己健美的体魄，人们常以裸体参加体育比赛。基于这种思想，相应的雕塑作品也应运而生。例如，古希腊著名雕塑家米隆的《掷铁饼者》，高约 152 厘米，它展示了一个强健男子在掷铁饼过程中最具表现力的瞬间，是古希腊雕塑艺术的经典代表作。马鸿韬（2011）认为《掷铁饼者》雕像选取运动员投掷铁饼过程中的瞬间动作，是铁饼出手前一系列动作中的暂时恒定状态，运动员右手握铁饼摆至最高点，重心落在右脚上，左脚趾反贴地面，膝部弯曲，整个造型给人一种紧张的即将爆发的感觉。形体造型是紧张的，然而整体结构处理以及头部的表情，却给人以沉着平稳的印象，这正是古典主义风格所追求的。

迈克尔·乔丹（M.Jordan）被称为“飞人”和“篮球之神”，具有惊人的篮球天赋和弹跳能力，娴熟的过人技巧，赋予了篮球极具观赏性的特点，正是因为他，很多人爱上了篮球，爱上了体育运动，他被称为历史上最伟大的篮球运动员。

1994～1995 赛季乔丹退役，芝加哥公牛队为了纪念乔丹对芝加哥篮球的贡献，在新建立的联合中心球馆前树立了乔丹的铜像，造型为乔丹飞身扣篮。这一造型不仅展现出乔丹惊人的爆发力，同时，作为乔丹飞身扣篮的经典动作，这一造型极具观赏性，也被无数篮球爱好者模仿至今。如今铜像已成为芝加哥市的一大旅游景点，各地游客甚至外国观光者总要在此逗留，合影留念。

2. 体育艺术意蕴作品

马鸿韬（2011）认为，2008 年北京奥运会的“飞来祥云一抹，播撒和谐几多”的火炬图案，就是颇有艺术意蕴的体育艺术作品。其火炬图案选择了“祥云”，五彩祥云有美好寓意，在中国佛教中祥云的出现，意味着神的庇佑，太平时代的到来。北京奥运会的祥云让我们抬起头来，仰望天空，祈望和平。

2008 年，北京奥运会会徽“中国印”和北京奥运会火炬图案（图 11.3，图 11.4）代表着中国的文化，凝结着中国智慧。北京奥运会会徽借鉴中国书法篆刻的特点，将北京的“京”字演化为舞动的人体，用阴文展现出来，体现了“新北京”的理念，“舞动的北京”采用朱红的印泥颜色，这是中国人最崇尚的色彩，象征太阳、火焰和鲜血。会徽中红色分外鲜亮，表达了中华民族对吉祥如意的礼赞，对生生不息生命的膜拜，也是对奥林匹克文化最得体的中国式诠释。

图 11.3　北京奥运会会徽

图 11.4　北京奥运会火炬

二、体育用品的商购属性

1. 体育用品概念

体育用品就是在进行体育教育、竞技运动和身体锻炼过程中所用到的所有物品的统称，包括为参加体育活动和闲暇活动而购买的体育服饰和体育器材。

2. 体育用品文化元素表达

（1）体育服饰。体育服饰（运动服饰）是运动员在比赛过程中或领奖时穿着的服装及相关装饰品。中国作为一个体育大国，有着各式各样的体育服饰，这些体育服饰都很好地运用了中国文化元素予以妆点。例如，来自北京服装学院的作品，2008 年北京奥运会中国代表团领奖服就巧妙地运用了中国元素。

北京奥运会中国体育代表团领奖服设计主题为“盛世奥运，龙腾祥云”，整体设计华丽大气，既体现了中国运动员的精神风貌，又极具中国特色，还有很强的时代感。王丽（2008）认为，领奖服在设计上主要通过色彩与图案的运用，强调一种整体感、时尚感，传达活力、热情、积极向上的精神面貌。在色彩上运用红、黄两色，红色是中国人认为最喜庆的颜色，黄色在中国古代是代表着皇权，这两种颜色的运用具有鲜明的象征意义。在图案上则采用了中国传统元素——祥云纹，云是吉祥和美好的象征。中国文化具有上千年的时间跨度，将具有代表性的中国文化符号“祥云”运用在服装设计中，其图案在服装中的位置运用了不对称的设计方法，主要突出前胸、后背、右肩位置的上部区域，体现祥云升腾、象征美好的喻义。中华民族作为龙的传人，运动员穿着祥云图案的领奖服登上领奖台，完美地将“盛世奥运，龙腾祥云”的设计主题展示在世人面前。

（2）体育器材。体育器材指竞技体育比赛和健身锻炼所使用的各种器械、装备及用品的总称。随着时代的发展，体育器材也在发展，种类越来越丰富，但体育器材所蕴含的文化元素则很好地保留了下来。

2014 年巴西世界杯官方指定用球“桑巴荣耀”（Brazuca）很好地将巴西文化和拉丁文化结合起来。“Brazuca”是巴西当地俚语，形容“巴西人的生活方式”。足球表面鲜艳的色彩及丝带设计，象征着巴西人佩戴的传统多色幸运腕带，并折射出巴西足球的活力与乐趣。

无论是体育服饰还是运动器材，精心设计的作品不仅展现出特有的体育精神，也逐渐成为人们购物追逐的对象。特别是外地游客，有纪念意义的体育用品不仅让他们感受到实用的价值，也让他们体会到旅游的纪念价值。

三、体育运动的趣味属性

体育运动，是在人类发展过程中逐步开展起来的有意识地提高身体素质的各种活动，包括走、跑、跳、投、竞技比赛等各种形式的身体活动。

1. 体育赛事活动

（1）龙舟比赛。端午节作为中国传统节日，自古以来便有赛龙舟、吃粽子等节日活动。赛龙舟在中国南方十分流行，尤其是在广东地区，它最早是古代越族人祭祀水神或龙神的一种活动；关于赛龙舟的起源，有多种说法，有祭屈原、祭水神或龙神等祭祀活动。无论是古越族对龙图腾的崇拜还是悼念屈原，龙舟文化已成为我国传统文化的一部分。龙舟竞渡是中国民间传统的水上体育娱乐项目，现已在中国乃至世界形成了大型的龙舟赛事。

屈原是中国伟大的爱国诗人，是中华民族精神的典范。屈原的爱国情怀、高尚人格在不同时代深受人们的尊崇，具有极强的感染力。龙舟比赛作为悼念屈原的一项重大活动，以此形成的龙舟文化就包含着强烈的爱国主义精神。

龙舟比赛作为一项集体性的体育运动，有桨手、舵手、鼓手，需要集体跟随鼓声的节奏齐心协力、默契配合，同时又要与其他龙舟相竞争，合作与竞争的关系伴随着龙舟竞渡的全过程。龙舟这种合作竞争的关系体现了中国传统文化中团结互助的精神，也体现了团队精神。中国的许多成语，如风雨同舟、同舟共济等正是这种合作精神、团队精神的完美体现。

龙舟比赛极具观赏性，龙舟比赛形成的龙舟文化包含娱乐性、竞技性和协作性等特征，这就决定了其具有大众文化的属性。哪里有龙舟比赛，哪里就有人群，这是龙舟文化大众属性最直接的体现。每年端午节全国各地龙舟比赛吸引了各地成千上万的游客前去参观，参与者、观看者无不被那扣人心弦的场面所吸引，乐在其中。近年来举办的中华龙舟大赛，将龙舟赛事推广到了各个层面，甚至越来越多的女选手也参与到龙舟比赛中，这对弘扬龙舟大众文化有着积极的意义。龙舟比赛满足了当今人民群众日益增长的文化需求，对大众体验娱乐提供了一种不错的方式。

（2）那达慕大会。那达慕（Nagadum），蒙古族牧民习惯称为“乃日”（Nair），“慕”是蒙语的译音，意为“游戏”。古老的蒙古族不仅仅创造了流传至今的游牧文化，同时也创造了独特的丰富多彩的那达慕民俗文化。白红梅（2009）认为那达慕是基于传统文化和原始信仰体系，以博克、赛马、射箭等传统“三项竞技”为核心内容，融传统体育、宗教、服饰、建筑、饮食、歌舞、诗词等文化为一体，通过竞技、仪式、展示、表演、交流等活动模式达到一种综合效应的民俗节庆集会。

那达慕文化是蒙古族长期生产生活的反映，涵盖着蒙古族生产生活的各个方面。那达慕文化主要是通过外显结构和内隐结构两个方面予以表达（白红梅，2009）。外显结构主要是指那些看得见的东西，包括传统技艺、蓝天、草原、服饰、建筑、饮食、歌舞、交通及活动的人物等静态内容，以及仪式、表演、竞技、展示、宣传等动态形式。内隐结构主要指那达慕大会的外显结构所蕴含的民族精神和民族心理结构。王辉（2011）提出那达慕民族文化精神包括信仰文化（宗教信仰、民间信仰）、竞技精神（尚勇尚力、平等公正）、游戏精神（自在忘我、开拓创新）、人文精神（天人合一的和谐精神、直面人生的务实精神、崇马情结等）。

那达慕大会正是通过外显结构和内隐结构，将历史悠久的那达慕民俗文化表现出来。近年来蒙古族更是利用旅游发展的契机，大力挖掘蒙古族游牧文化，开发旅游资源，将那达慕文化合理地运用于旅游活动中。

2. 趣味体育活动

（1）羌族的推杆活动。羌族推杆，羌语称“吾勒泽泽”，在四川省阿坝藏族羌族自治州的羌族分布地区广为流行，多在婚嫁节日期间举行，是羌族传统风俗礼仪的传承（廖恒，2012）。羌族推杆以一根长约 3 米，手臂粗细的木杆或竹竿为器，一人紧握一端，将木杆或竹竿挟骑于两腿间，作为防守，进攻者握着另一端用力前推。攻守双方面对面，木杆保持水平线，不能上下摆动或突然猛推。进攻方将防守方推出两尺开外的界线就算获胜。裁判由村寨的长者或威望者担任，以击掌五次为一个攻守回合的时间。攻守双方要交换位置，实行五局三胜制。现在已发展为羌族全民体育活动，青年妇女也参加比赛，增添了推杆的娱乐性。

关于羌族推杆活动的起源，有以下几种观点。一是起源于部落战争，在战争胜利后由于羌族勇士们不愿争抢名利，古羌人认为力量最大的勇士就是战功最卓越的，因此就想出了推杆这个办法来选出勇士，后来推杆就流传下来，演变为现代羌族的推杆运动（牛刚，2010）。二是起源于守门人的选拔，古老的羌族人民选择在四川高寒山区作为羌族村寨的聚居点。为了羌族人民的安全，羌族人民修建了自己的能抵御外敌的“城堡”，即现在所见的羌族碉楼。当外族敌人来进攻时，仅仅只用一扇简单的木门是不够的，还需要一名羌族力大无比的勇士用木杆把门顶住方能抵御，推杆活动的开展正是为了通过角力活动公选出守寨第一人（田刚成，2009）。三是起源于生殖崇拜，张胜冰（1996）认为推杆需要比赛的男性把手臂粗细的木棍夹在两腿之间，手扶棍子等待对面的一名或两名女性来推，推杆活动由此产生。四是起源于释比文化祭祀活动（孔又专，2012）。

王珏（2014）将羌族推杆分为祭祀中的羌族推杆、婚庆中的羌族推杆、节日中的羌族推杆（图 11.5）、现代推杆表演和竞技性的羌族推杆比赛。祭祀中的羌族推杆是羌族“释比”主持祭祀活动并讲解推杆传说来展示羌族文化。婚庆中的羌族推杆活动，主要通过婚礼的三个仪式来展示对美好婚姻生活的祝福。节日中的羌族推杆是羌族在羌历年为了庆祝丰收举行的活动，这一天女子可以向获胜的男子敬酒以表达对男子的爱慕之意。现代推杆表演以 2008 年北京奥运会开幕式上，四川的《羌族推杆》表演为代表，将羌族传统的体育文化发挥得淋漓尽致，带给世人以震撼的感觉。现在，游客在阿坝藏族羌族自治州运动会、四川省运动会上都可以观看到竞技性的羌族推杆比赛。

如今在一些羌族村寨，已经将羌族推杆开发为羌族特色的旅游体验项目（图 11.6）。作为少数民族的传统体育项目，羌族推杆表演不仅要走出四川，面向国人，还要走向世界，让世界人民了解这一古老而神秘的民族体育文化活动。

图 11.5　羌族推杆图
图片来源：王珏，2014

11.6　游客体验推杆
图片来源：王珏，2014

（2）彝族荡秋千。在我国西南部的彝族聚居区流传着许多趣味体育活动，如荡秋千。彝语称秋千为“榨处”，其直译为活动的绳子。关于荡秋千的起源和历史国内有很多解释。一是将秋千作为“军训”项目，据《古今艺术图》记载，秋千本是古山戎人练习身手的“军训”项目，后来随着秋千在其他地方的传播，逐渐演化为游艺项目。二是取秋千的千秋长寿之意，据《汉武帝后庭秋千赋》记载：“秋千者，千秋也”，表明汉武帝祈求千秋之寿。三是秋千作为一种生活技能。在发明建筑屋之前，人们曾栖息在树上，人类采集食物都需要爬树，树林中的树藤绳索为人类采集食物提供了方便，使得人类可以根据目标将身体随意荡向目标物，慢慢地就出现了藤秋千。后来人类从树上迁到树下，发明住宅后，这项技能仍被用于生产或生活娱乐。四是与巫术有关。根据《说文解字》，“秋”的本义是谷物成熟，当时人们信仰用龟甲进行占卜，人们为了获得好的收成，采用打秋千这一活动，利用联想，人在秋千上荡得高，意味着谷物也会长得高、长得壮，来年的收成也会好。这个不仅在我国，甚至在俄罗斯、柬埔寨等国家也有同样的例证。

彝族秋千的历史文化主要是对星神的祭祀。据彝族当地传说，在远古时期，彝族始祖每当夜晚便因孤寂而哭泣。一天哭声传至天上，感动星神，星神就变成美女下凡来教他荡秋千，荡到天亮后，星女就告辞返回天上。后来为了纪念星神，人们就以此仪式来祭祀星神。也有说法认为：作为游牧民族的彝族先祖，经常要随羊群不断迁徙，游牧时星辰不仅为牧民提供了时间判断，还为牧民迁徙提供方向支持。

荡秋千一方面可以给人愉快的身体感受，同时还能强身健体；另一方面秋千在空中飘荡，既是对勇气和冒险精神的展示，也表达了人们对飞翔太空，飞向崇敬星神的敬意。这样，人们会获得良好的心理暗示和安慰，使人们更好地从事生产活动。现在，彝族荡秋千活动已作为当地民族体育娱乐项目走进了景区。

3. 体育艺术活动

体育艺术活动是以各种形式的体育、文艺及文体表演为表现素材，以身体活动为主要表现形式，以满足人们身心和谐为前提，以展现良好精神风貌及优美形体为主要目的，配合音乐、舞蹈等相关艺术元素，形象、具体地反映或再现社会生活、体现体育精神的综合性活动（马鸿韬，2011）。体育艺术活动以体育运动为支撑，这也是区别于单纯艺术性的文艺演出和舞台表演的主要特点。体育艺术包括体育音乐、影视（表演）、摄影、舞蹈、绘画、文学等，这里以体育舞蹈、体育表演进行论述。

（1）体育舞蹈。体育舞蹈是舞蹈和体育相结合，以艺术审美的方式锻炼身体，使身心全面健康发展的舞蹈新品种。

斗牛，是一项人与牛斗的运动，这一活动受到西班牙人民的喜爱，每年 3～11 月是西班牙斗牛节。在斗牛节上勇敢的斗牛士都会进行斗牛表演。现在这一项运动不仅仅深受西班牙人民的喜爱，也逐渐走向世界。由斗牛表演演变而来的斗牛舞在西班牙也逐渐风靡开来。斗牛舞是西班牙民间舞蹈中的一种，与西班牙人民的生活息息相关。斗牛舞中，男士象征着斗牛士，女士象征着斗牛士手中的斗篷。该舞蹈音乐雄壮，音乐声循序递增，观赏性强，舞姿豪放，步法强悍，表现出斗牛士大无畏的英勇气概。西班牙政府为了大力发展旅游业，在每年斗牛节上增加斗牛舞，以此吸引大量海内外游客前往西班牙旅游。

（2）体育表演。2008 年，北京奥运会开幕式表演将中华文化展现得淋漓尽致，给全世界人民带来一个不一样的中国形象，使各国人民对中国有了新的认识。

开幕欢迎仪式由 2008 名击缶者击缶，吟唱“有朋自远方来，不亦乐乎”，欢迎来自全世界的朋友。开幕欢迎仪式将中国古老的乐器击出经典旋律，完美地演绎出中华民族的古老文化。

“画卷”部分，一展开呈现给观众的就是一张白纸，代表中国古代四大发明之一的造纸术，在画纸四周的绫子上流淌着岩画、陶器、青铜器等图案，这些图案无不是在中国文化起源和发展过程中极具代表性的文化符号。画面中还出现了体现中国文化源远流长的 1000 多年前的“太古遗音”古琴。同时舞蹈演员在画卷上利用自身身体灵动的特点，完美地演绎了中国水墨画这一传统文化元素。

“文字”部分，孔子的“3000 名弟子”吟诵着《论语》中的名句“四海之内，皆兄弟也”。弟子们手持竹简，即用竹片穿成的书，竹片上刻着文字，这是“活字印刷”的表演。897 块活字印刷字盘变换出不同字体的“和”字，表现了中国汉字的演化过程，也表达了孔子的人文理念，即“和为贵”。在人类的文明中，汉字具有独特的美。它化天地于形象，化形象于符号。小小的符号变幻无穷，包容了宇宙万物，传达出中国关于人与人、人与自然的最古老的人文理念，“和为贵”。古老的汉字承载着中华文明源远流长的历史。

“戏曲”部分，将中国传统的京剧打击乐表演完美地呈现给全世界的观众；同时舞蹈演员身着兵俑服饰，呈现出“世界第八大奇迹”的震撼。

“丝路”部分，主要包括“海上丝绸之路”“郑和下西洋”的情境，演员手举古老的指南针，表示中国古代文化交流与发展，广交朋友，礼尚往来，丝绸之路是一条友谊之路。

“自然”部分，2008 名太极演员排成圆阵，操练太极拳。太极拳是中国武术中最有代表性的一种拳路，它的特点是“动静结合、刚柔相济”。太极的表演表现了人与自然和谐相处，达到天人合一的境界。

北京奥运会通过这些表演项目吸引全世界各地的游客前来中国观看体育赛事。北京奥运会开幕式很好地将中国文化元素呈现给全世界人民，带给全世界人民一种震撼，也很好地宣传了中国形象，为外国友人来华旅游打下了一个良好的基础。

四、体育文化的旅游表达方法和途径

1. 抽象演绎

体育艺术对于普通人来说往往很难理解，因为它们在进行设计编排时采用了抽象的表现手法。例如，体育舞蹈中的花样滑冰，是将抽象的情感文化元素融入舞蹈动作中，再加上美妙的音乐，游客通过观看舞蹈慢慢体会花样滑冰舞者所要表达的情感要素，体会优美舞蹈动作所展示的文化。

2. 动静结合

在体育旅游中，动静设计是很常见的，体育文化元素的表达也经常用到动静结合的方法。例如，浙江台州的体育馆就是用帆船造型展示台州的海域文化，这是静态的展示。而体育活动、体育表演则是以动态的方式展示给游客，游客通过看、听、体验等方式去领会当地的文化，其中体育赛事、趣味运动、体育表演是游客感受到的最典型的动态展示。

3. 文化与技术相结合

利用现代科学技术可以很好地展示传统文化的文化精髓，体育文化是体育旅游的灵魂，体育旅游者不仅喜爱体育旅游活动，很多旅游者也对体育文化有着特殊的感情。如果能将体育文化与现代技术很好地结合起来，将蕴含在其中的体育文化元素充分地展示给游客，就能够更多地吸引外来旅游者。例如，北京奥运会开幕式的表演节目无论是“画卷”“文字”，还是“戏曲”都是利用现代灯光技术展示中国传统的文化元素，无疑是对中国古老文化的最好诠释。

4. 体验参与

体育活动，原本就是一项全民参与的大众性活动。体育旅游则是游客通过参与或观摩体育活动、体育表演，观看体育作品或购买体育用品，使自己身心获得愉悦感受的一种经历。例如，彝族荡秋千、羌族推杆等传统的民俗活动在开发成旅游项目后，受到越来越多的游客的喜爱，游客通过参与体验或观摩活动可以很好地了解这些活动的来龙去脉，有助于更好地了解其民族文化。

第四节　那达慕体育旅游活动策划

那达慕作为蒙古族历史悠久的传统节日，在蒙古族人民生活中有着重要的地位。这是人们为了庆祝丰收而举行的文体娱乐大会。那达慕活动的内容极其广泛，涉及节庆、游艺、饮食、服饰、建筑、宗教等许多方面，是蒙古族各种民俗活动中能够较为全面反映蒙古族民风民俗的典型代表。

从举办时间来看，那达慕大会在每年的七八月份举行，各地略有差异。那达慕本就是反映蒙古族游牧生活的一项体育项目，七八月份是游牧民族收集羊草准备过冬的季节，生产任务相对较少；同时也是草原水草丰美的季节，蒙古族人民选择在这个季节庆祝丰收，迎接本年度即将来临的寒冬雪季，表达了牧民祈祷能平安度过寒冬的美好意愿。

入场仪式是那达慕大会最为重要的一个环节，包括民族服饰表演、歌舞表演、竞技选手风采展示等。蒙古族服饰以袍服为主，便于鞍马骑乘，具有浓郁的草原民族特色。例如，蒙古族摔跤比赛服装包括坎肩、长裤、套裤、彩绸腰带。坎肩袒露胸部，长裤宽大，套裤上图案丰富，一般为云朵纹、植物纹、寿纹等，图案粗犷有力，色彩对比强烈。长裤肥大，用 10 米大布特制而成。利于散热，避免汗湿贴于体表；也适应摔跤角力运动特点，使对手不易使用缠腿动作。套裤用坚韧结实的布或绒布缝制，膝盖处用各色布块拼接组合缝制图案，纹样大方庄重，表示吉祥如意。蒙古族摔跤比赛服装各部分搭配恰当，浑然一体，具有勇武的民族特色。歌舞表演以蒙古长调和大型民族舞蹈为主，如将马头琴演奏、呼麦等草原上独特的音乐完整地呈现给游客。入场仪式上还有搏克队、骑手队、射箭队、套马手队、少年哈达队、奶豆腐花车、马头琴花车等表演，这些体育演艺将草原文化元素通过入场仪式呈献给世界各地的游客，让他们更好地了解游牧文化，感受不一样的草原文化。

历史上的那达慕活动，时常与萨满教的典型仪式祭祀敖包相伴举行。祭祀敖包后来逐步演变为祭祀天地、神灵和祖先以求风调雨顺、平安吉祥、人畜兴旺。随着时代的发展,祭祀敖包的仪式也就发展成为现代那达慕的一个重要组成部分。在现代的那达慕大会上，祭祀敖包与那达慕有不可分割的联系。特别是当代那达慕开发成体育旅游项目后，祭祀敖包成为游客必看的旅游体验项目。

除此而外，竞技活动则是那达慕大会的重头戏，主要内容包括“男儿三艺”——摔跤、射箭、赛马。由于蒙古族从小生活在草原上，狩猎是重要的谋生手段，成吉思汗统一草原，特别是元朝建立后，蒙古族入主中原，因为战争、军事训练的需要，在祭祀敖包、庆典活动中加入了蒙古族传统的射箭、摔跤、赛马传统项目。“男儿三艺”既是那达慕的标准内容，也是蒙古族最主要的传统体育项目，具有深厚的文化底蕴。赛马是蒙古族对开阔草原的生活适应；射箭是蒙古族狩猎活动的生产反映；摔跤则是草原人勇猛和智力角逐的象征。当今，在那达慕文化旅游中，“男儿三艺”是游客最喜爱的活动，他们通过观看或参与体验，直观地将蒙古族的狩猎文化印刻在脑海中。

祝颂和授予仪式。无论是摔跤、赛马，还是射箭，德高望重的长者都会对这三项活动的冠军致以最美的赞颂。在活动开始时，蒙古族长者举起盛满鲜奶的银碗，高声朗读颂词。例如，对马的赞美。因为蒙古族是生活在马背上的民族，马既是他们的生产工具，又是他们的生活工具，他们从小就有一种崇马的情结，故对马的赞词是最多的。达尔罕搏克授予仪式，即元太祖封授有功者为达尔罕，许九次犯罪不罚，自由选择牧地，战争俘虏及猎获物尽为己有，并给予某些礼仪优遇（中国历史大辞典辽夏金元史卷编纂委员会，1986）。现今，达尔罕搏克这一终身荣誉称号，成为古往今来搏克手的共同追求。

那达慕大会在当今不仅具有传承民族文化的功能,还有商贸物资交流的功能。在那达慕大会举办期间，来自全国各地的牧民会赶来进行物资交流，出售自己生产的手工艺品，并购买越冬的农特产品，通过这样的一个聚会活动，民族文化被不同商品和不同人群带到世界各地，这对民族文化的传承有着重要的作用。

参考文献

白红梅. 2009. 那达慕文化的结构功能主义理论阐释[J]. 中央民族大学学报(哲学社会科学版)，36(6): 54-59.

果振义. 2012. 浅谈体育文化及妇女运动[J]. 当代体育科技, 2(6): 52-53.

金坤. 2014. 产业化进程中浙江省公共体育场馆的建筑设计特征研究[D]. 杭州：浙江大学博士学位论文.

孔又专. 2012. 论羌族传统体育文化[J]. 北京体育大学学报, 35(6): 43-45.
廖恒. 2012. 羌族推杆研究[J]. 体育文化导刊, (4): 123-126.
鲁润梅. 2015. 体育文化的概念、特征及价值研究[J]. 体育科技文献通报, 23(1): 33-35.
马鸿韬. 2011. 体育艺术概论[M]. 北京: 高等教育出版社.
牛刚. 2010. 羌族“推杆”的起源探究[J]. 魅力中国, (12): 366-368.
孙大光. 2013. 体育文化概论[M]. 北京: 高等教育出版社.
孙麒麟, 顾圣益. 2008. 体育与健康教程[M]. 大连: 大连理工大学出版社.
田刚成. 2009. 谈羌族传统体育文化的传承与发展[J]. 读与写(教育教学刊), 6(3): 86-87.
佟小玲. 2013. 我国体育文化发展路径刍议[J]. 体育文化导刊, (7): 5-7.
王辉. 2011. 那达慕源流及其文化精神[D]. 大连: 辽宁师范大学硕士学位论文.
王丽. 2008. 2008 奥运会中国体育代表团领奖服设计解析[J]. 服饰研究, (3): 45-47.
王珏. 2014. 羌族传统体育活动推杆的挖掘与整理研究[D]. 成都: 成都体育学院硕士学位论文.
杨建设, 李建国. 2007. 我国民族传统节日体育文化的地理分布特征及其影响因素[J]. 上海体育学院学报, 31(1): 44-48.
杨文轩, 陈琦. 2004. 体育原理[M]. 北京: 高等教育出版社.
易剑东. 1999. 体育文化学[M]. 北京: 北京体育大学出版社.
张胜冰. 1996. 造型艺术与西南少数民族生殖崇拜[J]. 思想战线, (4): 51-55.
中国历史大辞典辽夏金元史卷编纂委员会. 1986. 中国历史大辞典: 辽夏金元史[M]. 上海: 上海辞书出版社.
周西宽. 1988. 体育学[M]. 成都: 四川教育出版社.

第十二章

旅游规划中研学文化的元素表达

第一节　研学旅游的概念

一、研学概念

研学即研究性学习，又称探究式学习。与传统的课堂式教学不同，研学是以学生为中心，在教师的辅导下让学生主动探究、主动学习的学习过程。研究性学习作为一种新的教学模式在20世纪80年代起源于美国，1995年引进到法国叫“动手和面团”，2001年引进到中国简称“做中学”，就是让学生在动脑、动手的实践中利用学到的知识发现和解决问题。探究式学习既是学习的目的，又是学习的理念方法和模式，是“素质教育”的根本出路。与其他学习方式相比，研学更注重对于细节的学习，不再局限于对学生进行纯粹的课堂式的书本知识传授，而是让学生主动参加实践活动，在实践中学习和获得各种动手能力。其本质不仅仅是采用新颖的教学方式激发孩子们的学习热情，更是对孩子思维的开拓，让学生有更多独立的思考空间。通过每一次观察、讨论、求证，学生可以获得更自由的思考，学以致用。因此，我国把研学作为素质教育改革的重要杠杆和探索旅游转型发展的崭新方式。

二、研学旅游

（一）游学

研学旅游是目前“旅游+”概念下发展出来的旅游新模式，追本溯源，由我国古代游学、近代的修学旅行逐渐演变发展而来，延续和发展了我国传统教学理念“读万卷书，行万里路”“知行合一”，成为素质教育中的重要形式之一。

在我国春秋战国时期就有“游学”的兴起，学子远游他乡、求师问道、求取真知。规模较大的数孔子带着诸弟子周游列国，暂不论其游说诸国的政治目的，其所进行的就是一场游学活动，率弟子们周游列国，传道授业，弟子们跟随他遍访都邑，从困顿碰壁中体悟人生，开阔眼界，了解民风政情。

因此，在谈及“游学”时，一般都会把周游列国的孔子奉为游学的鼻祖，就像钱穆将孔子奉为战国游士之风的开创者一般。最早出现“游学”二字的《史记·春申君列传》称，“游学博闻，盖谓其因游学所以能博闻也”。《北史·樊深传》中也有“游学于汾晋间，习天文及算历之术”的记载。

至宋代和明清，游学、书院文化盛行，士人旅行制度化，社会逐步形成了“读万卷书，行万里路”的主流意识。宋代理学家、思想家朱熹主张学子不应拘于一隅，而应“出四方游学一遭”（《朱子语类》）。当时名师硕儒所在的书院，常常成为一地教育、学术中心，吸引远近的学子趋而往之；士子们则利用科举和出仕机会频繁旅行，深入了解各地历史文化、名胜遗产、典制赋役、科技发明，观察社会，推动文化、社会变革。例如，宋代的沈括少随父宦游州县，出仕后重游历研究，他“博学善文，于天文、方志、律历、音乐、医药、卜算无所不通，皆有所论著”（《宋史·沈括传》），最后写就集科技之大成的《梦溪笔谈》。董其昌在《画禅室随笔》谈画诀：“读万卷书，行万里路，胸中脱去尘浊，自然丘壑内营，立成鄄鄂。”

追溯历史，郦道元、玄奘、李时珍、徐霞客都可以算作游学的先行者，他们有明确的游学路线和资源，也有清晰的目标，方法则有访谈、记录等。可见，我国古人就有游历四方、探寻真知的觉悟。流传至今的“读万卷书，行万里路”，强调行中去悟，实践中学，学以致用，这一人文精神贯穿古今，影响了后世许许多多的人。

（二）研学旅游的兴起

游学演变至今，其含义发生了诸多变化。

在日本，研学旅游被称为“修学旅行”，且被正式纳入教育体系，作为一种常规教学要求，每个学习阶段均制定了相应的修学旅行制度，是教学活动的重要组成部分。形式多样，内容从学习传统文化知识、参观国家公园、访问历史古迹，到职业选择、自然体验、考察先进企业甚至体验商人活动等，涵盖了政治、经济、文化等各个领域。一般以单独的学校、班级为单位，根据学生年龄不同，在目的地和内容选择方面也有所不同，由政府提供经费保障，地方教育部门出台管理细则，公益组织负责监督管理，社会各界提供大力支持，如今已经成为日本文化的一部分。

在韩国，几乎每个学生都参加过各种类型的研学旅游，其中较有特色的形式是毕业旅行。韩国教育部门将毕业旅行作为学生的一项必修课目，纳入学分管理，学生只有参加并修够相应学分，才可以毕业。

欧美国家的研学旅游发展历史深远，重视程度高。作为现代旅游业诞生地的英国，一直以来就有崇尚研学旅游的风气，“大陆游学”（the Grand Tour）实际就是研学旅游。早在 17 世纪，英国王室就有教师带领王子周游列国的先例；到了 18 世纪，这种游学普及到英国上流阶层；到 19 世纪，倘若当时英国的青年学子，尤其是贵族子弟不曾有过海外研学旅游的经历，就会被人看不起。今天，很多英国家长会选择在暑假带着孩子一起旅行，有些没有家庭出游计划的学生也会参加学校组织的出游活动，在旅途中学习知识。

美国孩子参加假期活动主要还是凭借兴趣爱好，因此研学旅游和夏令营、冬令营一样，为满足或培养孩子的兴趣爱好提供了多种多样的选择。例如，美国霍奇基斯中学曾组织 10～12 年级的学生去南极开展为期 3 周的探险之旅，让孩子们在考察南极半岛和周边岛屿，观察鲸、磷虾群，拍摄帝王企鹅、海豹、冰山的同时，听随行的南极科考专家讲解生态学知识和当地历史。此外，不少美国高中生会在假期里参加国内名校游，了解高校特色，为将来升学选择做准备。

近代我国研学旅游发展始于 20 世纪 30 年代，著名教育家陶行知先生主张教育要做到“知行合一”，认为“行是知之始，知是行之成”。他组织新安小学的“新安旅行团”作长途修学旅行。在 50 天时间里通过唱歌、劳动、卖书卖报、爱国演讲等办法自筹经费，看江南风光，观察、学习沿途地理、风俗、民情，了解近代工业文明，旅途中学生们爱心相助、增进情感，学到很多在学校学不到的知识。学生们还参观英法日等占领的上海租界、淞沪抗日战场，了解爱国军民奋起抗战的英勇事迹，增加学生们国家民族的责任感，开创了我国研学旅游的先河。

改革开放后，深受日韩、欧美“修学旅行”理念的影响，家长、学生们对国内修学旅行、出国游学的需求增加，一些教育理念较开放的学校开始组织学生修学旅游、出境游学，不少旅行社推出一些修学旅行或海外游学旅行团，推动这一市场向前发展。但是由于当时仍以应试教育为主，再加上学校出于安全的考虑，所以一直未形成规模化、制度化的研学旅游。

直至 2013 年 2 月国务院办公厅印发的《国民旅游休闲纲要（2013—2020 年）》出台，首次提出“研学旅行”（因研学旅行与研学旅游意义相近，故本书后面以研学旅游代替研学旅行），且将此作为一项撬动素质教育改革的杠杆举措和一种探索旅游转型发展的崭新方式。研学旅游逐渐走入国内教育界及旅游界的研究视野，并成为提振综合实践教育研究的新领域，是研究性学习和旅行体验相结合的校外教育活动，也是学校教育和校外教育衔接的创新形式。

2014 年后研学旅游迅速发展，境内游学人数由 2014 年的 140 万增长至 2017 年的 340 万，境外游学人数则由 2014 年的 35 万增长至 2017 年的 85 万。境内游学群体为 6～18 岁中小学生，而境外游学群体以中学生和大学生为主。境内游学多安排在暑假或学期内进行，而境外游学多安排在寒暑假。

《国民旅游休闲纲要（2013—2020 年）》明确指出，“在放假时间总量不变的情况下，高等学校可结合实际调整寒、暑假时间，地方政府可以探索安排中小学放春假或秋假”，“逐步推行中小学生研学旅行”，“鼓励学校组织学生进行寓教于游的课外实践活动，健全学校旅游责任保险制度”。

2014 年 8 月，《国务院关于促进旅游业改革发展的若干意见》中明确提出“按照全面实施素质教育的要求，将研学旅行、夏令营、冬令营等作为青少年爱国主义和革命传统教育、国情教育的重要载体，纳入中小学生日常德育、美育、体育教育范畴，增进学生对自然和社会的认识，培养其社会责任感和实践能力”。该意见进一步提出，“建立小学阶段以乡土乡情研学为主、初中阶段以县情市情研学为主、高中阶段以省情国情研学为主的研学旅行体系。加强对研学旅行的管理，规范中小学生集体出国旅行”。同时，“支持各地依托自然和文化遗产资源、大型公共设施、知名院校、工矿企业、科研机构，建设一批研学旅行基地，逐步完善接待体系。鼓励对研学旅行给予价格优惠”。

传统的教育方式已经不能满足学生综合素质全面发展的需求。体验式教育理念和旅游业的跨界融合，使研学旅游成为市场热点，研学旅游已经被列入义务教育和普通高中必修课，其市场规模有望达到年收入 1000 亿元。特别是在近年来文化+旅游的时代浪潮推动下，未来的研学旅游甚至会出现许多倍的爆发峰值。

（三）研学旅游的定义

研学旅游在美国、欧洲以及日本、韩国等发达国家和地区发展已久，是其青少年教育的重要环节，其被称为“教育旅游”（李军，2017）。从对研学旅游的研究来看，国外主要将研学旅游作为教学要求，让学生直接体验社会，学习自然文化知识，提高跨文化理解能力，研究者普遍认为教育旅游是一项以团队形式外出学习实践的旅游项目。

国内学者对研学旅游的概念主要是从广义和狭义两个角度认识和探讨，普遍认为，广义的研学旅游是指旅游者出于求学认知的需求，离开居住地而前往其他区域，以任何形式进行的文化学习、文化考察等活动。其受益的主体为任何人，强调出行目的为文化求知的需求。狭义的研学旅游是指由教育部门或者学校统一组织领导，通过集体出行、食宿的形式开展研究性学习和旅行体验相结合的校外教育活动，以丰富学生对人文知识的了解，培养学生爱国主义情感和社会责任感为目的进行的一种专项旅游学习活动，受益主体为学生，该定义是从学生学习视角出发，教育界学者多采用此定义。

三、科普旅游的定义

现代科普旅游最早诞生于欧美发达国家。20 世纪 30 年代，雷诺、标志和雪铁龙三家汽车制造公司以组织游客观看录像带、参观汽车生产流水线等形式来宣传企业形象，科普旅游也由此正式产生。经过几十年的发展，科普旅游在西方发达国家逐步发展为大众、休闲、娱乐和文化体验的一种时尚旅游潮流。近年来，随着我国公民科学文化素质的不断提升，科普旅游在国内悄然兴起，地质科普旅游、工业科普旅游、农业科普旅游、场馆类科普旅游和高等院校科普旅游快速发展。

目前对科普旅游的概念理解差别较大，有学者从资源角度、产品角度和发展理念角度、狭义和广义角度进行过阐述。在我国，李喜岷（1987）最早提出发展科技旅游业，他指出“科技旅游业是以科技景观为旅游资源的观光业，其社会效益不可估量”。陈嘉睿和朱创业（2008）认为“科技旅游是指以科学技术为支撑，以各种科技资源为吸引物，以满足旅游者增长知识、开阔视野、丰富阅历、休闲娱乐等旅游需求为目的，融参观、考察、学习、娱乐、购物等活动于一体的一种专项旅游”，李裕红和陈怀宇（2002）则从产品角度将科普旅游界定为“通过旅游地深层次开发，突出其科学文化内涵，以满足人们探索大自然奥秘的好奇心，提高自然科学知识普及的生态旅游精品项目”。随着“旅游+”“全域旅游”“智慧旅游”等旅游新业态的出现，科普旅游也出现了新的变化，形式越发丰富多样，并且开始渗透于特色小镇（王磊和陈昌远，2018）与海洋经济（马丽卿，2005）等创新领域。

本书认为，科普旅游首先是科普与旅游的结合体，突出科普的教育性、科学性和文化性，但也强调旅游活动的经济性和娱乐性。其次，科普旅游具有特定含义，可以从旅游活动的供需两个维度进行理解，也就是说应该满足两个方面的条件，一是从需求的角度看，是不是科普旅游取决于旅游的主体要素——游客的心理，只要旅游过程中游客有学习知识的想法并付诸实践，就有可能成为科普旅游，反之，纯粹以游山玩水、观光休闲为目的的旅游形式则不能称之为科普旅游；二是从供给的角度看，科普旅游的供给方提供的科普产品必须具有科学普及价值或者科普教育意义，否则纯粹提供娱乐性的项目或者设施就不能称之为科普旅游，满足以上两个条件才能称之为科普旅游。综上所述，科普旅游是科普与旅游的结合体，是以具有科学性的旅游资源为吸引物，以求知为目的，通过寓教于游的形式，获取知识、提升自身科学文化素质的高层次旅游活动。

第二节 研学旅游的分类

一、游学夏令营

游学，是世界各国、各民族文明中最为传统的一种学习教育方式，在我国的历史可追溯至春秋战国时期。现代教育意义的游学是伴随着世界全球化发展进程而产生，并逐渐成熟的一种国际性跨文化体验式教育模式。它不是单纯的旅游也不是纯粹的留学，它的内容贯穿了语言学习和参观游览，介于游与学之间，同时又融合了学与游的内容，积极鼓励并正确引导青少年学生，到不同文化环境中去探访，通过亲自体验而学习和理解非母语或非本地的文化历史传统。

夏令营是暑假期间提供给儿童及青少年的一套受监管的活动，参加者可从活动中学习，具有一定的教育意义。夏令营能够让孩子在自然环境中关心别人；在克服困境中建立自信；在团队竞赛中与人合作；在学习过程中积累能力。游学夏令营是游学和夏令营的结合，以游学为目的，通过夏令营的方式，组织化、规模化、制度化地完成游与学，摆脱传统填鸭式教育，让学生在游的过程中体验开放式学习的快乐，潜移默化地影响学生，让学生在学习中自由发挥，真正体验学习所带来的快乐。

游学夏令营的发展最早源于留学潮的兴起，中国改革开放以来，人们生活水平、收入的不断提高，对优质教育的渴望促进了高收入阶层的家庭对国外教育的消费欲望，越来越多的中国家庭有能力并愿意为孩子的教育做出投资，目前，中国已经成为世界第一大留学生输出国。据教育部统计，2018 年度我国出国留学人员总数为 66.21 万人，其中：国家公派 3.02 万人，单位公派 3.56 万人，自费留学 59.63 万人。2018 年度各类留学回国人员总数为 51.94 万人，其中：国家公派 2.53 万人，单位公派 2.65 万人，自费留学 46.76 万人[①]。而在中国，父母“望子成龙、望女成凤”的观念在任何一个历史阶段都未曾改变，在今天这个竞争愈发激烈的时代，越来越多的父母把眼光投向海外教育资源，接触海外教育的人群由原先出

---

① 教育部：2018 年度我国出国留学人员总数达 66.21 万人. http://www.xinhuanet.com/2019-03/27/c_1124291948.htm[2019-12-25].

国留学的高中毕业生或本科毕业生快速扩展向各个年龄段的学生群体。于是，除了留学，中国孩子们多了一个走出国门的选择——海外游学夏令营。因此近几年每年参加游学的学生人数都在逐年上升。其实对于英国、美国、澳大利亚这类游学大国来说，每年前往这些地方游学的学生总人数相差甚微。随着美国及欧洲国家逐步开放对中国的旅游限制，大学生、中学生赴欧美游学呈现上升态势。美国是中国学生的第一目标留学国，游学项目将使更多的学生了解美国，为留学做准备。另外，欧洲游学也是一条新兴线路。欧洲许多国家的大学免学费，而且各项福利较好，各国政府对高学历学生就业也都有优惠政策，留学欧洲的中国学生逐年猛增。赴欧洲游学的学生也会越来越多。

目前我国游学夏令营市场主要由旅游企业及教育机构两大部分组成，与国外成熟的游学市场相比，我国还处于市场培育阶段，市场管理混乱，质量参差不齐，不少机构推出的游学产品只是用所谓的“教育包装”来吸引学生和家长，其实质同普通观光无异。就旅游企业而言，旅行社普遍缺乏儿童心理专家及教师团队的支撑，使其不能发挥自身优势来更好地定制“游”的内容，同时又缺乏“学”的专业化；而在教学机构推出的赴意、赴德等各种“艺术游”产品中，孩子或许能够因其提升自身的艺术技能水平，但家长以及办学单位却都忽略了儿童游学中最重要的早期教育问题，忽略了“学”的重要性。随着游学市场的发展，很多办学机构也申办了旅行社的资质,而很多旅行社也不断聘请教育专家来进行规划讲解。旅行社与办学机构强强联合，必会成为将来游学市场的发展趋势。

二、红色研学旅游

旅游不仅是一种经济活动，也是一种政治活动，是世界经济政治的重要组成部分（左冰，2014）。旅游更是一种文化活动，文化是旅游的核心与精髓（刘红梅，2012）。红色旅游集中体现了旅游活动的经济属性、政治属性和文化属性。早在 1999 年，江西省就率先提出了“红色旅游”概念，并于 2000 年最早在字面上将“红色”和“旅游”结合起来，推出南昌至井冈山、瑞金等地共 3 条“红色之旅”省内旅游专线。2004 年中央办公厅、国务院办公厅印发的《2004—2010 年全国红色旅游发展规划纲要》对红色旅游和红色旅游资源进行了如下的界定，红色旅游，主要是指以中国共产党领导人民在革命和战争时期建树丰功伟绩所形成的纪念地、标志物为载体，以其所承载的革命历史、革命事迹和革命精神为内涵，组织接待旅游者开展缅怀学习、参观游览的主题性旅游活动。这一概念被之后的大多数学者引用。

爱国主义教育一直是我国公民情感教育的主要组成部分，以参观游览革命纪念地、纪念物为形式的红色旅游是爱国主义教育的重要表现形式。作为爱国主义教育的重要载体，红色旅游在爱国主义教育、革命传统教育和国情教育上具有特殊作用，能够达到培养学生社会责任感和实践能力的要求。利用红色旅游的形式开展研学旅游，对全面提升中小学生的素质教育将起到促进作用。

红色研学旅游最初发展主要围绕青年党员、大学生的党性教育，早在 20 世纪 90 年代，在部分重要的红色革命根据地专门成立红色文化研究院，教育实践体系较为完善。例如，为盘活红色旅游资源，井冈山推出了以“井冈山精神”为核心的“红色+”旅游产品链条，开发了一批融教育性、知识性、文化性、体验性、娱乐性于一体的红色旅游产品。在青少年研学旅游方面，与大众旅游市场同时起步，得益于红色旅游景区的免费政策，红色研学旅游更受中小学及家长的青睐（窦文章，2016）。红色旅游的研学形式是指教育内容与教育形式在研学活动中的表现方式，分为游览观光形式、参与体验形式、研学教育形式和学习研讨形式等（高海生，2016）。

游览观光形式与参与体验形式只是红色研学旅游最初级的形式，通过游达到学的目的，参与体验式相较于游览观光的感受更为直接，在旅行中亲身参与、亲自动手，使每一次研学都有新的收获。与观光相比，体验式旅行注重的是学生对研学产品的感受过程，从某种程度上更强调心理感知和理解。无论是红色旅游景区的自然风光还是历史人文景点，总会以其独特的、蕴藏其中的自然知识或文化底蕴，悠久的历史传统，高超的建筑技艺，优良的革命精神等令学习者耳目一新，学习自然而然地就融入旅行的全过程当中。此类形式针对小学阶段的学生居多。

研学教育形式重在“研”字，通过旅行来学习，需要对研学活动进行课程化设计，这是活动开展的关键所在。在游览过程中，要把知识的传授同价值观教育结合起来，将历史、英雄事迹更加生动地展现出来，让学生更深刻地接受。学习探讨形式也是红色研学旅游重要的一种形式，在这一形式中，学生占主体地位，让学生走进农村、走向社会，深入实践中，进行调查学习，深刻挖掘相关的革命事迹和史料，学生之间相互开展头脑风暴，加强学习交流和知识探讨，总结学习理论，记录学习感悟，有利于提高学生的思想觉悟、实践能力和创新能力。

三、自然科普旅游

由于我国科普旅游的发展尚处于初级阶段，对科普旅游概念的界定是科普旅游研究的基础，而研究的角度不同，各专家学者的论述也有所差异，形成了众说纷纭的状况。关于科普旅游，目前尚无准确完整的定义。有些学者从产品角度，有些学者则从发展理念的角度分别对科普旅游进行了定义。即使同是从产品角度进行研究的学者，由于对科普旅游资源认识的不同，其对科普旅游产品的认识也不同。

本章节所探讨的自然科普旅游，是从科普旅游资源分类角度出发，将科普旅游资源分为自然科普旅游资源和人文科普旅游资源（唐顺英，2007），其中自然科普旅游资源包括地文景观、水文景观、天象景观、生物景观；人文科普旅游资源包括历史遗产景观、民俗景观、人工科普场馆、现代科技园区、科学研究场所等。自然科普旅游是以自然科普旅游资源为依托，寓教于游，在旅游的过程中获取丰富的科学知识，完善人格，树立正确的人生观和价值观的旅游形式。

四、国学旅游

近些年来，在我国的文化思想领域“国学热”现象凸显，许多研究中国传统文化的学者都呼吁、提倡学习和弘扬中国传统文化。“国学”一词在历史上曾表示“国立学校”，现代意义的“国学”其定义来自马一浮先生国学讲座的第一讲，他提出“今先楷定国学名义，举此一名，该摄诸学，唯‘六艺’足以当之”。“六艺”就是《诗》《书》《礼》《乐》《易》《春秋》，即孔子之教。马一浮先生认为，国学就应该是“六艺之学”，这是他给出的新的不同于以往的国学定义（吴光，2019）。六艺之教是中国至高特殊之文化[①]。传统文化与国学最重要的区别，在于传统文化包容更广，儒释道各家全包；而国学则应单指“六艺之学”。

任何一个国家，其历史文化与自然名胜均密不可分，言此不能离彼，言彼亦无法离此。我国的社会文明和光辉灿烂的民族文化，留下了有如皓月繁星、美不胜收的旅游资源。这些旅游资源，又无不富含我们勤劳祖先尤其是圣者贤人所创造与阐扬的人文国学内涵。国学与我国旅游资源的关系，就如一物之内外表里，人之心灵与躯壳，紧密联系，不可分割。

事实上，在我们探寻旅游之渊源、回顾国学之历史的时候，我们已经看到旅游和国学之间的紧密关联。国学旅游，其实质是中国传统文化与旅游的融合，通过旅游的方式，让传统文化活起来，同时借助传统文化助推旅游产品软实力的升级，让旅游不再单纯只是游，在“旅游+文化”的模式下，弘扬传统文化，深化旅游发展内涵。

目前，我们对于国学旅游的研究还处于起步阶段，关注者以旅游产业的开发者为主，其主要形式还是浅显的观光、体验游。大多的旅游线路以传统历史文化旅游景点为依托，以游览、讲解和活动体验为主要方式，受益者也主要针对中小学生，具有旅游产品同质性严重，对传统文化深度挖掘不够、开发层次低，缺乏管理，盲目开发等问题，且旅游发展与当地文化遗产保护之间还存在矛盾。同时，在国学旅游的发展过程中，有的地方侧重于对经济效益的关注，却忽视了国学教

---

① 刘梦溪：马一浮准确定义国学. https://cul.qq.com/a/20150726/004716.htm[2019-12-25].

育应有的分量。国学旅游的发展其本质是扎根于传统文化的旅游，在过去 40 多年中，我们大多是学习西方先进国家，如旅游经济学之于经济学、旅游管理学之于管理学等，但很少看到本领域中专门针对国学旅游方面的研究成果以及人才的引进。在 5000 年的历史长河中，我们的先贤创造了灿烂的文化遗产，其中自然包括旅游这一板块，我们应该从文字学、美学、教育学等多个角度研究我们的旅游文化遗产，关注文化。同时，针对国学旅游从业人员，也应将国学作为基本素养纳入考察范围内，增强国学文化的渗透，才能真正达到国学旅游的目的。

五、青少年户外拓展

现代户外拓展训练运动起源于英国，兴盛于美国和加拿大，这是大多数国外学者达成的共识，而其他国家和地区的起步相对较晚。新加坡是亚洲兴起较早的国家，随后户外拓展训练被引入日本等地，中国在 20 世纪 80 年代才有户外拓展训练。

美国在户外拓展教育上已经形成了比较完整成熟的教学体系和教学模式，一些教师会利用学生假期或课余时间对学生进行短期的探险探索教育。美国政府也比较重视将学校体育教学和户外拓展教学相结合。美国得克萨斯州的体育课程标准指出，“学生应当积极参与户外活动，户外探险活动使学生既能享受快乐，又能迎接挑战，学生通过参与户外冒险活动有助于提高学生对大自然的认识，所以在选择户外活动时应选择有助于提升学生环保意识的活动，并让学生爱上这项活动。每个学生都必须参与到户外探索活动中以提升自我修养”（李方毅，2018）。该课程要求学生在两个或更多的户外教育活动中显示能力。

国外学者对于青少年户外体育教育功能方面有着深刻的见解，刘易斯（Lewis）认为户外拓展训练是青少年健康成长必须参与的训练，他认为户外拓展训练是一种直观的教育教学方式，这种教学方式可以将在教室内进行的枯燥教育内容转移至户外以达到教学的目的。而这种教学方式可以激发学生的探索意识和创新意识，可以在教学过程中充分调动学生的积极性（Bacon，1987）。

户外拓展中心是课堂外重要的教学场地，它所提供的户外教育形式多样，而学校体育教育正是缺乏这种具有趣味性的活动，户外教育对学生所产生的积极健康的教学效果很多时候是学校体育教育达不到的。

户外拓展运动自 20 世纪 80 年代传入中国，直到 2010 年以后，随着校外活动内容的不断丰富，青少年接触的校外体育活动内容才日益丰富起来，也才有更多的青少年参与到户外拓展训练中来。在我国的部分发达地区已经开始重视学校体育教学与校外体育教育相结合的教学模式，如组织学生进行各种形式的野外夏令营、冬令营，定期派遣学生去户外拓展训练基地参加训练课程等，但是目前我国在关于对青少年户外生存能力的培养上还是落后于国外。

第三节　研学文化元素表达

一、研学文化元素的表达原则

文化本身的内涵十分丰富，有广义和狭义的区别。广义上是指人们研究归纳的物质产物和精神产物的整体组合。而狭义上的文化仅仅被解释为类似文明、学识或是语言等具有思维意识的抽象物质。研学文化根在“文化”，重点在“研”和“学”，不仅仅是文化的展现，更是文化的渗透和传承，将抽象的物质通过具象的实体展现出来，可以是文字、表演、讲解、展示等多种形式，对地域文化进行传承和延续，表达中应遵循以下原则。

1. 以人为本原则

以人为本的原则是文化元素表达中首要的原则，因为文化元素表达方式的首要目的就是为人服务，在整个表达过程中体现出浓厚的人文情怀。在不同的研学旅游载体，不同类型（文化背景、年龄、性格）的游客，其研学有着不一样的需求。为满足人们多样化的需求，文化元素的表达首先要考虑的就是以人为出发点，为其提供适宜的表达方式，满足游客的精神、心理等方面的需求。

首先，研学旅游项目不仅要有看得见的文化表达，如文字解说等，同时还要有使游览者能够参与的项目，通过设置富有情趣的活动，让游客产生兴趣，在参与过程中逐渐领略研学的文化内涵；其次，文化的表达手法不宜过于隐晦，要考虑到不同知识水平的游览者，附以文化内涵的说明；最后，要合理规划游览路线，让游览者在轻松愉快中游览。人性化的设计可以使研学旅游更具有人情味，对游客更具有吸引力。

2. 整体性原则

任何一种文化元素都不是孤立存在的，研学旅游中文化氛围的营造并不仅仅是某一种文化元素的表达，而是由多种文化通过当地居民的生活行为方式、建筑物风貌、街巷空间格局等共同表达出来的。在研学文化的营造过程中，既要考虑不同文化元素之间的联系又不能忽视整个研学旅游的构建和组织安排。也就是说，研学文化元素的表达应当关注各文化元素之间的联系，能够让人们产生继续探索的兴趣。同时在表达手法和载体的运用上注意协调统一，运用研学旅游的主线将各个孤立的景点串联起来，使地域文化和研学文化融合而成一个整体。

3. 地域性原则

研学文化元素的表达应当体现地域特点。不同的城市、不同的景区，由于自然地理环境、历史文化背景的不同，往往形成有别于其他地区的文化特征。为了突出地域特色，就要充分挖掘地域文化，选择有代表性的元素进行表达，使游客在研学旅游过程中能够感知文化的差异性与独特性。例如，山东曲阜最具代表性的就是儒家文化。在研学旅游中，除了传统的观光、讲解，还应加入穿汉服、听国学课、行拜师礼、观六艺等一系列的活动，这样不仅可对本土文化进行展示，还能让学员更真切地感知到中国传统文化的渊源和历史，达到研学的目的。同时在研学文化元素的表达方面，从人文环境上看，要深入挖掘当地的民俗文化；从自然环境上看，要顺应当地的气候和地形地貌特征，因地制宜。在研学旅游的景观设计中，要将当地自然元素和人文元素结合起来，打造出地域文化浓厚的研学氛围。

4. 时代性原则

在研学文化元素表达的实践中，仅对当地文化进行深入的理解和挖掘还不够，还要适当运用现代手法，将传统地方文化运用到研学旅游中。此外，在利用地域文化元素的同时，还可以融入现代科技，创造出一种符合时代特征的新研学文化。这就要求我们在文化元素的表达设计中用科技的眼光来看待文化的应用，将科技与文化有机地结合起来。

二、研学文化元素的表达方法

1. 文化主题的展示

文化主题的展示是地域文化的直接表达，它是一种地域文化没有经过任何艺术加工直观清晰地展现给人们的表达方法，具有强烈的视觉效果和识别性。直接表达就是文化元素与景观载体的简单相加，无须做过多的分析和加工，就能达到触动游客心灵的目的，让游客感受地域文化精髓，体会到环境的场所精神。中国古典园林中常常采用诗文雕刻的方式来营造意境，这就是一种典型的直接表达方法。例如，苏州沧浪亭的美就在于借景，其通过内外两道长廊，将眼前的流水与远处的山峦融为一体，相得益彰，别有情趣。石柱上的楹联道出其中情趣："清风明月本无价，近山遥水皆有情"。我国传统文化中的石碑石刻、石人石马、图腾符号、人物雕塑等元素，西方园林中的木纹花坛、雕塑、喷泉等元素，都采用了直接表达的手法。红色旅游景区中的直接展示与呈现案例很多，如重庆李子坝抗战遗址公园是以抗战文化为主题的公园。在李子坝抗战遗址公园内，有一处石碉堡，它是20世纪修建的防御设施，建成公园后，因为其具有时代性和历史感，没有做任何处理保留下来，成为公园内的景观小品。经历过岁月的沧桑，如今石碉堡上布满了植被，若不仔细观察，还难以发现其表面的弹孔。

2. 历史场景的再现

场景再现是一种直观的表达手法，偏向于写实及尊重现实。研学文化在景点旅游中表达，其内容来源可以是某些自然地理和具有重要历史文化意义的场景，还可以是古代文学作品中描述的场景，对其进行恢复、提炼和模拟。它能够让人们直观地感受到逝去的历史，引起人们的无限遐想。表达方式有两种，一种是景观表达，利用景观小品的设计对历史经典画面或者某种自然地理环境进行重现。例如，重庆通远门城墙遗址公园的景观小品设计，通远门是古代重庆城的门户，自建成以来发生了两场著名的战事，由于战事伤亡惨重，通远门外七星岗一带成为乱葬岗，这就是后来《重庆歌》里的“通远门，锣鼓响，看埋死人”诉说的典故。设计者通过对战场历史情景的深刻考察，在城墙下设置攻城雕塑，在城墙上设置守城雕塑，通过人物雕塑逼真的形态、动作、表情完美地再现了当时战争的激烈场面。公园逼真的场景再现向现代人讲述了老城墙守城、攻城的历史故事，让人们了解到战争的残酷以及重庆那段逝去的历史。另一种是情景演艺，运用现代科学技术，以演艺的手法演绎尘封的、历史的、抽象的文化内涵，从而加深旅游者认识。例如，《印象·刘三姐》是由张艺谋、王潮歌、樊跃、梅帅元等著名艺术家，历经 5 年零 5 个月，经过 109 次修改，而成功打造的旅游演艺精品。它将刘三姐文化、广西少数民族风情和漓江山水等地域特色文化元素进行创新性整合，有效地避免文化非真实性、人文精神缺失等问题的发生，成为国内旅游演艺产品文化元素开发的典范，也引发了学界的研究热情。

在再现过程中，需要注意两点：一是历史场景的再现需要对历史进行深刻考证，保证其场景的真实性，这样才能更好地引起人们的共鸣；二是对于再现场景的文字记载不详细，甚至会出现只有一些口头传说，这就需要设计者从多种渠道挖掘场景信息，结合历史、地域文化，多角度打磨，以求最大限度地还原历史的真实性。

3. 生活元素的保留

生活元素的表现即我们常说的吃、穿、住、用、行等元素的综合，是物质与非物质文化的结合，它的最大特点是人通过自身的各种活动和行为过程来表达的一种文化元素。因此，在研学旅游中，保证文化的整体性和一致性，将传统的生活方式、生活场景保留下来，并通过细节的处理来突出文化特点，这种表现手法能够与环境起到很好的协调作用，如将传统建筑、原生植被、地域文化和民风民俗保留起来，尽可能地减少破坏，既能体现原生态性，又能让人感受到古色古香的传统氛围，保留原生活场景，弱化商业气息，体现原生态文化。针对研学旅游，创造本地生活元素与旅游者交互的平台，打造更多研学体验项目。

4. 时代元素的融合

随着社会经济的发展，文化正处于一个动态的发展过程，不是一成不变的，尤其是我们中华文化具有强大的包容特征，以至于四大古文明中唯独中华文明一直延续至今从未断代。一个地区文化的传承与发展绝不是单纯的固守传统，而是以欢迎的姿态迎接外来文化，取其精华去其糟粕。对于旅游景区中研学文化的体现同样也是如此，对于研学旅游的开发者而言，其目的是对本土资源和文化的传承和弘扬，在保护与发扬的基础上促进当地社会的发展，对外需要满足各类旅游者文化精神的需求。这就要求在文化元素的表达与展现中，要以旅游者易于接受的方式来展示。这主要体现在建筑、交通、出行等方面，尤其是以特色文化活动为主的非物质文化的展示，其内容和方式都需要随着时代的发展，融合现代的元素，来体现文化的活力和生命力。

参考文献

陈嘉睿，朱创业. 2008. 国外科技旅游对我国科技旅游发展的启示：以慕尼黑科技旅游为例[J]. 科技风，(21)：74.

窦文章. 2016. 让红色旅游成为研学旅游中的一抹亮色[N]. 中国旅游报，2016-11-25(A02).

高海生. 2016. 浅析红色旅游的研学内涵[N]. 中国旅游报，2016-01-18(B03).

李方毅. 2018. 成都市青少年户外拓展训练基地发展现状及对策研究[D]. 成都：成都体育学院硕士学位论文.

李军. 2017. 近五年来国内研学旅行研究述评[J]. 北京教育学院学报，31(6)：13-19.

李喜岷. 1987. 开发科技旅游业的构思[J]. 科技进步与对策，(3)：46.

李裕红，陈怀宇. 2002. 牛姆林自然保护区科普旅游开发探讨[J]. 泉州师范学院学报，20(2)：79-83.

刘红梅. 2012. 红色旅游与红色文化传承研究[D]. 湘潭：湘潭大学博士学位论文.

马丽卿. 2005. 体验经济视角下的海洋科技旅游与产品创新设计[J]. 商业经济与管理，164(6)：65-69.

吴光. 2019. 马一浮国学会讲[M]. 杭州：浙江大学出版社.

唐顺英. 2007. 山东省科普旅游资源特色评价及其分区研究[J]. 桂林旅游高等专科学校学报，18(5)：674-677.

王磊，陈昌远. 2018. 科技旅游引领下的特色小镇规划实践：以贵州省天文小镇规划为例[J]. 规划师，34(4)：113-117.

左冰. 2014. 红色旅游与政党认同：基于井冈山景区的实证研究[J]. 旅游学刊，29(9)：60-72.

Bacon S B. 1987. The Evolution of the Outward Bound Process[C]. Greenwich: Outward Bound.

第十三章

旅游规划中民族文化的元素表达

第一节　民族文化概念

不同的人对民族文化（national culture）有不同的理解，其概念有广义和狭义之分。广义的民族文化具有普遍意义，是指一个民族在长期的历史发展中共同创造并赖以生存的一切文明成果的总和，这一成果包括物质方面的、精神方面的和介于两者之间的制度方面的成果；狭义的民族文化指一个民族的精神创造。目前学术界研究的民族文化一般指广义的，正如一些学者所述，民族文化是各民族在其历史发展过程中创造和发展起来的具有本民族特点的文化，包括物质文化和精神文化两大类（唐德彪，2009）。在民族旅游发展中，具有普遍意义的民族文化才是旅游资源的主体部分和旅游开发的主题方向，民族文化的异质性、民族性、趣味性、多样性等典型特征，不仅代表着一个民族劳动与智慧的结晶，也是民族旅游目的地的品牌“名片”和民族象征性“符号”。在民族地区文化元素的旅游表达中要紧紧把握民族文化的多方面、深层次、高品位的文化内涵，以多元化和多层次的体验产品予以展现（刘谦，2013）。

民族文化反映了一个民族历史发展的水平，在旅游开发中，民族文化特别是少数民族文化具有极高的开发价值。

第二节　民族文化元素的旅游表达

民族文化旅游元素是将旅游资源的文化元素活化，使其充分展现在旅游“六要素”和旅游发展理念中，让游客通过人体“六觉”与旅游“六要素”之间的相互关系，体验旅游产品的文化内涵与特色创意，从而使文化元素在受到人们关注的同时得到保护和发展。一般来说，旅游元素在具体的旅游开发过程中要坚持以下原则。

一、动静结合原则

文化元素的旅游表达要满足人体“六觉”在旅游“六要素”体验活动中的全面关联互动，而不是单一的观光和游玩，体现在民族文化旅游产品开发上为多元化的项目活动开发，做到“有看有玩，有想也有吃”；静态的旅游景观与动态的旅游活动相结合，更能增加现代旅游体验经济时代下文化旅游元素的感知和体验需求。

二、时空结合原则

民族文化元素在民族发展的历史长河中印烙着历史发展的时间痕迹和空间分布的格局，在民族文化旅游元素表达时要注意民族历史时间轴线与文化空间格局变化的结合，特别是要在整个旅游线路的设计和旅游项目的布局上凸显民族文化发展的历史印迹，使独特的民族文化元素具有时空感，加深游客对民族文化元素的立体多元化体验效果。

三、表里结合原则

民族文化具有表象的外在吸引力，也有文化内涵的神秘性。有些文化旅游元素需要显性化，其呈现在旅游景观和活动的表面，传递给游客简单直接的文化信息，让游客用直觉体验民族文化旅游空间的文化意象；而有些文化元素需要隐性化，其暗含于旅游景观和项目内部，游客通过“六觉”与旅游元素表象接触后，经过理性思维（“知觉”下意识）的升华，能够深层次体验和了解文化内涵。

四、传统与现代结合原则

游客到民族文化旅游目的地是为了体验该地传统的民族文化风情，而民族地区发展旅游既是为了保护民族传统文化资源，更是为了促进当地社会经济的发展，没有民族文化的旅游目的地是不能持续发展的。居民参与旅游开发经营既追求经济利益回报，还希望获得自身的发展。在保护传统民族文化旅游资源的原真性和乡土性的前提之下，同时引入先进的现代科技文化元素来支持传统文化元素的旅游开发，将有利于民族文化资源的可持续发展。

五、突出本土特色原则

民族文化元素表达既要协调主体文化与衍生文化元素，塑造整体文化特征，也要突出本土主体文化元素，凸显个性特征。每一个民族文化旅游目的地的文化元素都不是单一的，有本土主体文化元素，有外来文化元素，也有本土文化和外来文化融合的衍生文化元素，尤其是在民族发展的历史中各民族文化长期与汉文化交流，人文元素的多元化更加明显。不管是自然元素还是人文元素，单一文化旅游元素不能满足多元化、多层次的旅游产品开发与消费需求。因此，在文化旅游元素表达时要以突出本土文化主题特色为重点，各类文化旅游元素和谐共生、整体协调表达，为游客打造内容独特而又丰富的旅游产品和旅游空间场景，主要体现在文化主题思想的凸显和异彩缤纷的文化元素与旅游要素的结合上。

六、现实与艺术结合原则

旅游规划作为一种创意性规划，是对旅游资源在整合中附加创造性思维的过程。在民族文化元素的旅游表达中，将文化元素通过放大、浓缩、提取、创新等多种艺术手法运用在旅游产品开发、营销和服务的全过程中。实现民族文化旅游资源的原生保护与旅游创意开发，主要体现在旅游项目设计、旅游商品开发、景观小品设计、标识系统设计、旅游服务设施设计和服务方式创新等方面（刘谦，2013）。

第三节　贵州仡佬民族村寨保护规划

一、贵州务川龙潭仡佬民族村寨文脉分析

仡佬民族村寨坐落在喀斯特高原上青山秀水之间的洪渡河畔，历史悠久，文化底蕴深厚独特，有着独特的地格与文脉，仡佬文化衍生了丰富多彩的文化元素，仡佬主体文化与衍生文化和谐共生，共同传承着仡佬文化的千载历史文脉。仡佬文化有历史文化、丹砂文化、民俗文化、聚落文化、建筑文化、和合文化、祭祖文化、农耕文化、汉砖文化、名人文化、生态文化、饮食文化。

历史文化：九天母石遗址、新田院子箐史前文化遗址、大元古国古都遗址、江边汉墓群遗址、汞矿遗址、翁溪桥遗址、尹珍文化、夜郎文化、傩文化等都是仡佬历史发展的时间见证，拥有700余年历史沧桑的务川仡佬族苗族自治县龙潭古村寨，时刻彰显着深厚的历史积淀和博大精深的文化内涵。

丹砂文化：仡佬族是世界上最早发现和运用丹砂的民族，新石器时代仡佬先祖就发现了丹砂，商代太戊时期开始冶炼水银，从事采砂炼汞的原始工业生产活动，这里还是世界最早的炼丹中心。原始的土法炼汞工艺流程采矿—淘砂—炼汞这一过程中，仡佬先民最早应用比重原理和蒸馏技术，也较早用高温淬冷法、燃香计时法等，目前遗存着丹砂古道——翁溪桥、淘砂炼汞遗址、葛洪炼丹遗址等，丹砂水银的贸易也是仡佬族最早对外交流融合的媒介。

民俗文化：仡佬民俗文化异彩纷呈，主要包括仡佬世俗休闲文化和仡佬礼仪文化。仡佬世俗休闲文化包括传统体育活动和民俗文化活动，传统体育活动主要有高台舞狮、傩戏、打挂子舞、大贰纸牌、高脚竹竿舞、草凳舞、篾鸡蛋等，民俗文化活动主要有尝新节、祭天朝祖、香龛神位修造、祭宝王等；仡佬礼仪文化主要有仡佬婚丧礼仪、仡佬待客之道——“三幺台”（接风洗尘、醉酒八仙、四方团圆）等。

聚落文化：仡佬山寨、仡佬族聚会的信号鼓楼等人文遗迹，形成了仡佬族聚落发展的文化脉络。龙潭古寨彰显出聚落的防御体系功能，前寨、中寨、后寨从外到内，石巷相连，幽深古朴，犹如迷宫。独特的山石围墙民居群既独立成院，又相互连通，古墙、石巷、枪眼、重门，构成了古寨防御布局体系。

建筑文化：房屋建筑以自然木质板房为结构，建筑雕刻构图精美，想象奇特，手法细腻，门窗饰以龙凤、麒麟、花草、万字格等吉祥图案为主，其“丹凤朝阳”“福禄寿喜”“春风得意”“炼丹炉”等文化元素具有鲜明的地方特色，所遗“猫眼”，匠心独具，兼具装饰和实用的功能，充分体现了仡佬族在建筑艺术上的创造性。

和合文化：仡佬族花——百合花，仡佬百合台，象征着仡佬族万事兴和的“和合”理念；九天水榭，聚合了仡佬人六和天地、自然和谐的人生哲学，是仡佬族的原生文化，崇尚“天地人和”“日月同辉”的思想，以“合则存”“和为贵”为生存发展的理念，虚心向外学习的同时，却始终珍藏着本民族的文化记忆，创造了今天我们追求和谐文化的天然蓝本。

祭祖文化：仡佬族保存了一整套祭祀仪式，每逢清明节，都会在九天母石祭天朝祖，逢年过节或办喜事，祭拜濮王、宝王、申佑等先祖，祭祀活动庄重古朴、热闹非凡。

农耕文化：仡佬先祖从刀耕火种到铁具牛耕的农业发展历程中，以传统的农业生产和生活方式，在务川洪渡河畔创造了牧场油菜成片、烤烟茶树成园、水稻鱼塘成网的农业文明景观，仡佬风雨桥边的传统水车，阐释了仡佬族悠久的农耕文化。

汉砖文化：自商周以来，仡佬族先民就与中原汉族有着密切的往来，江边汉墓群中出土的大量汉砖，是仡佬族与汉族融合往来的历史见证，这对仡佬族的建筑形式从纯木结构到砖木结构相结合的发展具有重要的作用，汉砖文化在此具有重要的地位。

名人文化：仡佬族在发展中涌现出许多传奇人物和民族英雄，有仡佬先祖濮王、矿业界开山鼻祖宝王、“忠孝义”三全兼得的民族英雄申佑等，先贤堂、申佑祠堂、宝王庙等的设立，是仡佬族名人文化的传承与弘扬。

生态文化：仡佬母亲河——洪渡河曲折蜿蜒，穿梭于喀斯特高原的山间谷地，山与水的交融，清幽迷人，汇集成高原翠湖，滋润着仡佬美丽的家园故土，也为九天母石增添了几分自然的神秘气息。

饮食文化：仡佬族有着自己独特的饮食习俗，有很多美味的地方风味小吃，令人垂涎三尺，大快朵颐。其中“三幺台”具有深厚的文化底蕴和独特的民族特色，被誉为是仡佬人的“满汉全席”。

二、仡佬文化元素的旅游表达路径

（一）仡佬文化元素旅游表达思路

务川龙潭仡佬民族村寨保护与旅游开发中，更加强调仡佬文化资源在旅游开发过程中对文化旅游元素的整合与提升表达，以文化旅游元素表达的方式将文化旅游资源的保护和旅游发展同步推进，实现以保护推动旅游发展，以旅游开发带动文化资源的可持续保护。在整个开发过程中都尊重仡佬文化发展的内生规律，贯穿旅游资源开发学、文化人类学和体验经济学的理论思想，以人体“六觉”与旅游“六要素”立体关联的全方位体验内容和多视角设计方法为指导，将旅游开发过程与旅游元素表达方法在宏观和微观层面有机结合，对仡佬文化资源保护、旅游产品开发、业态设计与布置、旅游文化体验环境营造等多方面进行塑造。

仡佬文化元素的旅游表达的思路贯穿整个龙潭仡佬文化旅游区的规划，主要在资源评价和文脉分析的基础上，结合当地对仡佬文化旅游资源的感知意向分析，重点挖掘仡佬文化的内在元素，以市场为导向拓展仡佬文化的外在产品服务体系，具体而言主要从主题形象定位、旅游空间结构、功能布局、旅游项目设计、游览线路设计、旅游景观小品、旅游解说系统、旅游服务设施、旅游商品开发、旅游营销、旅游综合服务等方面，将仡佬文化旅游资源的文化元素通过整合提取，设计和应用在旅游开发的整个过程和每个环节，充分展现在旅游吃、住、行、游、娱、购的六大要素和体验旅游经济发展过程中，打造出一个时空相汇、多元立体的仡佬文化体验旅游环境，让游客通过人体“六觉”全身心去感知和体验仡佬文化内涵与民族旅游文化的外在特色创意，从而唤起当地居民在旅游发展中对于仡佬文化资源的保护意识。

（二）仡佬文化元素旅游表达路径

根据形态，可以把仡佬文化分为物质文化、精神文化和行为文化，应将这三种文化应用于旅游规划的文化元素表达中，其主要内容体现在主题形象定位、空间布局、项目设计、旅游设施设计等方面。在整个规划过程中对文化元素旅游表达的核心内容是旅游项目的设计，其他内容作为旅游项目的辅助设计，但旅游项目的设计成功与否，由整体旅游文化环境氛围的营造决定，因此，必须从系统学的思维出发，把整个规划区看作一个完整的文化系统结构，对仡佬文化元素根据旅游空间需求进行全方位旅游表达（刘谦，2013）。

1. 主题定位和形象定位的元素提取

务川仡佬族苗族自治县是仡佬族的发祥地，也是仡佬族的主要居住地，都濡镇龙潭村是目前仡佬族保存最完整的古村落，在文脉和地脉上都具有世界唯一性，同时仡佬文化内涵丰富，历史底蕴深厚，应以仡佬主体文化元素作为旅游区主题定位，即将龙潭村定位为“世界仡佬文化体验旅游目的地”。

仡佬族是历史上最先采矿、淘砂炼汞的民族，其丹砂文化历史悠久，现保存着较为完整的淘砂炼汞的实物遗址。务川仡佬族苗族自治县也是汞矿富集区，丹砂文化作为仡佬文化的重要组成部分，是仡佬族的一张响亮名片；另外都濡镇龙潭村的九天母石寨是仡佬族的祭祀圣地，故可将整个景区的形象定位确定为“中国丹砂古都，世界仡佬之源”“丹砂古寨、仡佬之源”。

2. 空间布局与仡佬文化元素

仡佬族有和合文化的思想，与我们今天所推崇的和谐文化不谋而合。从仡佬族非物质文化遗产——大贰纸牌符号中提取“”（“天地人和”）的思想文化元素，结合规划区的地脉、文脉，塑造具有仡佬文化特色的旅游空间布局，即九天祭祖组团（天）——依托九天母石寨，体现仡佬朝天祭祖文化；丹砂记忆组团（地）——依托淘砂炼汞遗址，展示丹砂文化；远古仡佬组团（人）——依托龙潭仡佬村，体现仡佬聚落与民俗文化；仡佬之恋组团（和）——依托大坪古镇和文化产业园，体现和合文化和商贸市井文化。

3. 建筑文化元素的旅游表达

根据务川仡佬族苗族自治县龙潭村寨内外三重防卫体系——塔楼式寨门石

巷、大朝门石院落、猫眼木门民居的建筑元素，主要提取麦穗纹石墙、图腾等元素，再根据仡佬族对九天母石、竹子、鹰、葫芦的图腾崇拜，提取天有九重、竹子圣物、神鹰抱葫芦等文化元素，将这些元素整合设计成九天母石片区入口的八字形九天重门，寓意“仡佬人展开双臂欢迎您”（图 13.1）；将仡佬族淘砂炼汞、朱砂炼丹的丹砂文化中提取朱砂中国红的颜色和独特的仡佬丹砂炉元素设计成龙潭村入口大门的形态，形成丹砂古街二龙顶葫芦、护守丹炉的拱形牌坊，以突显龙潭村的丹砂主题文化（图 13.2）；丹砂文化体验馆（图 13.3）以仡佬丹砂炉的轮廓为建筑外形，以丹砂炉轮廓的对称与非对称结合手法丰富建筑外在形式，突显丹砂文化体验馆的外在建筑文化内涵。

图 13.1　九天母石片区大门设计构思

图片来源：成都新界标旅游规划设计咨询有限公司绘制

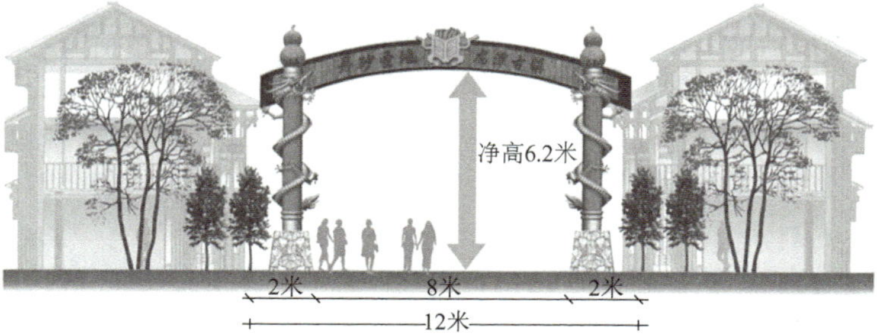

图 13.2　龙潭村入口大门设计构思

图片来源：成都新界标旅游规划设计咨询有限公司绘制

图 13.3　龙潭村丹砂文化体验馆设计构思

图片来源：成都新界标旅游规划设计咨询有限公司绘制

4. 景观文化元素的旅游表达

旅游景区的景观设计需要体现景区的文化主题和形象主题，贵州务川龙潭村旅游景区的规划设计中就充分挖掘和运用了地方文化元素。例如，葫芦是仡佬圣果、百合是族花，大贰纸牌是仡佬族博彩娱乐文化遗产，田园稻草堆是仡佬田野农耕文化的一道风景线，傩戏是仡佬民俗戏曲。以大贰文化符号、百合花、仡佬人物（寓意为申氏和邹氏、仡佬男女）元素为题材，利用原生态石材和朱砂配色设计“仡佬欢迎您”的主题浮雕景观，展示仡佬族的和合文化理念，设计广场水景观，具有人与自然和谐的寓意（图 13.4）；将傩戏面具、仡佬农家簸箕元素创意设计后依附在田野路边稻草堆上，形成原生态的麦田文化景观（图 13.5）；以大贰文化符号元素和仡佬圣木竹元素为素材，结合路灯设施建设的实用性与文化景观性，以仡佬族椭圆形灯笼为造型，设计仿竹材质的大贰路灯，灯芯玻璃罩为三棱型，外部印朱砂红大贰符号，使其成为龙潭景区的一道靓丽风景线（图 13.6）。

5. 旅游节庆活动的策划

将仡佬族古老的传统尝新、敬牛、祭树、祭宝王、朝天祭祖等节日元素，台舞狮、仡佬篾鸡蛋、仡佬抵杠、舞花灯、舞火龙、抬火盆、踩铧口、上刀梯等民族体育文化元素，傩戏、仡佬吹打、唢呐、过山号等戏曲元素，仡佬歌谣、花灯

图 13.4　大坪片区生态广场设计构思

图片来源：成都新界标旅游规划设计咨询有限公司绘制

图 13.5　创意麦田设计构思

图片来源：成都新界标旅游规划设计咨询有限公司绘制

图 13.6 大贰景观大道设计构思

图片来源：成都新界标旅游规划设计咨询有限公司绘制

舞蹈、踩堂舞、打挂子舞、神砂舞等歌舞元素和大贰纸牌元素进行整合策划，按照类型组合、时空场所组合的方式设四季节庆文化活动，开发仡佬文化节庆的新元素，打造贵州仡佬民俗节庆活动的文化品牌。

三、仡佬文化元素的旅游表达方法

主题形象不仅是旅游资源与目的地旅游环境的名片，而且是文化旅游元素的整体缩影，充分展现了旅游目的地的主题文化底蕴和文化品牌形象，“旅游主题形象主要包括理念形象、视觉形象和行为形象三要素”（杨国良和杨晓红，2000）。主题形象的三要素与本章将民族文化旅游元素分为物质元素、精神元素、行为元素是一致的，成为旅游元素表达的一面旗帜。仡佬文化元素的旅游表达需要立足于文化旅游资源类型和历史文脉，从旅游主题形象出发，在仡佬文化主题思想的引领下，主要通过物质文化载体（视觉元素）、精神文化思想（理念元素）、非物质文化（行为元素）来呈现，在三类不同类型文化旅游元素表达时，根据对仡佬古村落旅游资源的调查与评价，要重点突出非物质文化元素的表达，增加游客活动的参与性，增强文化的体验感（刘谦，2013）。正如王健（2010）指出非物质文化遗产和旅游活动的本质属性都是文化，而非物质文化遗产的独特性、多样性、动态发展性都与旅游有着深刻的渊源关系。因此，在坚持旅游元素表达的六大基础原则上，纵深拓展文化旅游元素的产品体系，增强旅游环境的文化氛围，建立灵活多样的旅游解说系统，对视觉元素、理念元素和行为元素进行嵌套表达，构建文化旅游元素表达的时空耦合情境模式。

1. 保护和重塑民族文化的物质载体，强化视觉元素

视觉元素是能够通过人们的视觉所观察到的物质文化元素，以一定的物质载体为依托，是有形和显性的。文化旅游元素最直观的表现就是所依托的物质资源载体，具有浓郁民族文化特色的聚落形态、民居建筑风貌、服饰、交通、生产工具、生活用具等物质载体及其各类物质载体的颜色、风格、体型、结构、材质、装饰、花纹等视觉元素。

在仡佬文化物质载体的文化元素表达上要对现存物质元素进行保护，让其展示文化的原始性和本真性，如对现有村寨建筑的颜色、风格、体型、结构、材质、装饰等元素加以保护，在室内装修功能上体现现代人们生活的需求，风貌上仍然保持原始性，展示仡佬族聚落建筑文化、仡佬历史文化、和合文化等元素；而对目前受损和不复存在的，根据其文化与旅游发展需求的特点，在颜色、风格、体型、结构、材质、装饰、符号等元素上进行仿真性的重塑并修复其原有的历史面貌。

龙潭仡佬民族村寨视觉旅游元素的表达中，从村落形态、环境修复、建筑保护到旅游产品设计的过程，分别注入仡佬族独特的物质文化元素来强化视觉冲击力，尤其是在亭、堂、馆、厅、阁、楼、苑、市、台、园、雕塑、服务设施等建筑设施和景观小品的设计上，注重建筑的结构、形式、材质、颜色、体量、装饰和文化内涵。首先在保护方面修复村寨三重军事防卫体系设施、民居院落、石巷路径等，以竹子和百合花作为绿化植物进行寨容美化，其次在旅游开发项目上建设仡佬文化博物馆、忠孝亭、仡佬堂、仡佬剧院、丹砂馆、四方厅、名人阁、民俗苑、和合市、九天画廊、九天水阁、申佑文化广场等展示仡佬历史、民俗文化元素的项目，每个项目凸显仡佬文化元素的精华和特色。设仡佬王雕塑和百合台，表现旅游元素艺术性和文化意蕴；建丹砂园、丹砂矿雕、丹砂市井等项目，展示丹砂商贸文化元素。另外，在旅游服务设施建设上要突显仡佬文化的特色，如路灯以仡佬大贰纸牌图案和百合花形为元素进行创意设计，座椅上印仡佬文化旅游区的形象标识符号，同时外形上提取仡佬族耕犁的外观形态符号。通过这些物质文化元素的保护和重塑来强化旅游元素的视觉形象，一方面呈现物质资源载体的原始面目，另一方面满足民族文化旅游环境体验的目的，从而达到强化旅游视觉元素的效果。

2. 挖掘和传承民族文化的精神遗产，弘扬理念元素

理念元素的文化本质特征是存在于人们思想观念里面的精神元素，是无形和

隐性的。精神文化旅游元素存在于民族文化的婚丧礼仪、制度、习俗、观念、信仰、文字、文化符号等非物质文化载体中，仡佬文化中的理念元素以仡佬历史文化、和合文化、信仰文化、忠孝义文化为主，这些文化中的理念元素的表达在于对精神文化元素深入挖掘和传承，把淡化的文化理念通过宣传、教育、改进实施等方式进行强化。

在仡佬民族村寨的整个保护与旅游发展规划中充分展示仡佬文化理念元素，主要体现在主题形象定位、空间布局理念、景观环境氛围营造、旅游线路设计的空间意象和部分项目上。以深入挖掘仡佬族的文化思想，弘扬仡佬文化理念，将务川仡佬民族村寨的主题定位为世界仡佬文化体验旅游目的地；形象定位为“中国丹砂古都，世界仡佬之源”“丹砂古风神韵，仡佬至尊秘境”“丹砂古寨、仡佬之源”；在空间布局上确立了以“古风绿韵”为基调，以“天地人和”（“”）的文化思想为统领，将规划区仡佬族的地脉、文脉、人文创意有机结合起来，塑造具有仡佬文化特色的旅游空间文态意象，构建“古街、古镇、古寨、古村”的旅游文化形态，形成“一心一环四区”的空间布局结构。一心，位于米家古街的米家山大道和游客集散中心，展示当地的仡佬历史文化。一环，利用仡佬洪渡母亲河的生态文化理念构建生态文化环，也是仡佬族历史发展的时间轴线，沿仡佬洪渡母亲河形成溪水而居的石垭子水库段、九天探秘的九天母石段、开拓异域的米家山段三个主题文化段，借助传统水上娱乐、滨水平台、朱砂岩画、主题栈道等方式，构建仡佬族发展的历史记忆。四区之一的“天”，即九天祭祖的九天母石寨，主要凸显仡佬朝天祭祖文化；四区之二的“地”，即丹砂记忆区，位于淘砂炼汞遗址地，重点展示丹砂文化；四区之三的“人”，即远古仡佬区，位于龙潭仡佬村，是仡佬聚落与民俗文化的聚集地；四区之最后一个区“和”，即仡佬之恋旅游区，位于大坪古镇和文化产业园，主要表达仡佬族的和合文化及市井商贸文化。

规划中还用景观小品和旅游项目来表达仡佬族的精神文化元素。根据仡佬族对竹子和百合花的崇拜，用竹子和百合花作为规划区主要绿化植物，打造仡佬村寨的石巷绿道及一系列以仡佬精神元素为主题的景观小品，如用竹子设计大贰迷宫，将“大贰纸牌”非物质文化遗产弘扬光大；以仡佬族待客社交文化为主题建设三幺美食城、和合市井商贸街等项目。另外，为了凸显仡佬族的传统婚丧礼仪习俗观念，打造仡佬丹砂文化产业园，专门对仡佬族传统民俗文化进行研究、开发与弘扬，对民族文化符号和精神文化遗产实施文化遗产申报，并且作为旅游标志性项目进行宣传等。培养仡佬村寨居民保存传统习俗的观念意识，对村寨内旅游从业人员进行仡佬族传统文化培训，如待客之道、交往礼仪、生活理念等。

3. 培育和整合旅游文化的活化体，活化行为元素

行为元素是能够通过人们的日常活动所表现出来的非物质文化元素，以人体为载体的动态元素，是动态的，既有隐性也有显性，包括所有以人的活动和行为为特征表现出来的民俗文化。民族非物质文化旅游元素的活化体是以人为载体而存在的，人通过自身的各种活动和行为过程来表达行为文化旅游元素，活化非物质文化旅游元素。非物质文化遗产的最大特点是不脱离民族特殊的生活生产方式，是民族个性、民族审美习惯的“活”的显现，而对于非物质文化遗产传承的过程来说，人的传承显得尤为重要（王健，2010）。因此，需要创造当地居民与外来游客参与非物质文化旅游元素互动的平台，打造更多的游客参与体验性的项目，培育各类传统民俗、艺术、娱乐、体育等旅游文化活动的人力资源载体，实施民族地方语言教育等，把民族文化旅游的非物质文化元素活化和动态化，通过设置各种民族文化旅游节事活动让游客积极地参与其中，深刻体验文化旅游的行为元素。

仡佬村寨行为元素的表达主要在于对民俗文化的挖掘和展示，从美食餐饮文化、民俗歌舞娱乐文化、体育休闲文化、朝天祭祖文化等旅游元素方面培养人才资源，开设仡佬族美食制作、歌舞表演、体育运动等民俗文化的教育培训与研发，设置一些游客观赏性、体验性和参与性强的旅游项目，如成立民俗文化创意中心，组建仡佬歌舞文化团，策划九天母石寨祭天朝祖活动、仡佬“傩戏”节庆活动、仡佬绝技“高台舞狮”活动、仡佬体育“打篾鸡蛋”活动、民族大餐“三幺台”美食节、民俗活动尝新节、仡佬“大贰纸牌”非物质文化节、仡佬文化旅游节等，设立世界仡佬文化研究中心、仡佬稻田创意设计基地、木雕竹编创意馆等游客参与体验项目。

4. 深化和拓展旅游元素的内涵与外延，构建多元文化感知情境

民族文化旅游元素表达要根据时空结合的原则，活化各类文化旅游元素，增强文化元素的感知性。根据资源评价、文脉梳理和居民对资源保护与开发的感知意向调查结果，以民族发展的历史时间为线索，对整个规划区旅游元素的文化内涵深入挖掘，通过设计不同层次旅游项目和旅游服务活动来拓展活化文化元素的外延，延伸文化元素的纵向表达；以主体文化元素表达为主，衍生文化元素表达为辅，打造不同主题类型的旅游产品和服务，使各类相关文化元素旅游产品与服务和谐设计，拓宽文化元素的横向表达；文化旅游元素的物质载体、精神思想和动态活体之间也要统筹设计，从而构建文化旅游元素的整体历史文脉与空间情境。

规划区在仡佬三幺美食城、和合集市、丹砂馆、米家古道、仡佬文化产业园等项目的建筑风貌和业态的设计理念上，在仡佬建筑文化、和合文化等多种文化

的视觉引领下进行，业态上体现仡佬美食体验、商业休闲、民俗娱乐等；对仡佬洪渡母亲河以生态文化为主题，仡佬文化发展的历史时间序列为线索，形成生态观光与文化探秘旅游走廊。旅游保护和建设项目都将以建筑形态、商业业态、民族文态、环境生态相结合，构建多元化多层次的仡佬文化体验情境。

5. 植入时代元素，促进旅游文化的动态持续发展

一般来说，我国民族文化旅游目的地都是相对落后的边缘地区，其文化旅游开发的主要目的是对内促进当地社会的发展与文化资源保护，对外满足旅游者的文化体验需求，当地居民要求获得发展，享受现代文明的成果，而游客要求了解民族传统文化，体验传统文化旅游元素的原真性和本土性，这种矛盾就要求在旅游元素表达时植入现代元素，与时俱进，主要体现在建筑、交通、民俗活动等，尤其是以民俗文化活动为主的非物质文化元素以及民族地方特产，民俗文化和地方特色商品凭借人的传承活动，在动态的发展过程中其内容随着时代的变化不断推陈出新，坚持不断地发展创新才能保持经久不衰的生命力。

仡佬民族村寨的旅游开发中，村寨内建筑体在风貌上要充分展现传统的仡佬文化特色，在功能上要增加现代元素成分，实现外部风貌传统型，内部功能现代型；对仡佬“傩戏”、仡佬绝技“高台舞狮”、仡佬体育“打篾鸡蛋”等民俗活动实行科学改进，增加游客参与活动的安全性，既体现传统文化的娱乐性，又有现代科学技术的创新性。对仡佬族的地方特产利用现代科技开发多类型的旅游商品，如将野百合花开发成粉质、液体等不同形式的旅游商品。将传统与现代元素相结合，发展创新，满足本地居民和游客的共同需求，才能更好地保护民族文化旅游元素，促进其可持续发展。

6. 建立灵活多样的旅游解说系统，增加文化旅游元素之间的融合互动

解说系统最基本的目的体现在使游客知识增加、态度改变及行为修正三个方面，即使视觉元素、理念元素和行为元素在旅游空间上得到很好的表达，但在缺少灵活多样的旅游解说系统时，旅游产品和旅游文化氛围很难生动形象地展现各类旅游元素之间深层的文化内涵，游客在有限的旅游体验时间内也很难获得应有的文化感知。因此，应对内设主题形象标志符号、景点（观）解说牌、特色标识系统（包括导览标识、方向指示标识、温馨提示牌、警示牌等）、语音导游、宣传册、电子影像、书籍画册、主题背景音乐等解说体系，对外采用网络、电视、报纸、广告、杂志、影像等多元化的主题营销体系。主题营销系统的设置是对解说系统从外围促进文化元素传播与融合的一个补充，从而使解说系统成为各类旅游元素之间融合互动及游客与旅游元素之间互动的纽带。

在游客集散中心、四大功能分区、旅游环线、村寨内各景观节点和道路沿线对应的位置，设置具有仡佬文化特色的文化景观小品和特色标识牌等，尤其是标

识系统的设计充分利用仡佬族所喜好的材质、颜色，如以竹子、石材为材料，朱砂红为装饰色，底色古朴，形状以仡佬生产生活器材为原型创意设计。在游客集散中心、仡佬文化产业园、丹砂馆、名人阁等节点内配设电子影像解说系统，并且整个规划区内设各类导游人员，导游需穿仡佬族服饰等，在整个旅游区建立灵活多样的旅游解说系统，促使仡佬文化旅游元素的意境在整个旅游区内得以凸显，并增加游客的文化感知和对仡佬文化底蕴的深入了解（刘谦，2013）。

参考文献

刘谦. 2013. 民族地区旅游开发过程中文化元素的旅游表达研究：以贵州务川仡佬民族村寨为例[D]. 成都：四川师范大学硕士学位论文.

唐德彪. 2009. 民族文化旅游资源产权制度研究[M]. 长沙：湖南大学出版社.

王健. 2010. 非物质文化遗产与旅游的不解之缘[J]. 旅游学刊, 25(4): 11-12.

杨国良，杨晓红. 2000. 论旅游规划中的主题形象设计[J]. 四川师范大学学报(社会科学版), 27(6): 12-16.